# UN PRÉDICATEUR POPULAIRE

## DANS L'ITALIE DE LA RENAISSANCE

# SAINT BERNARDIN

## DE SIENNE

### 1380 — 1444

PAR

## PAUL THUREAU-DANGIN

DE L'ACADÉMIE FRANÇAISE

PARIS

LIBRAIRIE PLON

E. PLON, NOURRIT ET Cⁱᵉ, IMPRIMEURS-ÉDITEURS

RUE GARANCIÈRE, 10

1896

# SAINT BERNARDIN

## DE SIENNE

## DU MÊME AUTEUR :

**Royalistes et Républicains,** Essais historiques sur des questions de politique contemporaine : I. *La Question de Monarchie ou de République du 9 thermidor au 18 brumaire;* II. *L'Extrême Droite et les Royalistes sous la Restauration;* III. *Paris capitale sous la Révolution française.* 2<sup>e</sup> *édition.* Un volume in-18. Prix........... **4 fr.**   »

**Le Parti libéral sous la Restauration.** 2<sup>e</sup> *édition.* Un vol. in-18. Prix............................ **4 fr.**   »

**L'Église et l'État sous la Monarchie de Juillet.** Un vol. in-18. Prix............................ **4 fr.**   »

**Histoire de la Monarchie de Juillet.** 2<sup>e</sup> *édition.* Sept volumes in-8°. Prix de chaque volume............. **8 fr.**   »

*(Couronné deux fois par l'Académie française,*
*GRAND PRIX GOBERT,* 1885 *et* 1886.)

PARIS. TYP. DE E. PLON, NOURRIT ET C<sup>ie</sup>, 8, RUE GARANCIÈRE. — 1144.

# UN PRÉDICATEUR POPULAIRE

## DANS L'ITALIE DE LA RENAISSANCE

---

# SAINT BERNARDIN

## DE SIENNE

### 1380 — 1444

PAR

### Paul THUREAU-DANGIN

DE L'ACADÉMIE FRANÇAISE

## PARIS

LIBRAIRIE PLON

E. PLON, NOURRIT ET C<sup>ie</sup>, IMPRIMEURS-ÉDITEURS

RUE GARANCIÈRE, 10

---

### 1896

# INTRODUCTION

L'Italie, dans la première moitié du quinzième siècle, apparaît tout illuminée par la Renaissance : ce n'est pas encore la Renaissance à son plein midi ; c'est la Renaissance à son aube, ayant moins d'éclat peut-être, mais plus de fraîcheur et de grâce, un charme plus délicat et plus pénétrant. Des brumes où il a été comme enveloppé pendant le Moyen âge, le génie de l'antiquité se dégage, radieux, et, dans l'éblouissement de cette apparition, tous adorent ce dieu nouveau qu'ils s'imaginent leur apporter le secret perdu de la beauté et l'émancipation des intelligences. Est-ce bien d'ailleurs pour l'Italie un dieu nouveau? Il lui semble qu'elle se retrouve elle-même dans ce passé latin avec lequel elle n'avait jamais complètement rompu et dont les vestiges couvraient son sol.

Tout la portait alors à s'absorber dans cette pensée unique. Les grandes idées qui l'avaient occupée pendant le Moyen âge ne la touchaient plus. Le long duel de la Papauté et de l'Empire, où était débattue non seulement l'indépendance d'un peuple, mais celle de la conscience universelle, avait pris fin par la défaite des Hohenstaufen; l'Empire vaincu avait été rejeté définitivement en Allemagne; par une coïncidence étrange, la Papauté victorieuse avait été, peu après, réduite, elle aussi, à passer les Alpes, et le discrédit dont la frappait l'exil d'Avignon s'était encore accru par le scandale du grand schisme. Dans cette Italie délivrée des Empereurs et presque déshabituée des Papes, rien ne restait de tout ce qu'avaient évoqué, durant plusieurs siècles, les noms tragiques de Guelfes et de Gibelins. On n'y trouvait guère davantage trace de cette passion de liberté qui avait donné tant de vie, mais une vie si orageuse, aux innombrables républiques de la Péninsule : partout, les populations fatiguées abdiquaient aux mains des tyrans, et s'il y avait encore des intrigues et des conspirations de palais, on eût vainement cherché un forum où subsistât quelque vie publique.

Le culte de l'antiquité retrouvée arrive donc à propos, au commencement du quinzième siècle, pour remplir le vide fait dans l'âme italienne. Ce qui occupe alors les curiosités et fait battre les

cœurs, ce n'est plus la formation d'une Ligue
contre les « barbares » ou le succès de quelque
révolution démocratique ; c'est le choix de l'archi-
tecte auquel sera confiée l'entreprise nouvelle et
audacieuse de lancer dans les airs la coupole de
Santa Maria dei Fiori ; c'est l'applaudissement du
peuple émerveillé quand Ghiberti a terminé les
portes du Baptistère ; c'est une harangue de Manetti ou d'Æneas Sylvius, écrite dans un latin cicé-
ronien et débitée en grand apparat ; c'est la nouvelle que le savant Poggio a retrouvé un traité perdu
de Quintilien ou un livre de Tacite. Les gouvernements mettent leurs diplomates en campagne pour
se disputer des manuscrits, et le roi de Naples
stipule, comme condition de la paix conclue avec
Florence, la cession d'un bel exemplaire de Tite-
Live. Princes ou magistrats républicains, tous
se font honneur de grouper autour d'eux une
clientèle d'humanistes et d'artistes. Ce n'est pas
seulement affaire de goût : c'est calcul de politique. Pour acquérir la faveur du peuple et le consoler de la liberté supprimée, il faut embellir sa
cité, enrichir ses bibliothèques, lui fournir l'occasion d'entendre quelque professeur fameux.
Tous les ambitieux savent que le mécénat est le
meilleur moyen de s'élever et de se maintenir. Les

papes eux-mêmes, près d'un siècle avant Léon X,
se préoccupent déjà de faire travailler les artistes
et d'attacher à leur cour, par des fonctions ecclésiastiques, les humanistes parfois les moins dévots
et les moins austères. Ainsi, partout, ce spectacle,
vraiment nouveau et extraordinaire, d'une nation
entière qui semble ne vivre que pour le dilettantisme littéraire et artistique. En même temps que
le secret de la beauté, on se flatte d'avoir retrouvé
celui du bonheur. Répudiant dédaigneusement ce
qu'on appelle la tristesse du Moyen âge, les pensers sévères de renoncement et de pénitence, les
visions et les terreurs de l'au-delà, on prétend y
substituer une sorte d'allégresse épicurienne, la
joie de vivre, et de cette Italie, que son Dante, au
milieu des dures épreuves des siècles précédents,
nommait une « hôtellerie de douleur », on rêve de
faire un palais en fête, où tout sera plaisir pour
l'esprit et les sens.

Tel apparaît à première vue ce charmant *Quattrocento*, tel on se plaît généralement à le peindre.
Est-il donc là tout entier? N'y découvre-t-on rien
autre que ce dilettantisme un peu païen? Il faut se
méfier, en histoire, de ceux qui ne voient qu'une
face aux événements ; les choses sont d'ordinaire
plus complexes. A regarder avec quelque attention

l'Italie de cette époque, on y discerne facilement, à côté de cette brillante renaissance littéraire et artistique, un renouveau inattendu d'ascétisme et de sainteté. Trop souvent, les historiens ont eu le tort d'ignorer ou de dédaigner cette sorte de contre-courant. Son action cependant a été considérable. Ce qu'il a d'imprévu et de mal connu le rend plus intéressant à étudier. En cette société où l'on ne nous montre que des chercheurs de jouissances raffinées, il est piquant de voir surgir l'austère figure des apôtres de la pénitence, de constater leur popularité et leur action.

Ce contre-courant ne vient pas des hauteurs de la hiérarchie ecclésiatique ; il sort de pauvres et humbles cloîtres franciscains. On dirait un jaillissement nouveau de cette source de renoncement héroïque, d'amour embrasé, de charmante et sublime poésie, que saint François d'Assise avait ouverte, deux cents ans auparavant, sur une colline de l'Ombrie et qui, de là, s'était répandue à flots non seulement sur l'Italie, mais sur tout le monde chrétien. Merveilleusement abondante et féconde pendant les premiers temps, cette source avait paru ensuite, sinon se tarir, du moins se troubler. Diverses causes y avaient contribué : les unes spéciales à l'Ordre des Mineurs : dissensions intestines, nées, d'une part, du relâchement, d'autre part, d'un esprit de révolte qui frôlait l'hérésie ; les secondes, communes à tous les Ordres religieux : d'abord la peste extraordinairement meurtrière qui, de 1348 à 1350, avait vidé et désorganisé les couvents, ensuite le grand schisme qui, du haut en bas de l'Église, avait ébranlé l'autorité et la discipline. Aussi, la famille franciscaine, qui s'était glorifiée, au treizième siècle, de posséder un saint Antoine de Padoue, un saint Bonaventure, un Alexandre de Halès, un Roger Bacon, un Duns Scot, ne peut offrir, dans le quatorzième siècle, rien de comparable à ces grands noms. Cette stérilité relative rend plus remarquable encore la floraison de sainteté qui éclate soudainement, au commencement du quinzième siècle, dans les couvents d'Italie, et qui produit, coup sur coup, des saints tels que Bernardin de Sienne, Jean de Capistran, Jacques de la Marche, des Bienheureux comme Albert de Sarziano, Bernardin de Feltre, Bernardin da Fossa. Pas plus que leur père, ces dignes fils de saint François d'Assise ne se renferment dans les cloîtres. Bien au contraire, tout embrasés du feu de l'apostolat, ils vont par les villes et par les campagnes, réunissent des foules immenses autour de leurs chaires, que l'on dresse sur les places publiques à défaut des églises trop étroites, répandent la parole de pénitence, de miséricorde et de paix, et réveillent dans les âmes l'écho trop oublié du sermon sur la Montagne. Rarement prédication populaire eut autant d'activité, d'éclat, d'extraordinaire efficacité. Jamais, en tout cas, elle ne fut plus pure de tout mélange humain, plus dégagée de toute préoccupation de parti, plus exclusivement inspirée par le souci des âmes et le zèle de Dieu.

Il m'a paru qu'il y avait là une face mal connue du *Quattrocento*, qui méritait d'être mise en lumière. Bernardin de Sienne y tient la place principale. C'est lui le promoteur de cet apostolat, et tous les autres le proclament leur chef et leur modèle. Si son nom, un peu oublié du public profane, n'apparaît pas, dans l'histoire générale, entouré du même éclat tragique que celui d'un autre prédicateur de ce siècle, le grand et infortuné Savonarole, si son existence a été beaucoup plus simple, plus unie, il n'en a pas moins été, de son temps, très célèbre, très populaire, et tel fut le prestige unanimement reconnu de sa sainteté, qu'aussitôt mort, l'Italie entière réclama sa canonisation et que, par une faveur réservée à quelques grands saints, le Pape la prononça presque immédiatement. Encore aujourd'hui, du reste, le touriste rencontre, presque à chaque pas, en Italie, dans les monuments datant du quinzième et du commencement du seizième siècle, le témoignage matériel de cette célébrité; ce n'est pas seulement à Sienne, où la figure ascétique de Bernardin est tant de fois reproduite sur les murs des palais publics comme sur ceux des églises; c'est à Pérouse, où sa statue préside aux charmants bas-reliefs polychromes, sculptés, en 1461, par Agostino di Duccio, au portail de l'oratoire qui lui est dédié; c'est à Rome, où l'habile et gracieux pinceau de Pinturichio a représenté divers traits de sa vie, dans une des chapelles de l'*Araceli;* c'est dans plusieurs autres villes, où l'on conserve quelque souvenir de l'apôtre, la chaire mobile d'où il prêchait, la tablette qu'il exposait à la vénération du peuple, et où les maisons portent encore, gravées sur leur façade, les lettres du nom de Jésus, dont il exhortait ses disciples à se faire comme un pieux blason.

Je n'ai pas la prétention d'apporter sur saint Bernardin tout ce qu'un érudit et un théologien auraient pu trouver à en dire. Mon dessein est plus modeste. J'ai essayé, en remontant aux sources qui étaient à ma portée, de retrouver la physionomie du personnage, de le placer dans son cadre, et surtout de me rendre compte de ce qu'avait pu être une prédication qui produisait alors des effets si extraordinaires. Un tel travail, sans doute, eût mieux convenu à quelque érudit d'outre-monts ; celui-ci eût eu, pour l'accomplir, des facilités et des ressources qui m'ont manqué. Pour excuser mon intrusion dans un sujet qui semblait appartenir plus particulièrement aux compatriotes du saint, on me permettra d'invoquer un précédent. Quelques années après la mort et la canonisation de Bernardin, le roi de France, Louis XI, envoyait à la ville d'Aquila, qui possédait ses restes, une très riche châsse en argent doré, et le Pape ordonnait que le corps y fût aussitôt placé. Je n'ai certes pas la présomption de rapprocher du don magnifique d'un roi l'œuvre modeste d'un écrivain ; mais j'ose espérer que le saint moine italien qui a laissé son corps reposer quelque temps dans une châsse française, ne verra pas de mauvais œil que, dans un livre venu aussi de France, on ait tenté de faire revivre sa figure.

# SAINT BERNARDIN

## DE SIENNE

---

## CHAPITRE PREMIER

### LA FORMATION DU SAINT ET DU PRÉDICATEUR

### (1380-1417)

I. Sienne au Moyen âge. Anarchie et sainteté. Les Bienheureux
Tolomei, Colombini, Petroni et sainte Catherine de Sienne. —
II. Enfance et jeunesse de Bernardin. Son caractère. La Vierge
de la porte Camollia. La peste de 1400. Bernardin à l'hôpital
de la Scala. Il prend l'habit des Frères mineurs. — III. Bernardin novice au petit couvent de Colombaio. Il fait profession et reçoit la prêtrise. Il prêche sur la Passion. Le Ministre
général lui ordonne de se consacrer à la prédication. — IV. Caractère nouveau donné à la prédication par les deux grands Ordres
mendiants. Décadence au quatorzième siècle. Saint Vincent Ferrier. Celui-ci pressent et annonce l'apostolat de Bernardin. —
V. Premiers sermons de Bernardin. Fondation du couvent de
la Capriola. Période de recueillement. Bernardin reçoit d'en
haut l'avis d'aller évangéliser la Lombardie.

## I

Sur la triple colline où elle accroche ses palais
et ses églises, fait escalader ses ruelles tortueuses

et dresse sa fière silhouette dentelée de créneaux
et hérissée de tours, Sienne, à la différence de la
plupart des villes de l'Italie, nous apparaît avec la
marque, non de la Renaissance, mais du Moyen
âge. Il faut remonter, en effet, au treizième siècle,
pour la trouver puissante et prospère, émule souvent heureuse de Florence dans la guerre, le
commerce et les arts. La plupart des monuments
qui lui donnent une physionomie si particulière,
entre tous le *Duomo* et le *Palazzo publico*, sont
de cette époque. Dans la seconde moitié du siècle
suivant, elle était déjà en déclin; loin d'étendre
sa domination, elle semblait impuissante à conserver son indépendance; si elle continuait à s'or-
ner, le grand souffle créateur était tombé. C'est
que l'anarchie y régnait : des révolutions inces-
santes bouleversaient la constitution et portaient
au pouvoir des factions hors d'état de s'y maintenir; les plus vils démagogues étaient préférés aux citoyens éclairés qu'on jalousait et pro-
scrivait; l'influence dominante appartenait aux
clubs et aux sociétés secrètes; l'exil et la con-
fiscation frappaient des classes entières, un jour
les nobles, le lendemain les artisans; les opposants ou les suspects étaient condamnés à mort;
meurtres et massacres ensanglantaient le Palais

public, siège du gouvernement, et, de ses larges fenêtres gothiques, l'émeute victorieuse précipitait sur la place les corps mutilés des magistrats ; à l'état permanent, sévissait cette guerre des rues, dont les rouges palais, aux porches bas, aux rares fenêtres grillées, aux énormes bossages, semblent encore aujourd'hui garder les tragiques meurtrissures ; en un mot, quelque chose comme la Terreur de 1793 ou la Commune de 1871, se prolongeant pendant près d'un demi-siècle.

Et cependant, par un de ces contrastes habituels à l'Italie du Moyen âge, cette ville, qui semblait ne plus être qu'un foyer de passions haineuses, était, à cette même époque, si féconde en saints, qu'elle méritait d'être appelée par les contemporains l' « antichambre du paradis ». A peine le Bienheureux Bernard Tolomei était-il mort, en 1348, après avoir fondé l'austère congrégation des Olivétains, que le Bienheureux Jean Colombini, jusque-là riche négociant et l'un des chefs de la République, embrassait la pauvreté, la pénitence et l'humiliation, avec cette folie héroïque qui fait d'ordinaire le scandale du monde ; sa parole et son exemple groupaient autour de lui des compagnons sortis des meilleures familles de Sienne, qui s'intitulaient les « Pauvres de Jésus-Christ (1) » ; puis, tous ensemble, ils allaient par les rues ou par la campagne, prêchant, priant et chantant, débordant de sainte poésie, ivres d'amour divin, heureux quand on les bafouait, souriant à la douleur et à la mort, tout illuminés de surnaturel, renouvelant, à près de deux siècles de distance, l'apostolat du *Poverello* d'Assise et de ses premiers disciples (2). Pendant ce temps, au fond de la Chartreuse où il menait une vie d'oraison et de mortification, un autre Siennois, le Bienheureux Pietro dei Petroni, acquérait un renom de sainteté qui dépassait les murs du cloître, et ses concitoyens s'arrachaient à leur vie si agitée, pour venir recevoir de lui des avis où ils reconnaissaient avec admiration des lumières venues d'en haut (3). Enfin brillait, entourée d'une auréole plus lumineuse encore, la figure de sainte Catherine de Sienne (4) : cette fille d'artisan, humble tertiaire dominicaine, torturée par la souffrance, en même temps qu'elle vivait

---

(1) Plus tard, devenus un Ordre nouveau, ils s'appelleront les Jésuates.

(2) Colombini mourut en 1367. Sa vie, jusqu'ici peu connue, a été mise récemment en lumière par le livre charmant et touchant de Mme la comtesse DE RAMBUTEAU, *Le Bienheureux Colombini, Histoire d'un Toscan au XIVe siècle*, chez Lecoffre, 1893.

(3) Petroni mourut en 1361.

(4) Née en 1347, morte en 1380.

d'une vie contemplative dont les mystères étonnent notre intelligence, faisait preuve, dans les choses de ce monde, d'un génie admirablement pratique ; elle trouvait des accents pénétrants pour prêcher la paix, l'union, la justice, à une époque où tout était trouble, discorde et violence, non seulement dans la cité, mais dans l'Église universelle ; par la seule autorité de sa sainteté, elle devenait, toute jeune encore, la conseillère écoutée du Pape et des gouvernements, l'arbitre de la chrétienté, et apparaissait comme l'un des types les plus extraordinaires et les plus purs de cette sorte de prophétisme qu'à certaines heures de crise exceptionnelle, la Providence semble susciter en dehors et à côté de la hiérarchie ecclésiastique.

## II

C'est l'année même de la mort de sainte Catherine, en 1380, et comme pour ne pas laisser d'interruption dans cette suite de saints, que naît à Massa, ville du territoire siennois, l'enfant qui doit être saint Bernardin (1). Par son père, gouverneur

(1) Je me suis attaché à recueillir les faits intéressants de la vie de saint Bernardin, dans les biographies assez nombreuses qui

de cette ville, il appartenait à la noble famille des
Albizeschi. A moins de trois ans, il perd sa mère ;
à six ans, son père ; mais l'orphelin rencontre tout
près de lui, pour suppléer ses parents, des femmes
de rare piété qui n'ont pas peu contribué à sa formation morale : ce sont ses trois tantes, Diana,
Pia, Bartolomea, et sa cousine Tobia. Pas une
ombre à la lumière candide et charmante dans

ont été écrites, peu après sa mort, par des contemporains ayant
pu le connaître et être témoins d'une partie des faits qu'ils
racontent. Plusieurs de ces biographies ont été publiées intégralement ou en partie, soit dans les *Acta sanctorum* des Bollandistes, au tome V du mois de mai, soit en tête des *Opera sancti
Bernardini Senensis,* édités, au seizième siècle, en cinq tomes, par
le P. DE LA HAYE. D'autres ont été fondues par WADDING, dans
ses *Annales Minorum,* écrites au dix-septième siècle ; il en indique
neuf qui lui ont servi et dont il dit avoir les manuscrits sous
les yeux. Entre ces diverses biographies, notons de préférence
celle qui a été écrite, dix mois après la mort du saint, par
Bernabæus Senensis, ami de Bernardin, littérateur de quelque
notoriété, ayant rempli divers emplois dans la république de
Sienne ; celle qui a pour auteur Maphæus Vegius, humaniste
célèbre qui osa composer un treizième livre de l'*Énéide* et qui
mourut, en 1458, religieux Augustin, après avoir été, sous
Eugène IV, Abréviateur et Secrétaire de la Daterie ; celle qui a été
attribuée, à tort ou à raison, à saint Jean de Capistran, disciple
et ami de saint Bernardin ; la Vie anonyme, composée aussitôt
« après la translation du corps » par un Frère mineur du couvent
d'Aquila ; enfin celle qui a été transcrite par Surius, dans le
recueil publié par lui au seizième siècle, et qui est reproduite en
tête des Œuvres du saint. Mentionnons aussi la notice contenue
dans les *Vite di uomini illustri del secolo XV,* par VESPASIANO
DA BISTICCI. et reproduite en tête des *Prediche volgari di San
Bernardino,* publiées par L. BANCHI (Siena, 1880).

laquelle nous apparaissent ses premières années. Telle était sa pureté, qu'à la moindre parole malsonnante, la rougeur lui montait au visage, comme si, disait un contemporain, quelqu'un lui avait donné un soufflet (1). Qu'on ne se le figure pas cependant enfant timide et gauche, sans défense contre le mal : il est alerte et vaillant. Un jour qu'il jouait dehors, avec quelques condisciples, un personnage d'un certain rang s'approche pour lui faire des propositions déshonnêtes : ce n'était pas chose rare à cette époque ; l'enfant, indigné, répond par un coup de poing ; sa petite taille ne lui permet d'atteindre que le menton, mais le coup est si vivement asséné, que le bruit en retentit presque jusqu'au bout de la place (2) ; l'homme s'éloigne, couvert de confusion aux yeux de tous les assistants. « Plusieurs années après, raconte l'un des biographes, sur cette même place, j'ai vu, pendant un sermon de Bernardin, ce même personnage, le cœur touché de componction, verser des larmes aussi abondantes que s'il eût été durement battu de verges. » Une autre fois, pour-

(1) « *Illi rubor in facie verecundiæ apparebat, ac si injuria quis ei alapam intulisset.* » (Vie attribuée à S. Jean de Capistran.)

(2) « *Statim magno ictu pugni civem illum percussit infra mentum, credens percutere faciem, adeo magno sonitu, quod ferè totam plateam replevit auditu.* » (*Ibid.*)

suivi par un étranger qui lui tenait des propos semblables, Bernardin l'attire adroitement hors de la
ville, après s'être concerté avec ses camarades, et
là, subitement, tous lui jettent, en même temps
qu'une volée d'injures, les pierres dont ils ont eu
soin de remplir leurs poches; ils le lapidaient, dit
la vieille chronique, avec non moins d'ardeur que
les Juifs saint Étienne (1).

Dès l'âge de onze ans, Bernardin avait été appelé
par ses oncles, à Sienne, pour y recevoir une instruction en rapport avec le rôle auquel le destinait
sa naissance. Il s'appliqua d'abord, avec un succès
dont ses maîtres ont rendu depuis témoignage,
aux belles-lettres et à la philosophie. Devenu
adolescent, il étudia, pendant plusieurs années,
le droit canon, la théologie, les saintes Écritures,
et y prit tant de goût que les autres sciences
lui parurent fades. D'ailleurs, ce qu'on disait déjà
de sa piété et de sa vertu, les mortifications dont
ses camarades surprenaient parfois le secret,
n'étaient pas d'un jeune homme que tentaient
les ambitions mondaines. Son austérité n'ôtait
rien à sa bonne grâce. Les historiens insistent
sur l'amabilité de son caractère, sur son affa-

(1) « *Non minus avidè malignum hominem lapidabant quam
Judæi Stephanum.* » (Vie attribuée à S. Jean de Capistran.)

bilité envers tous, sur la gaieté de sa conversation. « Là où est Bernardin, disait-on, nulle place à l'ennui. » Sa figure, alors, n'avait rien de ce masque singulièrement émacié, creusé, ridé, devenu le type d'après lequel les vieux peintres l'ont représenté sur les autels ; on nous le dépeint, à cette première époque, comme un jeune homme fort agréable, d'un visage coloré, d'une physionomie fine et distinguée, d'un air enjoué et cependant imposant le respect, de manières courtoises et engageantes, d'une taille moyenne et bien prise.

En le voyant si fait pour plaire, les pieuses parentes qui veillaient sur Bernardin jugeaient sage de le mettre souvent en garde contre le danger des coquetteries féminines. Un jour que sa cousine Tobia lui donnait quelque avis de ce genre : « Sachez, répondit-il plaisamment, que je suis épris d'une très noble dame. Je donnerais volontiers ma vie pour jouir de sa présence, et ma nuit serait sans sommeil, si j'avais passé la journée sans la voir. » Puis revenant d'autres fois sur le même sujet : « Je vais voir mon amie, ma belle amie. » Ces propos rendaient Tobia fort perplexe : elle avait peine cependant à soupçonner un jeune homme qu'elle savait si dévot et si mortifié. « Quelle est donc, lui demanda-t-elle, cette bien-

aimée dont vous me parlez sans cesse? Où de-
meure-t-elle? » Bernardin se borna à répondre
qu'elle demeurait au delà de la porte Camollia.
De plus en plus troublée, Tobia se décide à observer secrètement les démarches de son jeune cou-
sin. Dès le lendemain, cachée près du lieu indiqué,
elle ne tarde pas à voir venir Bernardin. Au-dessus
de la porte Camollia, était peinte une Vierge qui
s'élevait dans les cieux, au milieu d'anges dansant,
chantant, jouant des instruments (1). Cette fresque
n'existe plus, mais d'autres peintures du temps
nous permettent d'imaginer ce qu'elle pouvait
avoir d'inspiration et de charme pieux, malgré
les gaucheries de l'exécution. Bernardin s'age-
nouille devant l'image de la Vierge; l'expression
de son visage témoigne du ravissement avec
lequel il la contemple, de la ferveur avec laquelle
il la prie; cela fait, il se relève et rentre directement chez lui. Plusieurs jours de suite, Tobia
renouvelle l'épreuve avec même résultat. Pleinement rassurée, elle redemande à Bernardin de lui
révéler le nom de la femme dont il est épris, afin,
dit-elle, de la demander en mariage, si elle n'est pas

---

(1) Cette fresque, peinte, en 1310, par les peintres Cecco et
Nuccio, fut refaite, en 1415, par Benedetto di Bindo. Il n'en reste
plus aucune trace.

de rang trop supérieur. « Ma mère, répond le jeune homme, puisque vous l'ordonnez, je vous livrerai le secret de mon cœur, que, sans cela, je n'aurais révélé à personne. Je suis épris de la Vierge bienheureuse, Marie, mère de Dieu : c'est elle que j'ai toujours aimée ; c'est elle que, brûlant d'amour jusqu'au plus profond de mon être, je désire voir ; c'est elle dont j'ai fait ma très chaste fiancée ; c'est sur elle que je voudrais toujours fixer mes regards avec la vénération qui lui est due. Mais, ne pouvant le faire ici-bas, j'ai résolu de visiter chaque jour son image. Voilà quelle est ma bien-aimée. » Tobia, avec des larmes de joie, serre dans ses bras celui qu'elle appelle son fils béni, et rend grâces au Seigneur. Les biographes rapportent que Bernardin garda toujours cette aimable dévotion à la Vierge de la porte Camollia. Devenu moine, il saisira, au milieu de sa vie errante, toutes les occasions de lui rendre visite comme aux jours de son adolescence, et quand, prêchant aux Siennois, il voudra leur donner une idée des splendeurs de l'assomption de Marie, il leur rappellera l'image qu'ils étaient habitués à voir à l'entrée de leur ville (1).

(1) « ... *Tutti gli angioli... le stanno da torno giubilando , cantando, danzando, faciendole cerchio, come tu vedi dipènto colà su alla porta a Camollia...* » (*Le Prediche volgari di San Bernardino*

Sienne possédait alors un hôpital fameux, dont la création remontait à 832 et qui était dédié à *Santa Maria della Scala*. Construit, suivant la touchante coutume d'autrefois, à l'ombre de la cathédrale, cet hôpital subsiste encore. L'entrée fait face au portail du Dôme : par la porte généralement ouverte, le regard du touriste enfile une longue et vaste salle aux arceaux gothiques; à travers les fenêtres qui la terminent, il aperçoit un horizon de collines gracieusèment ondulées qui, sous la fine lumière d'un ciel toscan, se prolonge jusqu'au fond bleuâtre des montagnes; par moments, comme une note plus moderne dans ce cadre antique, comme un rappel de France dans ce milieu tout italien, passe et repasse, d'une démarche alerte, la blanche cornette d'une fille de Saint-Vincent de Paul. Au quatorzième siècle, dans cette ville en proie à tant de discordes, la Scala était un foyer de charité qui attirait naturellement les âmes généreuses. Le Bienheureux Bernard Tolomei y avait trouvé la mort en soignant les pestiférés; le Bienheureux Colombini, après sa conversion, y avait fait l'apprentissage de la sain-

*da Siena, dette nella Piazza del Campo l'anno MCCCCXXVII, ora primamente edite da* LUCIANO BANCHI, Siena, 1880, t. I, p. 25.) Je reviendrai plus tard sur cette importante publication.

teté ; là aussi, le Bienheureux Petroni avait fait admirer sa tendresse compatissante et son abnégation. L'association des *Disciplinati Confraternitatis B. Mariæ*, qui y avait son siège, comprenait des hommes de tous rangs, décidés à mener une vie de dévouement et de mortification. Dès l'âge de dix-sept ans, Bernardin s'y était affilié, afin, dit un de ses biographes, de pouvoir se donner avec plus de facilité aux œuvres de pénitence. Il y faisait, depuis quelques années, l'édification des membres de la confrérie, quand, en 1400, une sinistre visiteuse frappa à la porte de la Scala, la peste.

Ce n'était pas une inconnue. Depuis qu'elle avait, au milieu du quatorzième siècle, épouvanté et littéralement dépeuplé le monde, elle avait reparu, à plusieurs reprises, tantôt sur un point, tantôt sur un autre. En 1400, Sienne en était à la troisième invasion du fléau. Ses ravages se trouvaient, cette fois, encore accrus par le passage des pèlerins qui se dirigeaient en foule vers Rome, pour assister aux fêtes du jubilé séculaire. Chaque jour, de nombreux malades succombaient dans l'hôpital. Ceux qui les soignaient n'étaient pas épargnés ; la mort frappa même à un tel point parmi eux, que le dévoué directeur de la Scala, Jean Landaroni, sentant avec

effroi le vide se faire autour de lui, ne crut plus
avoir d'autre ressource que de se jeter aux pieds
de Marie, gardienne de cette charitable maison,
de lui crier sa détresse, et de remettre en ses
mains les malades qu'il n'avait plus les moyens
de faire soigner. Peu après, il voit venir à lui
Bernardin qui lui propose de se charger entièrement, avec quelques amis, du service de l'hôpital.
Touché jusqu'aux larmes, le directeur hésite cependant à accepter cette offre : la peste s'attaquait
surtout aux adolescents; peut-il exposer à un tel
péril cet enfant de vingt ans, héritier d'une noble
famille? Celui-ci insiste : « Si Dieu veut que je suc-
combe, dit-il, j'accepte une telle mort avec joie. »
A cette fermeté simple, Landaroni reconnaît l'esprit de Dieu; non seulement il permet à son jeune
ami de venir soigner les malades, mais, sans s'arrêter à son âge, il lui remet la direction de toute
la maison (1).

Bernardin réunit alors une dizaine de ses compagnons. En quelques paroles enflammées, il leur
rappelle la promesse de Celui qui a dit : « Tout ce
que vous aurez fait au plus petit des miens, vous
l'aurez fait à moi-même. » Loin de leur dissimuler

_______________

(1) « *Claves totius ferè domus eidem consignavit.* » (*Boll.* 1re vie.)

le péril, il leur montre combien il est beau de conquérir ainsi, en temps de paix, la couronne du martyre. « Vous le voyez, mes bien-aimés, ajoute-t-il, l'incendie est allumé au loin, le monde presque entier en est devenu la proie; la hache est appliquée à l'arbre; la faux appelle la moisson. Qui d'entre nous pourra se flatter de prolonger sa vie, quand nous voyons les autres mourir tous les jours, quand nos compagnons les plus chers ont succombé aux premières atteintes du fléau? Si nous mourons en remplissant les devoirs de la charité, nous irons au Seigneur; si, au contraire, la mort nous épargne, nous nous réjouirons, toute notre vie, d'avoir rendu à Dieu de tels services en la personne de ses pauvres. Soit donc que nous vivions, soit que nous mourions, nous ne pouvons que gagner dans un tel ministère. » L'appel est entendu. Après s'être confessés et avoir reçu ensemble la sainte communion, ces jeunes gens se rendent à l'hôpital. Bernardin prend en main la direction; jour et nuit, il est au service des malades, les soigne, les console, les aide à mourir, les ensevelit de ses mains; les besognes les plus répugnantes ou les plus périlleuses sont celles qu'il préfère; en même temps, il veille au bon ordre, à la propreté, fait purifier l'air par de grands feux. Si encombrée que soit la maison, il trouve toujours moyen de recevoir ceux qui y demandent asile. La mort frappe les malades par centaines; elle n'épargne pas les jeunes compagnons de Bernardin, dont plusieurs succombent glorieusement; mais les remplaçants ne manquent pas.

Pendant quatre longs mois, à l'admiration de la ville entière, Bernardin soutient sans faiblir ce combat. Il ne se retire que quand la peste a disparu. A peine a-t-il quitté l'hôpital que, par une suite naturelle de tant de fatigues et d'émotions, il tombe malade à son tour; on le croit un moment perdu, mais sa jeunesse reprend le dessus. Que va-t-il faire de cette santé reconquise, de cette vie que Dieu lui laisse? Depuis longtemps, il se posait la question, non sans anxiété. Il se sent attiré vers la vie religieuse. Pour le moment, toutefois, un devoir lui paraît primer tous les autres : sa tante Bartolomea est devenue aveugle; il se refuse à abandonner celle qui a veillé sur son enfance. Ce n'est qu'un retard d'une année : bientôt, Bartolomea morte saintement dans ses bras, rien ne le retient plus. Pour s'examiner plus immédiatement en présence de Dieu et aussi pour s'aguerrir à la pénitence, il se cherche, en dehors de la ville, au milieu des jardins, une retraite cachée, une sorte de solitude où il installe un petit oratoire. Il y passe son temps en prières, en méditations, en austérités, couchant sur la terre nue, se nourrissant d'herbes et de racines (1). Il obtient en ré-

(1) Bernardin a confessé lui-même, plus tard, ce que ses austérités avaient eu, au début, d'excessif. Cet aveu, fait avec son enjouement accoutumé, se trouve dans un sermon prononcé à Sienne, en septembre 1427, sermon où il rappelait à la discrétion, au bon sens et à l'humilité certains pénitents présomptueux et téméraires. « Je veux vous raconter, disait-il, le premier miracle que j'aie jamais fait; c'était avant que je fusse Frère. Il me vint une résolution de vouloir vivre comme un ange et non pas comme un homme. Je pensai à m'établir dans un bois, et je commençai à me dire à moi-même : « Que feras-tu dans un bois? Que mangeras-tu? » Je me répondais : « Je ferai ce que faisaient les saints pères; je mangerai de l'herbe quand j'aurai faim, et, quand j'aurai soif, je boirai de l'eau. » Je délibérai encore d'acheter une Bible pour lire, et une robe grossière pour me vêtir. Et j'achetai la Bible, ainsi qu'une peau de chameau imperméable pour que la pluie ne la mouillât pas. Je cherchai ensuite où je pourrais me nicher... J'allai là-bas, hors de la porte Follonica, et je commençai à cueillir une salade de laiterons et d'autres herbes sauvages; je n'avais ni pain, ni sel, ni huile; je me dis : « Commençons, pour cette première fois, par la laver et l'éplucher, et puis, une autre fois, nous ne ferons que l'éplucher sans la nettoyer autrement; et quand nous en aurons pris l'habitude, nous ferons la salade sans la nettoyer aucunement, et enfin nous ne la cueillerons même pas. » Et, ayant invoqué le nom de Jésus béni, je commençai avec une bouchée d'herbes amères, et, l'ayant mise dans ma bouche, je me mis à la mâcher. Je mâche, je mâche; elle ne voulait pas descendre. Ne pouvant l'avaler, je me dis : « Allons, commençons par boire une gorgée d'eau. » Baste! l'eau descendait, et l'herbe restait dans la bouche. En somme, je bus plusieurs gorgées d'eau avec une bouchée d'herbes et je ne pus l'avaler. Sais-tu ce que je veux dire? Avec une seule bouchée d'herbes, j'éloignai toute tentation; car certainement je reconnais que c'était une tentation. Ce qui a suivi

compense pleine lumière sur sa vocation : il lui semble que du crucifix même lui vient l'appel à une vie de sacrifice et de pauvreté. Reste seulement à choisir l'Ordre où il trouvera cette pauvreté le plus complètement pratiquée. Il hésite entre les Franciscains et les Dominicains. La lecture de la règle de Saint-François et un songe qu'il croit envoyé de Dieu, le font donner la préférence aux Frères mineurs.

Le couvent de San Francesco, à la porte duquel vint frapper Bernardin, occupait une sorte de promontoire à l'une des extrémités de Sienne. L'église, récemment restaurée, et les cloîtres subsistent encore. Il ne fallut pas longtemps au gardien du couvent (1), Jean Ristori, religieux éprouvé, pour examiner et reconnaître une vocation, si visiblement inspirée de Dieu. Bernardin, insensible au blâme de certains de ses parents qui avaient rêvé pour lui une vie brillante dans le monde, distribua joyeusement sa fortune aux pauvres et aux églises, et, dépouillé de tout, il vint,

------

depuis a été élection et non tentation. Oh ! combien il faut réfléchir avant de suivre les traces d'autrui dans des résolutions qui se trouvent très mauvaises et qui paraissent si bonnes ! » (*Le Prediche volgari, edite da* Luciano Banchi, t. II, p. 351 et s.)

(1) Ainsi sont appelés les supérieurs des couvents de Frères mineurs.

le 8 septembre 1402, au milieu de ses concitoyens accourus en foule, recevoir de Jean Ristori l'humble et pauvre habit des Frères mineurs. C'était à cette même date du 8 septembre, fête de la Nativité de la Vierge, que, vingt-deux ans auparavant, il était né et avait été baptisé. A cette même date, dans les années suivantes, il fera sa profession, dira sa première messe et prononcera son premier sermon. Aussi, plus tard, en prêchant sur le mystère de cette fête, aimait-il à rappeler ces coïncidences et y voyait-il comme un signe de sa particulière consécration à Marie (1).

## III

Bernardin ne demeura pas plus de deux mois au couvent de Sienne. Ses relations de famille, le

(1) Les biographes contemporains rapportent que Bernardin s'exprimait ainsi : « *In die Nativitatis Beatæ Virginis natus, eâdem die, revolutis tamen temporibus, renatus, religionem ingressus sum Seraphici Patris Francisci; eâdem die professus in Ordine, eâdem die primam Missam cantavi, et eâdem die primum ad populum sermonem feci de Beatâ Virgine, cujus amore et gratiâ opto et tali die ex hâc vitâ migrare.* » Ce dernier vœu ne devait pas être exaucé; il mourut le 20 mai. Ce langage peut être rapproché de celui que Bernardin tenait à Sienne, en 1427. (Cf. *Le Prediche volgari di San Bernardino da Siena, edite da* LUCIANO BANCHI, t. II, p. 240.)

renom même de ses vertus lui attiraient trop de
visiteurs. A quelque distance de la ville, dans une
solitude sauvage, au milieu des bois, était le couvent de Colombaio, bien petit et bien pauvre, mais
sanctifié par le séjour qu'y avaient fait saint François et saint Bonaventure. Avec l'approbation de
ses supérieurs, Bernardin prit le parti de s'y reti-
rer. Une raison surtout le déterminait : Colombaio était un des couvents, très rares alors, revenus
à la stricte application de la règle de Saint-François; il appartenait à ce qu'on commençait à appeler
l'Observance (1).

Les biographes contemporains notent la joie
aimable, la douce allégresse avec lesquelles Bernardin vint chercher asile dans cette sainte maison ;
ils notent aussi l'ardeur avec laquelle il y em-
brassa la pauvreté, la mortification, l'humiliation,
jamais plus heureux que quand il était insulté
dans la rue ou que des enfants jetaient des pierres
sur ses pieds nus. « Laissez-les faire, disait-il à
son compagnon indigné, ils nous aident à acquérir
une gloire éternelle. » Toutefois, s'agissait-il de
défendre sa pureté, reparaissait en lui quelque

_______________

(1) J'aurai occasion, plus loin, en exposant ce que Bernardin
a fait pour propager l'Observance, de rappeler la genèse de cette
réforme. (Voir le chapitre V.)

chose de la vivacité avec laquelle, enfant, il avait souffleté, en pleine place publique, l'homme qui voulait le corrompre. Il y avait à Sienne une femme qui passait, avec son mari, pour être pieusement attachée aux Frères mineurs; mais, par l'effet d'on ne sait quelle diabolique dépravation, elle s'était laissé secrètement envahir par une passion criminelle pour Bernardin. Un jour que le jeune novice faisait, suivant l'usage, la quête de porte en porte, cette femme, qui le guettait, l'invite à monter dans sa maison, pour y prendre le pain destiné au couvent. Il la suit sans défiance. A peine est-il entré, qu'elle ferme la porte, s'offre à lui, et lui déclare que, s'il la repousse, elle criera et l'accusera d'avoir voulu lui faire violence. Le Frère, qui mesure le péril, appelle Dieu à son secours, dans le silence de son cœur. Il lui vient alors cette inspiration de répondre à cette femme que, pour accomplir son dessein, elle doit d'abord se dévêtir. Puis, au moment où elle commence à le faire, il saisit silencieusement la discipline qu'il avait l'habitude de porter sur lui, et la flagelle si rudement que, dit le vieil historien, il met en fuite la tentation. Plus tard, le seul souvenir de cette correction suffisait à préserver cette femme de toute pensée mauvaise; elle demeura, ainsi que son mari, très dévouée au saint et à son Ordre.

Le 8 septembre 1403, après une année du noviciat le plus fervent, Bernardin fut admis à faire profession. Pour obéir à ses supérieurs, il se prépara ensuite à la prêtrise; déjà fort instruit dans les sciences sacrées, une année lui suffit pour recevoir tous les ordres; le 8 septembre 1404, il célébra sa première messe et prêcha son premier sermon sur la Nativité de la Vierge.

Devenu prêtre, son austérité, sa ferveur s'en accrurent encore et firent, chaque jour davantage, l'admiration de ses compagnons. En digne fils du stigmatisé de la Verna, il aimait particulièrement à méditer sur la passion du Christ et en était si remué que, dit son biographe, on eût cru qu'il allait mourir de douleur (1). Les pensers d'amour et de pénitence que cette contemplation éveillait en lui, il avait soif de les répandre. Un jour, il n'y tient plus. Suivi de quelques Frères qu'il a enflammés de son zèle, il sort du couvent; sur ses épaules mises à nu, il porte une grande et lourde croix. Ainsi chargé, il se dirige vers Sarziano, bourg voisin. Ce spectacle

(1) « *Christi passionem tam acerbè deplorabat ut præ dolore moriturus videretur.* »

étrange provoque d'abord des moqueries. Mais le jeune Frère parle, laissant déborder, sans regarder ni à l'ordre ni à la forme, les sentiments qui bouillonnent dans son âme. Les rieurs écoutent, surpris, troublés, émus : leurs yeux se mouillent, et ils finissent par saluer comme un saint celui que, tout à l'heure, ils bafouaient comme un fou. Ne dirait-on pas quelque trait de la vie de François d'Assise ?

Si, dans une heure de pieuse exaltation, Bernardin était ainsi sorti du cloître et avait fait œuvre d'apostolat, il n'avait cependant aucun dessein arrêté de devenir prédicateur. Trop obéissant pour ne pas attendre sur ce point l'ordre de ses supérieurs, il était trop humble pour le solliciter. Mais une telle lumière pouvait-elle rester sous le boisseau ? Antoine-Ange Pireto, élevé en 1405 au généralat des Frères mineurs, était favorablement disposé pour les Observants. Instruit du rare mérite du jeune religieux caché dans le couvent de Colombaio, il lui envoya l'ordre de se consacrer au ministère de la prédication.

## IV

Dans les premiers siècles de l'Église, la prédication avait été principalement pastorale, œuvre
des évêques et des curés enseignant leurs ouailles
dans la cathédrale ou dans l'église paroissiale,
des abbés instruisant leurs moines dans l'intérieur
du cloître. Portée très haut par les Pères grecs ou
latins du quatrième siècle, abaissée avec l'invasion
d'ignorance et de barbarie qui avait accompagné
la chute du vieux monde romain, elle s'était
relevée d'un puissant élan au douzième siècle,
époque de renaissance religieuse, littéraire et
artistique. A cette date, elle ne retrouve pas seulement un éclat perdu ; elle tend à prendre une
forme nouvelle, avec les prédicateurs populaires
des Croisades, avec saint Bernard surtout, qui ne
se contente pas d'adresser des homélies à ses
Frères de Clairvaux, mais qu'on retrouve sur
toutes les routes de France, d'Allemagne, d'Italie,
attirant les foules sur ses pas, leur prêchant de
sa grande voix la guerre contre les infidèles et la
paix entre les chrétiens.

La transformation, ainsi commencée, se complète avec la fondation des deux Ordres mendiants, au commencement du treizième siècle. Les fils de Saint-François et de Saint-Dominique, à la différence des fils de Saint-Benoît, ne s'enferment plus dans un cloître pour y chercher la solitude : leur rôle est de se répandre au dehors et de porter partout la parole sainte. « Dieu veut que nous allions par le monde », disait le Pauvre d'Assise, et il avait donné à ses disciples l'exemple de cette vie de mission errante. La prédication dominicaine était d'ordinaire savante. Les Franciscains étaient les orateurs préférés du peuple, dont, au scandale de plus d'un clerc, ils parlaient volontiers le langage, abordant tous les sujets avec une familiarité hardie, prompts à prendre en main la cause des petits et des opprimés, ne se gênant guère pour attaquer les puissants de l'État et même de l'Église. Des sanctuaires, ce prêche démocratique débordait sur la place publique, où il se trouvait plus à l'aise (1). Des chaires improvisées se dressaient en plein air, autour desquelles certains orateurs attiraient des multitudes de vingt,

---

(1) Les abus de ces sermons en plein air devaient les faire interdire au quinzième siècle, en France, par plusieurs conciles locaux. L'usage en persista plus longtemps en Italie.

quarante et même soixante mille auditeurs. Tels
saint Antoine de Padoue, ou ce frère Bertold de
Ratisbonne qui faisait déployer, au-dessus de sa
tête, une banderole, afin que la foule, voyant d'où
venait le vent, sût de quel côté se placer pour
entendre de très loin.

Les prêtres séculiers n'étaient pas sans prendre
ombrage de ces nouveaux venus auxquels ils
reprochaient « d'usurper entièrement l'office de la
prédication »; mais ils n'y pouvaient rien que
tâcher de les imiter; c'est ce que faisaient aussi
les religieux des autres Ordres. Les sermons se
trouvaient ainsi multipliés dans une mesure inconnue aux époques précédentes. Pour se faire
d'ailleurs une idée de l'importance prise par cette
prédication populaire, non seulement dans la vie
religieuse, mais dans la vie sociale, il faut se rappeler qu'en ce temps le livre était rare, le journal
inconnu; dès lors, la parole publique, — et, au
Moyen âge, il n'en était guère d'autre que le sermon, — était le seul aliment des esprits, le principal facteur de l'opinion. N'avait-on pas vu ce
qu'elle était capable de faire, lors des Croisades?
La venue d'un prédicateur célèbre était un événement qui occupait toute une contrée. Les longs
sermons que, chaque jour, au nom d'une foi

religieuse demeurée, malgré tout, maîtresse des intelligences, il prononçait devant des auditeurs que ne distrayait aucun autre enseignement, pouvaient produire des effets inconnus dans la vie plus complexe de nos cités modernes. Qu'était-ce si, au prestige de l'éloquence, s'ajoutait celui, plus grand encore, de la sainteté et du miracle?

En plein épanouissement au treizième siècle, cette prédication populaire décline au quatorzième. Le premier élan fait place à une sorte de fatigue, l'inspiration à la routine. C'est le règne des manuels, où chacun trouve préparé le sermon dont il a besoin : tel, entre beaucoup d'autres du même genre, le recueil *Dormi securè,* dont le titre seul dit au prédicateur paresseux : « Dors en paix, ton sermon est tout fait. » De plus, comme par l'effet d'une pente naturelle, les défauts du genre s'aggravent : la familiarité tourne en trivialité et en bouffonnerie; la liberté dégénère en licence, notamment dans le royaume de France, alors déchiré par les factions, où plus d'un « prescheur » se fait tribun et démagogue. Ajoutez que la crise traversée par l'Église et qui aboutit au grand schisme, n'était pas faite pour donner plus de tenue aux prédicateurs.

Mais, preuve nouvelle de cette divine fécondité

par laquelle le christianisme a tant de fois donné
des démentis à la superbe de ses adversaires ou au
découragement de ses amis, au milieu même du
schisme, à l'heure la plus sombre de cette fin d'un
triste siècle, surgit tout à coup un prédicateur dont
le renom et les succès semblent dépasser tout ce
qu'on a vu jusqu'alors. C'est saint Vincent Ferrier,
Dominicain espagnol. Il a déjà près de cinquante
ans, quand, en 1397, il commence son apostolat
à travers les pays d'obédience avignonnaise.
Bientôt célèbre par son éloquence, par ses vertus, par les miracles extraordinaires qu'il accomplit, pour ainsi dire, à chaque pas, on le demande
de tous côtés. Chaque ville qui le possède un
moment voudrait le retenir. Il ne s'arrête **nulle**
part, toujours en marche, « pèlerin de la parole
divine », comme l'appelle un de ses contemporains.
Ainsi évangélise-t-il l'Espagne, la Provence, la
Ligurie, le Piémont, la Savoie, la Suisse, les
Flandres, et surtout la France entière qu'il parcourt
à plusieurs reprises dans tous les sens, jusqu'à ce
qu'en 1419, il meurt épuisé, en Bretagne. Il ne sait
d'autre langue que le valencien, affirment ses biographes, et cependant partout on le comprend.
D'une extrême austérité, il voyage à pied, **sauf**
dans ses dernières années où une plaie à la jambe

l'oblige à monter sur un âne. Des pénitents des deux sexes l'accompagnent, vêtus d'habits blancs et noirs de forme monastique, soumis à une discipline sévère, sans rien des désordres qui, à d'autres époques, avaient vite déconsidéré les bandes de flagellants. Il mène aussi avec lui des prêtres pour les confessions, des chantres pour les offices, et jusqu'à un notaire pour sceller les réconciliations; c'était en effet une de ses principales préoccupations, au milieu des discordes qui avaient envahi même le sanctuaire, de prêcher partout la paix et l'union (1). Arrive-t-il près d'une ville, ses pénitents se forment en procession; la population sort au-devant de lui; c'est à qui l'approchera, le touchera; ses vêtements sont bientôt mis en lambeaux par tous ceux qui veulent emporter de lui quelque relique; il lui faut tenir ses mains au-dessus de sa tête pour les soustraire aux gens qui s'efforcent de les baiser; ce n'est qu'en l'entourant de madriers portés par des hommes vigoureux qu'on peut l'empêcher d'être écrasé. En plus d'une ville, tant que dure sa prédication, les affaires sont arrêtées, les magasins fermés, les audiences mêmes des tribunaux suspendues. « Pour entendre maître

(1) « Il avait coutume, dit un contemporain, de rétablir la concorde partout où il passait. »

Vincent, rapporte un témoin, tout le monde quittait ses occupations, les ouvriers leurs ateliers, les avocats le Palais de justice, les laboureurs la campagne, et les femmes, si la chose est croyable, leur toilette. » Il prêchait d'ordinaire le matin, après avoir chanté la messe; son sermon ne durait pas moins de trois heures, et quelquefois six quand il parlait sur la Passion; à certains jours, il reprenait la parole dans l'après-midi et dans la soirée. A défaut des églises trop étroites, on lui élevait une chaire sur la place publique; les auditeurs s'y pressaient debout, garnissaient les fenêtres et jusqu'aux toits des maisons; d'autres fois, quand la foule était plus considérable encore, il prêchait en rase campagne. Ses biographes parlent couramment d'auditoires de dix, vingt et même, à Nantes, soixante mille personnes. Son procédé est généralement de jeter la terreur dans les âmes : nouveau Jonas, il montre aux Ninivites la colère de Dieu sur le point d'éclater et les presse de la conjurer par la pénitence; les désordres, les scandales du temps lui paraissent révéler la venue de l'Antéchrist, et il se dresse comme l'ange du dernier jugement. Un jour, à Toulouse, prêchant sur ce texte : « Morts, levez-vous et venez au jugement », il jette une telle épouvante chez ses auditeurs que ceux-ci, comme s'ils étaient réellement appelés au tribunal suprème, tombent, à plusieurs reprises, la face contre terre, en criant miséricorde ; la place en devait garder, pendant quelque temps, le nom de vallée de Josaphat. A la suite des sermons, c'étaient de longues processions de flagellants auxquelles prenaient part les habitants, et où le bruit des cordes frappant les épaules nues accompagnait des complaintes sur la Passion. Telle, pendant vingt-deux ans, se continua cette prédication, de ville en ville', de village en village, laissant partout derrière elle, comme marque de son passage, un réveil de foi, une réforme des mœurs, un effort de pénitence, et la pacification des cœurs.

Sauf une pointe rapide faite en Piémont et en Ligurie, l'apostolat de saint Vincent Ferrier n'avait pas atteint l'Italie (1). Et cependant, là aussi, combien il eût été nécessaire ! A la fin du quatorzième siècle, le Bienheureux Jean Dominici (2), des Frères prêcheurs italiens, gémissait sur la décadence de la prédication autour de lui. « Il y a un grand manque

(1) C'est sans fondement que certains historiens prétendent que Vincent Ferrier aurait prêché à Florence et à Bologne.

(2) Né vers 1357 ou 1360, Dominici mourut cardinal en 1419. Cf. l'ouvrage du P. Aug. ROSSLER, sur le *Cardinal Johannes Dominici*. (Freiburg, Herder, 1893.)

de parole de Dieu, écrivait-il, et les esprits sont pour ainsi dire affamés de cette parole. » Il s'était employé, pour sa part, à remédier à cette famine, et ses sermons étaient fort goûtés des Florentins. Son exemple avait été suivi : un religieux du même Ordre, le Bienheureux Pierre de Palerme (1), évangélisait avec succès, au commencement du quinzième siècle, le nord et le centre de l'Italie, en attendant qu'il allât se fixer en Sicile. Toutefois, si fructueuses qu'elles fussent, ces prédications étaient loin d'avoir le retentissement et l'éclat de celles de saint Vincent Ferrier. C'est à un Franciscain, à notre Bernardin de Sienne, qu'il devait être donné de renouveler en Italie les merveilles dont la France venait d'être le théâtre.

Saint Vincent Ferrier paraît avoir pressenti son successeur et son émule. Prêchant à Alexandrie, en Piémont, il eut Bernardin parmi les auditeurs qu'attirait de toutes parts sa renommée. Le jeune Franciscain, alors inconnu, fort touché des sermons de l'illustre Frère prêcheur, obtint de lui la faveur d'un entretien particulier, dans lequel il lui ouvrit son âme et dont il sortit plein de gratitude et de consolation. Le lende-

(1) Né en 1381, mort en 1452.

main matin, au cours de son sermon, Vincent s'interrompait : « O mes enfants, s'écriait-il, il y a dans cette assemblée un religieux de l'Ordre des Frères mineurs qui sera bientôt un homme illustre dans toute l'Italie ; sa doctrine et ses exemples produiront de grands fruits parmi le peuple chrétien. Je vous exhorte donc à rendre grâces à Dieu ; prions-le, tous ensemble, de vouloir bien accomplir ce qu'il m'a révélé. Bientôt se réalisera ce que je vous annonce ; c'est pourquoi je retourne évangéliser la France et l'Espagne, et je laisse à cet homme le soin d'instruire les peuples de l'Italie auxquels je n'ai point fait entendre ma voix (1). »


## V


Bernardin attendra plusieurs années, avant de réaliser pleinement la prophétie de Vincent Ferrier et de devenir un prédicateur célèbre. Il avait cepen-

(1) Ce fait est rapporté par le plus vieux et le plus autorisé des biographes de saint Vincent Ferrier, PETRUS RANZANUS (livre III, ch. i). On a discuté sur la date. Quelques historiens ont déduit de certaines phrases de Ranzanus que l'entrevue aurait eu lieu en 1408. Le P. Fages, auteur d'une vie récente de saint Vincent Ferrier, la reporte en 1402, avant l'entrée en reli-

dant suivi tout de suite l'indication qui lui avait été donnée de se vouer à la chaire. Dès l'été de 1405, on le trouve prêchant à la porte de Sienne, en un lieu sanctifié par un miracle de saint François et appelé l'Alberino. Le 12 juin de cette même année, il était, près de là, au petit ermitage de San Onofrio, sur la colline de la Capriola, et, y rencontrant une grande affluence de peuple attirée par la fête du saint, il se sentait inspiré de monter sur un arbre pour lui adresser la parole; comme naguère à Sarziano, ceux qui le prenaient tout d'abord pour un fou étaient bientôt captivés. Ce lieu, d'où l'on voyait Sienne, et qui en était cependant séparé par une vallée profonde, lui plut, et le désir lui vint d'y fonder une maison de l'Observance. L'ermitage dépendait de l'hospice de la Scala, dont le directeur ne pouvait rien refuser à celui qui avait tant fait pour ses malades pendant la peste. Bernardin obtint donc, sans difficulté, la permission d'y faire sa fondation; il se mit aussitôt à l'œuvre, donna lui-même l'exemple de travailler de ses mains,

gion de Bernardin. Que fait-il alors des paroles mêmes attribuées à saint Vincent et où il est question de Bernardin comme étant déjà Frère mineur? En tout cas, le fait a dû se produire entre 1402 et 1408. Pour arriver à une précision plus grande, il faudrait pouvoir établir en quelle année saint Vincent Ferrier a pu venir prêcher à Alexandrie.

porta sur ses épaules les pierres, le bois et les autres matériaux. Il eut ainsi bien vite construit un modeste monastère dont il fut le premier gardien. Le couvent de la Capriola devait tenir une grande place dans la vie de notre saint. Il y demeura d'abord pendant plusieurs années, et plus tard, au cours de sa vie devenue errante, ce sera presque toujours à la Capriola qu'il reviendra passer ses courtes heures de repos. Nul lieu n'est donc plus marqué de son souvenir. Le couvent subsiste encore, mais reconstruit et complètement transformé à une époque ultérieure.

Sur les dix à douze années qui suivirent la fondation de la Capriola, les biographies du saint ne nous donnent guère de renseignements. Il y a là comme une période de recueillement et de préparation, soustraite à la curiosité du public. Déjà cependant, Bernardin apparaît le modèle des religieux, scrupuleux dans l'observation de la règle, généreux dans ses austérités, le plus empressé aux offices, passant une grande partie des nuits à méditer avec larmes sur ses péchés, sur l'ingratitude des hommes, sur la passion du Christ. Il ne se laissait jamais atteindre par les affaires du dehors pendant le temps réservé à ses oraisons, mais, hors de là, il était d'un abord facile et aimable pour

tous ceux qui avaient besoin de le consulter. Il ne
négligeait pas le travail intellectuel, reprenait, en
vue de la prédication à laquelle ses supérieurs
l'appelaient, l'étude de la théologie et des Saintes
Écritures, et rédigeait même à l'avance des sermons sur divers sujets, non sans doute dans la
forme où il comptait les prononcer, mais avec
leur substance doctrinale. En même temps, il prêchait, soit à la Capriola, soit dans les contrées
environnantes. Était-ce humilité ou conscience
de son inexpérience, il choisissait, de préférence
aux grandes villes, les bourgs et les campagnes.
De cette première prédication, évidemment peu
retentissante, aucun écho ne nous est parvenu.
Très estimé pour ses vertus par ceux qui l'appro-
chaient, Bernardin n'avait encore aucun renom
d'orateur (1).

Cette période d'obscurité se prolonge jusqu'en
1417, où nous trouvons Bernardin devenu, par
suite de circonstances ignorées, gardien du couvent de l'Observance, établi à Fiesole près de
Florence. Une nuit, l'un de ses novices, au sortir
d'une longue prière, parcourt le couvent en criant :
« Frère Bernardin, ne tenez plus cachés les talents

---

(1) « *Multis enim annis latuit, incognitumque ac obscurum ejus
nomen fuit.* » (MAPHÆUS VEGIUS.)

que Dieu vous a donnés; allez et prêchez en Lombardie!» Vainement les autres moines essayent-ils de le faire taire, le novice se déclare poussé par une force irrésistible. Bernardin était absent. Informé, à son retour, de ce qui s'est passé, il se met en oraison avec toute sa communauté, et supplie Dieu de lui faire connaître sa volonté. Doit-il donc franchir les frontières de cette Toscane où il s'est modestement renfermé jusqu'à ce jour, s'éloigner de son monastère pour mener la vie vagabonde du missionnaire, et, des petites chaires de campagne où a été presque confinée sa prédication, s'élever à celles des grandes villes? Après avoir beaucoup réfléchi, beaucoup prié et fait prier, il acquiert la conviction que l'appel, transmis par le novice, vient d'en haut. Or il était de ceux qui obéissent sans hésiter à de tels appels.

Date décisive dans la vie de Bernardin! Il est dans la maturité de l'âge. Tout ce qui a précédé a été une sorte d'apprentissage pendant lequel il s'est muni d'une forte doctrine, s'est familiarisé avec la chaire et surtout a développé en lui cette sainteté dont le rayonnement ne sera pas la moindre partie de son éloquence. Ainsi préparé, il peut aborder une scène plus large, plus en vue, et il va répandre partout, avec une abondance et un retentissement extraordinaires, cette parole qui ne se taira plus jusqu'à sa mort et qui lui vaudra d'être salué par ses contemporains, comme l' « apôtre de l'Italie ».

# CHAPITRE II



I. État religieux de l'Italie. La Renaissance païenne. Importance
des Humanistes. Relâchement des mœurs. Immoralité des
princes. Divisions des factions guelfe et gibeline. — II. Milan
et les Visconti. Prédications de Bernardin dans cette ville. Son
action personnelle. Son caractère aimable et enjoué. — III. Il
prêche dans les diverses villes de la Lombardie. Son mode de
prédication. Miracles. Il parle surtout contre les factions.
Résultats obtenus. Controverse avec Manfrède, au sujet de
l'Antéchrist. — IV. Bernardin à Venise et dans les villes de
son territoire. Il recommande la dévotion au nom de Jésus. —
V. A Ferrare, il combat les excès du luxe; à Bologne, les jeux
de hasard. — VI. Bernardin à Florence. A Volterra, il expose à
la vénération une tablette portant les lettres du nom de Jésus.
Miracle à Prato. Prédications à Sienne, à Arezzo. — VII. Évangélisation de l'Ombrie. Pérouse pacifiée et transformée. Sta-
tions à Orvieto et Viterbe. Bernardin est cité à Rome par le
Pape.

## I

Faut-il prendre à la lettre les lamentations des
biographes de Bernardin, sur l'état religieux de
l'Italie, au moment où il se disposait à l'évangé-

liser? Quand ils peignent de semblables tableaux, les pieux auteurs ont l'habitude et le goût des couleurs sombres. Toutefois, dans le cas particulier, il pourrait bien n'y avoir pas trop d'exagération. L'Église venait de traverser, avec le grand schisme, la plus effroyable crise qu'elle eût jamais connue (1). Pendant trente-neuf ans, on avait vu deux et même, à la fin, trois papes se disputer le pontificat, s'anathématisant l'un l'autre, faisant avorter, avec une obstination violente ou cauteleuse, toutes les tentatives d'union, battant monnaie pour soutenir la lutte, exploitant et servant les inimitiés internationales que leur rôle était autrefois de dominer et d'apaiser, réduits à plaider leur cause devant les princes et les peuples dont, par une sorte de renversement, ils étaient devenus les justiciables, fomentant la discorde à tous les rangs du clergé, impuissants à y réprimer les désordres qui, depuis plusieurs siècles, faisaient pousser à tant de grands chrétiens le cri de réforme, bien au contraire disposés à une indulgence complaisante qui leur paraissait nécessaire pour gagner des adhésions et prévenir des défec-

(1) C'est seulement en 1417, l'année même où Bernardin se décidait à étendre ses prédications, que l'élection de Martin V mettait un terme au schisme.

tions. Fallait-il s'étonner que le peuple chrétien
n'eût pas été impunément témoin d'un si énorme
scandale, que les consciences fussent désorien-
tées, la discipline détruite, les croyances ébranlées, et que surtout on fût déshabitué de respecter
les prêtres ? Et comment se flatter que la religion échappât au discrédit dont étaient atteints ses
ministres ? L'antique constitution de l'Église se
trouvait mise en question, et les plus graves théologiens en venaient à préconiser des moyens révolutionnaires. De faux prophètes surgissaient, qui
annonçaient la destruction ou la transformation
radicale de la société ecclésiastique. L'hérésie, qui
se levait sur divers points, avec Wiclef en Angleterre et Jean Huss en Bohême, ne trouvait pas, en
Italie, de terrain favorable ; mais le mal y tournait
en indifférence frivole ou méprisante ; les églises
étaient désertes, les sacrements négligés ; presque
plus de vie religieuse, et, à la place, une sorte de
paganisme pratique.

A ce paganisme aidaient l'enchantement et
l'éblouissement que causait alors à l'imagination
italienne l'exhumation des monuments littéraires
de l'antiquité. Non que cette Renaissance fût nécessairement opposée au christianisme. L'Église
ne la jugeait pas telle ; dès le premier jour, elle lui

faisait très bon accueil, fidèle à la règle de conduite qui, même aux époques les plus barbares,
l'avait toujours portée à encourager les études
classiques. Parmi les humanistes du commencement du quinzième siècle, plusieurs étaient des
catholiques réguliers ou même zélés ; tels, Gia-
nozzo Manetti, Ambrogio Traversari, Leonardo
Bruni, Guarino de Vérone, Victorino de Feltre ;
on en comptait dans les rangs du Sacré Collège,
comme Albergati, Orsini, Cesarini, Capranica,
Bessarion, ou même sur le siège pontifical, tels que
Nicolas V et Pie II. Mais force est bien de reconnaître qu'il existait, dans ce monde des humanistes,
un autre courant qui s'éloignait du christianisme.
Certains d'entre eux n'admiraient pas seulement,
dans la littérature antique, une belle manifestation
du génie de l'homme ; ils prétendaient y trouver
la réponse à toutes les questions et la solution de
tous les problèmes philosophiques ; ils en venaient
à considérer le catholicisme comme une superfé-
tation barbare qui avait malheureusement dévoyé,
obscurci et attristé la vie humaine. Ainsi pen-
saient, avec des nuances diverses, les Marsuppini,
les Valla, les Poggio, les Filelfo, les Beccadelli.
Quelques-uns, complètement athées, ne reculaient
pas devant les négations blasphématoires. La plu-

part, d'opinion plus vague ou plus prudente, beaux esprits sarcastiques et méprisants à l'égard des choses religieuses, évitaient cependant de contredire trop ouvertement le dogme ; ils profitaient, pour donner le change sur leurs vraies idées, de ce que la mode littéraire autorisait, comme une élégance de style, une étrange confusion de la mythologie de l'Olympe et de la doctrine du Christ (1) ; tout en daubant volontiers sur le clergé, ils sollicitaient des postes lucratifs dans la curie romaine et remplissaient des fonctions plus ou moins ecclésiastiques ; mais, étrangers à toute notion du surnaturel, ils ne se cachaient pas de professer une sorte d'épicurisme doctrinal et pratique. Ces épicuriens n'étaient pas une nouveauté en Italie ; cent ans auparavant, Benvenuto d'Imola les déclarait « innombrables », et, dans la terrible plaine, remplie de sépulcres entr'ouverts, où Dante plaçait les hérétiques, il nous montrait d'abord les « sectateurs d'Épicure qui font mourir l'âme avec le corps, *che l'anima col corpo morta fanno* ». Depuis Dante, le mal s'était aggravé : chez les épicuriens du

(1) Témoin les portes en bronze de la basilique de Saint-Pierre, posées, en 1445, par un pape pieux et austère, Eugène IV, et où les scènes de la mythologie la plus païenne, jusques et y compris Léda et son cygne, sont mêlées aux figures du Christ, de la Vierge et des saints.

quinzième siècle, la foi religieuse est plus foncièrement atteinte qu'à l'époque où un Boccace, après s'être étourdi un moment dans la joie licencieuse du *Décaméron*, prenait peur de l'enfer et finissait sa vie en chrétien.

La contagion de ce paganisme ne se serait peut-être pas étendue bien loin, si les humanistes qui en étaient atteints n'avaient été que des érudits, vivant dans l'ombre silencieuse des bibliothèques. Mais tout autre était leur situation. Ils comptaient au nombre des personnages publics et avaient un rôle d'apparat qui n'était pas l'une des moindres particularités de ce temps. Le seul renom de latiniste leur valait la faveur des princes et des peuples, les faisait combler de toutes sortes de dignités et de bienfaits; à eux, les places de secrétaires de gouvernement, d'ambassadeurs, de ministres; pas de cérémonie d'État où ils ne fussent invités à prononcer quelque harangue en belle langue cicéronienne. Les papes les plus sévères jugeaient leur concours indispensable à la rédaction des actes de la chancellerie pontificale et au prestige de la cour romaine; de là ce fait qui nous scandalise quelque peu aujourd'hui, mais qui n'étonnait guère alors, de libertins d'esprit et de mœurs, comme Poggio, Valla ou Filelfo, attachés à la curie en qualité de secrétaires apostoliques (1). L'importance ainsi acquise par ces personnages n'avait aucune proportion avec leur valeur réelle : non qu'on puisse contester les services rendus par eux, en découvrant, déchiffrant, commentant les manuscrits antiques ; mais de littérature originale, créatrice, il n'en est pas sorti de leur plume ; dans leurs œuvres, il n'y a qu'habileté de rhéteur ; rien n'en a survécu, et, à constater cette stérilité, n'est-on pas fondé à se demander si c'était un progrès d'avoir répudié l'inspiration chrétienne du Moyen âge, celle d'où était sortie la *Divine Comédie?* Au quinzième siècle, on ne songeait guère à se poser semblable question : nulle gloire ne paraissait alors dépasser celle des humanistes. Ceux-ci, en tout cas, n'étaient généralement pas hommes à douter de leur propre importance. Plusieurs d'entre eux, d'une vanité sans mesure, convaincus qu'ils personnifiaient le génie de leur époque et que le monde gravitait autour d'eux, se croyaient pouvoir et se donnaient mission de distribuer ou de refuser la renommée ; leur seul silence était une disgrâce sous laquelle il leur semblait que les plus hauts dussent fléchir.

(1) Filelfo célèbre, dans une de ses lettres, la liberté d'esprit qui règne à Rome. « *Incredibilis quædam hic libertas est.* »

Trafiquant, non sans impudence, de cette autorité, se mettant, en quelque sorte, aux enchères,
ne s'attachant nulle part, prêts à aller où leur
ambition et leur convoitise trouveraient leur
compte, flattant qui les payait, mordant qui leur
refusait, ils inauguraient ce chantage littéraire
qu'au siècle suivant, l'Arétin devait porter à son
apogée. Ajoutez, pour compléter le portrait, qu'ils
se détestaient et se jalousaient les uns les autres,
se jetaient mutuellement à la face les accusations
les plus infamantes et donnaient à la galerie le
spectacle de querelles auprès desquelles la dispute
d'un Trissotin et d'un Vadius serait un modèle de
délicatesse. Un temps viendra, sans doute, où ces
vices et ces ridicules finiront par provoquer une
réaction contre les humanistes, où les papes ose-
ront condamner leur irréligion, tandis que l'Arioste
les raillera dans ses satires ; mais, au commencement du quinzième siècle, leur prestige était
loin d'être usé ; ils exerçaient une sorte de principat d'opinion qui en imposait à tous, petits et
grands. Il n'était pas jusqu'aux souverains qui
ne tremblassent devant eux. « Une lettre de
Collucio Salutati, disait Jean-Galeas Visconti,
peut faire plus de mal que mille reîtres florentins. » Le pape Eugène IV s'excusait des faveurs

qu'il accordait à certains savants peu recommandables, en avouant la peur qu'il éprouvait de leurs vengeances : « Ils ont des armes, disait-il, dont il est difficile d'éviter la blessure. » Nul n'était surpris d'entendre appeler cette époque « l'âge de Poggio ». Importance singulière qu'ont rarement possédée à un tel degré des gens de plume et dont le règne des « philosophes », au dix-huitième siècle, peut seul donner l'idée.

L'affaiblissement de la foi avait naturellement pour conséquence le relâchement des mœurs. C'était d'ailleurs l'une des prétentions doctrinales du néo-paganisme, de délivrer la chair de la mortification et de la suspicion que le christianisme faisait peser·sur elle. Dans des écrits licencieux, parfois jusqu'à l'obscénité, les plus fameux humanistes renversaient, aux applaudissements de leur public, tous les fondements de la vieille morale : tels le dialogue *de Voluptate* de Valla, les *Facetiæ* de Poggio, et le plus infâme de ces livres, l'*Hermaphroditus* de Beccadelli, dit le Panormita; tout au plus reconnaissait-on que ce dernier était allé un peu loin. Par son commerce, par ses industries, par ses banques, l'Italie était devenue le pays le plus riche de l'Europe; la recherche du bien-être, la vie raffinée et luxueuse y étaient beaucoup plus universellement répandues que dans les autres contrées où les habitudes étaient encore rudes et presque barbares. Elle semblait ainsi un cadre bien préparé pour une vie de plaisir, dont l'art renaissant voilait, par ses élégances, la brutalité sensuelle. Chacun ne cherchait qu'à jouir, sauf aux meilleurs à se préoccuper d'avoir des jouissances délicates. La mort, fût-ce avec l'appareil terrifiant de la peste, n'était plus la leçon sévère qui transformait les âmes; elle était une incitation à s'étourdir davantage, ou même, pour certains blasés, une façon de renouveler, par la violence du contraste, la saveur de la volupté. Du dérèglement des mœurs, on n'a pas seulement, comme indication, les gémissements, peut-être suspects, des moralistes chrétiens, de notre saint Bernardin, par exemple, qui en venait à prétendre qu'en entrant en Italie, le voyageur y sentait une puanteur particulière, due aux vices infâmes dont ce pays était infecté; on a le témoignage d'écrivains laïques, comme ce Vespasiano da Bisticci, fameux biographe florentin de ce temps, qui écrivait que « l'Italie était pleine de toutes les iniquités », et que « tous les vices s'y étaient multipliés »; on a la preuve plus irrécusable encore qui ressort de tant de lois, de règlements, alors décrétés

pour essayer d'arrêter un débordement d'immoralité dont les puissances civiles elles-mêmes s'ef-
frayaient. Le mauvais exemple venait de haut.
Les princes n'admettaient aucun frein à leurs passions. Nul n'était surpris de les voir agir comme
si la loi du mariage n'existait pas pour eux : heureux quand ils n'allaient pas jusqu'à l'inceste; les
bâtards pullulaient dans leurs familles, et c'était
de préférence à leur profit que s'appliquait l'héré-
dité dynastique. A peine, dans leurs rangs, peut-on
signaler la pure figure d'un Montefeltro d'Urbino.
Combien d'autres, au contraire, sont plus ou
moins sur le modèle de ce Sigismond Malatesta de
Rimini, âme et corps de fer, grand capitaine, d'une
énergie indomptable, éloquent, poète, artiste, mais
capable de toutes les perfidies, de toutes les cruautés, de toutes les scélératesses, ne reculant, pour
satisfaire sa luxure, ni devant le viol, ni devant
l'assassinat, n'hésitant pas, dans l'impudence de
son paganisme, à dédier à sa maîtresse, la belle
Isotta, l'église jusque-là consacrée à saint François : *Divæ Isottæ Sacrum!*

Ce n'était pas seulement par les désordres de
leur vie privée que les princes d'alors étaient d'un
funeste exemple. Dans la révolution qui, depuis un
siècle, avait substitué, presque partout, la tyrannie

aux vieilles institutions des républiques commu-
nales, l'idée du droit avait sombré. Pour se saisir
du pouvoir et pour s'y maintenir à travers tant de
vicissitudes tragiques, les tyrans avaient dû faire
une singulière dépense d'audace, d'énergie et
d'habileté; sur de petits théâtres, quelques-uns
s'étaient révélés grands politiques; mais, à défaut
du prestige de la légitimité qui leur manquait
absolument, ils usaient sans scrupule de tous
les moyens, corruption ou violence, fourberie ou
cruauté, et pratiquaient à l'avance les maximes que
devait bientôt formuler Machiavel. Jamais le gouvernement n'avait été aussi étranger à toute mo-
ralité, à toute notion du bien et du mal. Devant
ce spectacle, la conscience publique n'était **pas**
longue à se pervertir; elle en venait à juger que
le succès excusait, plus encore, ennoblissait les
pires forfaits; ceux-ci étaient admirés, dès qu'ils
étaient hardiment et habilement accomplis; tout
rôle bien joué, fût-il criminel, était applaudi. La
langue même se ressentait de cette aberration :
témoin le sens alors donné aux mots *onore* et *virtù*.
L'*onore*, a-t-on pu dire justement, n'était pas plus
l'honneur que la *virtù* n'était la vertu : l'*onore* était
le prestige d'un succès éclatant; la *virtù* se disait
de ce qui était ingénieux, habile, beau, et, suivant

Machiavel, pouvait s'allier à la *scelleratezza* (1).

L'Italie avait-elle au moins gagné à la tyrannie un peu d'ordre et de repos? L'existence des cités était sans doute moins turbulente qu'au temps des républiques; mais la discorde n'en avait pas été extirpée. Si rien ne subsistait plus, depuis longtemps, des grandes idées recouvertes par les vieux noms de Guelfes et de Gibelins, ces noms demeuraient, et avec eux l'esprit de faction, les haines tenaces et meurtrières qui y étaient attachées. Toute ville avait ses familles guelfes et ses familles gibelines, qui eussent été bien embarrassées de dire quels principes les divisaient, mais qui se détestaient, se faisaient le plus de mal possible et s'appliquaient à transmettre aux générations nouvelles l'héritage de leurs inimitiés, de leurs ressentiments, de ce qu'on pourrait appeler leurs *vendette*. Chaque parti avait ses insignes qu'il arborait comme une provocation au parti adverse. L'un prenait le lion pour emblème, l'autre l'aigle : c'était dès lors une sorte de défi assez fréquent de peindre sur sa maison le lion humilié sous l'aigle, ou réciproquement. Des insignes étaient placés jusque

(1) La remarque a été faite par M. Gebhart, dans une étude sur la *Renaissance*, et par M. Klaczko, dans ses *Causeries florentines.*

sur les tombeaux, les églises, les calices, les ornements sacrés. On manifestait être Guelfe ou Gibelin, par la façon dont on portait la plume de la toque ou les bouffants du haut-de-chausse, mieux encore, par la manière dont on taillait la gousse d'ail ou dont on pelait la pêche (1). Puérilités, dira-t-on, mais puérilités qui témoignent à quel point l'esprit de faction avait envahi la vie entière. La lutte était de tous les instants, lutte acharnée, sans merci, enveloppant les femmes et les enfants, s'attaquant aux biens, à l'honneur, à la vie, si meurtrière que l'Italie en apparaissait à un contemporain toute dégoûtante de sang (2). Les princes étaient impuissants à l'arrêter : à vrai dire, ils n'y faisaient pas toujours effort, voyaient là un obstacle à toute union formée contre leur domination, et souvent même en tiraient profit. On conseillait à l'un d'eux de mettre fin à ces querelles : « Mais, répondit-il, elles me rapportent, chaque année, jusqu'à douze mille ducats d'amendes. »

Telles étaient les maladies diverses dont, en

(1) Sur ces bizarreries, les prédications de saint Bernardin contiennent de curieux détails. Voir notamment *Le Prediche volgari di S. Bernardino, edite da* LUCIANO BANCHI, *t. II. Predica vigesima terza.*

(2) « *Tanta rabies Guelforum et Gibellinorum ubique incaluerat ut cruento horrore mutuo ac fraterno sanguine maderet Italia.* » (Première vie de saint Bernardin, publiée par les Bollandistes.)

dépit de ses charmantes apparences, était atteinte la société du *Quattrocento*. Bernardin les voyait et en avait compassion. C'est afin d'y remédier qu'il quittait son couvent, se mettait en marche à travers l'Italie, et lui portait la parole de foi, de pénitence et de paix dont son état même prouvait qu'elle avait grand besoin (1).

## II

Résolu à commencer son apostolat par Milan, Bernardin y arrive vers la fin de 1417. C'était s'attaquer, pour ses débuts, à l'une des cités maîtresses de l'Italie. Sans doute, cette ville n'égalait pas Florence dans l'art ou dans les lettres ; ses habitants, de goûts moins affinés, d'allure plus provinciale, d'un parler un peu rude, étaient volontiers regardés comme des Béotiens par les Athéniens de Toscane. Mais, placée au cœur de la grasse Lombardie, elle était riche, et surtout elle avait acquis par son histoire, par sa situation stratégique au

---

(1) « *Pereunti seculo compatiens, assumptâ in Deo fiduciâ, cœpit, et remotas urbes, et loca insignia, ac provincias peragrando, vitia et virtutes, pœnam et gloriam, fidelibus annuntiare.* » (*Loc. cit.*)

pied des Alpes dont elle ouvrait ou fermait les portes, une grande importance politique ; on a pu dire d'elle qu'elle était la clef de voûte de la Pénin- sule. Au Moyen âge, à l'époque des républiques municipales, elle avait eu le premier rôle dans la fameuse Ligue lombarde. Depuis, les Visconti, tout en supprimant ses libertés, avaient fait d'elle la capitale d'un État puissant. Race singulière et monstrueuse que ces Visconti, rappelant, par l'énormité de leurs crimes, les pires Césars ; mais politiques retors et audacieux, administrateurs habiles, princes magnifiques, marchant de pair avec les familles royales et s'unissant à elles par des mariages ; ne payant pas toujours volontiers de leurs personnes dans les guerres qu'ils enga- geaient, mais experts, du fond de leur palais bien gardé, à se servir des *condottieri ;* osant rêver, à la faveur du désordre général, de régner sur l'Italie presque entière, étendant, par moments, leur domi- nation non seulement sur la Lombardie, le Pié- mont, une partie de la Vénétie, mais sur Gênes, Pise, Sienne, Bologne, Pérouse, Assise : domina- tion fragile, il est vrai, que le génie d'un Jean Galeas faisait grandir en quelques années, et qui, à sa mort, semblait s'évanouir en quelques mois. Les Milanais n'étaient pas sans souffrir de ce despotisme féroce qui se jouait de leurs droits, de leurs biens, de leurs vies, de l'honneur de leurs femmes et de leurs filles. Par moments même, ils perdaient patience : témoin le massacre, en 1412, dans une église, d'un Jean-Marie Visconti qui s'amusait à faire dévorer les bourgeois par des dogues dressés à cet effet. Cependant, aucun mouvement sérieux ne fut jamais tenté pour restaurer la liberté. On était, en somme, habitué aux Visconti, ébloui par leur faste, flatté de leur puissance, reconnaissant de la prospérité matérielle qui en résultait. Cet état d'esprit n'était pas pour moraliser le peuple. Malgré tout, même au milieu des influences les plus corruptrices, il était resté, chez les Milanais, un sentiment religieux qu'une parole apostolique avait chance de ranimer : peutêtre était-ce l'héritage que leur avait laissé ce grand saint Ambroise au souvenir duquel ils étaient toujours demeurés, à travers les événements les plus divers, pieusement fidèles.

En 1417, le duché de Milan était aux mains du dernier des Visconti, Philippe-Marie, dans l'âme duquel sont venus se concentrer tous les vices de sa race. Sombre, sournois, fourbe, aussi lâche que cruel, prompt à briser les instruments dont il venait de se servir et qu'il craignait de voir se retourner contre lui, il ne se fiait à personne, sauf à son astrologue, ne sortait guère de son château, hors duquel il ne se croyait pas en sûreté ; mais, habile à mener de tortueuses intrigues, il était ainsi parvenu à étendre son empire presque aussi loin que Jean Galeas.

Bernardin arrivait à Milan, tout à fait inconnu. Ses débuts furent des plus modestes. Il se borna à prendre la parole dans quelques églises secondaires, aux jours où il était d'usage de prêcher. Sur ces premières prédications, nous avons les renseignements d'un témoin, Maphæus Vegius, l'un des biographes du saint. Ainsi qu'il le raconte, il avait douze ans et était écolier à Milan, quand Bernardin y fit son apparition. Le vieux professeur de grammaire du jeune Vegius avait pris goût aux sermons de notre saint ; pour y entraîner ses élèves, il leur vantait sans cesse la grâce et l'éloquence de « ce bon petit Frère, si misérablement vêtu », et il affirmait « n'avoir jamais vu son pareil ». Les élèves partagèrent l'admiration de leur maître. Peu à peu, le renom du prédicateur s'étendit et grandit, si bien qu'au bout de quelques mois, on lui demanda de prêcher le carême de 1418, dans la principale église de la ville, et d'y parler tous les jours.

Le premier sermon de cette station fut marqué par un incident qui ne contribua pas peu à attirer l'attention sur Bernardin. L'orateur suivait le développement de son sujet, quand tout à coup, au grand étonnement des auditeurs, il s'arrête, demeure quelques instants sous l'empire d'une sorte d'extase, puis descend de la chaire sans terminer son discours. Rentré au couvent, on l'interroge; il refuse d'abord toute explication; enfin, pressé par ses compagnons : « J'ai vu, dit-il, ma sœur Tobia (1), que j'ai toujours vénérée comme ma mère, rendre à ce moment le dernier soupir, et son âme, revêtue de la robe d'immortalité, s'élever au ciel. » Aussitôt cette réponse connue en ville, un messager est envoyé à Sienne, pour vérifier l'exactitude du fait (2) : son rapport confirme que Tobia s'est, en effet, saintement éteinte au jour et à l'heure même où Bernardin a interrompu son discours. Dès lors la foule se sent plus attirée encore aux sermons d'un religieux favorisé de visions aussi extraordinaires. Elle n'y trouve pas seule-

(1) Tobia, cousine de Bernardin, était, comme on l'a vu plus haut, une des saintes femmes qui avaient veillé sur son enfance.

(2) Ce messager fut-il envoyé par des habitants de Milan ou par le duc Philippe-Marie? Sur ce point de détail, les biographes ne sont pas d'accord.

ment la satisfaction de sa curiosité : les conversions sont nombreuses, et Maphæus Vegius, pour nous donner quelque idée de l'affluence de ceux qui venaient dans les églises chercher des confesseurs, les comparait aux fourmis : « *Concurrebant ad ecclesias instar formicarum.* »

Les Milanais ne laissèrent Bernardin s'éloigner qu'en obtenant de lui la promesse de revenir pour le carême de l'année suivante. En attendant, il porta la parole sacrée, les uns disent en Ligurie et Piémont, les autres en Émilie et Vénétie. Le second carème, prêché à Milan, eut plus de succès encore que le premier. Les biographes contemporains nous dépeignent la population entière de cette grande ville comme arrachée de ses demeures pour venir se serrer autour du prédicateur (1).

Dans cet apostolat, Bernardin n'usait pas seulement du sermon public. Tout à tous, demeuré, même après être devenu célèbre, très simple et aussi accessible que le plus obscur religieux, ne refusant jamais un pieux entretien à qui pouvait en avoir besoin, appropriant alors son langage à la

----

(1) « *Tota civitas illa, quæ innumero populo completa est, quasi evulsa sedibus suis, ut hunc virum sanctum amplecterentur, videbatur.* » (BERNABÆUS SENENSIS.)

situation de chacun, il montrait autant de zèle pour le salut d'une seule âme que pour la conversion d'une ville, pressait cette âme, l'enveloppait de sa charité ardente, ingénieuse et toujours gracieuse (1). Les méchants n'étaient pas ceux avec qui il était le moins accueillant et le moins empressé. Si, du haut de la chaire, il était parfois terrible contre le péché, il était toujours, en particulier, doux et affable avec le pécheur (2). Détestant non seulement l'impatience et la colère, mais la mélancolie et l'ennui, il était resté sous le froc ce que nous l'avons vu dans le monde, aimable, allègre, gai. Æneas Sylvius nous dit que son visage n'était jamais triste, si ce n'est quand il souffrait d'un crime public, et il ajoute qu'il plaisantait souvent. Nous trouvons même témoignage dans un sermon de Michele da Milano, Frère mineur, qui avait connu Bernardin dans sa jeunesse. « Il était si gai, dit-il, il badinait et riait

(1) « *Non minus etiam inter privatas actiones saluti quorum-cumque consulebat; nunc hortans, nunc monens, nunc pro sua quemque conditione emendans.* » (Maphæus Vegius.)

(2) « *In suggesto vero terribilis vitiorum detestator, in quotidianâ conversatione ita affabilis et gratiæ plenus ut quasi Angelus Dei putaretur.* » (Bernabæus Senensis.) — « *... Ut cum publicè omnium crimina acerbissimè carperet, privatim tamen neminem unquam, ipsos etiam domesticos et inferiores, nisi dulciter arguerit.* » (Maphæus Vegius.)

toujours. » Fra Michele rapporte qu'un religieux d'esprit étroit s'était scandalisé de cette gaieté, mais qu'à la vue des miracles opérés par les reliques de Bernardin après sa mort, il fut pris de repentir et vint faire amende honorable auprès de son corps (1). L'enjouement était un des caractères de l'esprit siennois; il était en outre conforme aux leçons et aux exemples de saint François. Celui-ci regardait la tristesse comme une des plus graves maladies de l'âme, et faisait de la joie une obligation monastique, au même titre que la chasteté et l'obéissance. A son avis, l'amabilité et ce qu'il aimait à appeler la courtoisie ajoutaient du prix à la charité. « Mon frère, disait-il à un novice, pourquoi cette figure triste? As-tu commis quelque péché? Cela ne regarde que Dieu et toi. Va prier. Mais, devant moi et devant tes frères, aie toujours une mine saintement joyeuse; car il ne convient pas, lorsqu'on est au service de Dieu, de montrer un air maussade et refrogné. » A l'un des chapitres généraux, il faisait afficher en grosses lettres cette recommandation : « Que les Frères évitent de jamais se montrer sombres, tristes et chargés de nuages, comme

_______

(1) *Cinque Prediche a monache*, publiées par FRA MARCELLINO DA CIVEZZA (Prato, 1881), p. 109.

des hypocrites ; au contraire, qu'on les trouve, en
tout temps, joyeux dans le Seigneur, gais, aimables
et gracieux, ainsi qu'il convient. » En cela, comme
en tout le reste, Bernardin était le vrai fils du saint
d'Assise.


### III


Arrivé inconnu à Milan, Bernardin en sortait
célèbre. Dès lors, les cités se disputent l'honneur
de l'entendre. De 1419 à 1422, il prêche en Lombardie, notamment à Bergame, Côme, Mantoue,
Crémone, Plaisance, Crème, Brescia (1). Il va
d'une ville à l'autre, ne s'arrête que quelques
semaines dans chacune, y parle tous les jours,
ne prend pas un instant de repos ; « *semper docens,*
dit énergiquement un de ses vieux historiens,
*semper instans, semper insudans, semper ad Dei amorem
omnium animos incitans* ». Il fait la route à pied.
L'une des difficultés de ses voyages est que beaucoup des villages où il passe cherchent à le re-

(1) C'est en combinant les renseignements contenus dans les
biographies contemporaines qu'on arrive à fixer à peu près l'itinéraire de cette prédication. Quelques dates demeurent douteuses ; mais elles importent peu.

tenir (1). Ces humbles campagnards ne sont pas ceux qu'il se plaît le moins à évangéliser ; il prend alors le tour simple, familier, et le langage figuré qui leur conviennent (2). Dans les villes, la foule accourt, pour l'entendre, si nombreuse quelquefois, qu'il faut dresser sa chaire sur la place publique ; hommes et femmes sont alors séparés par une corde tendue ou par des toiles. D'ordinaire, comme Vincent Ferrier, il parle à l'aube, après avoir célébré la messe. Les auditeurs arrivent avant le jour, pour être sûrs de trouver place : plusieurs viennent de villages éloignés, les enfants sur les épaules du père ou au cou de la mère. Les sermons durent souvent trois ou quatre heures : c'était la mesure habituelle en ce temps où les Mineurs paraissaient avoir oublié que saint François d'Assise, dans sa règle, recommandait au prédicateur la « brièveté du discours », à l'exemple du Seigneur « qui avait abrégé son verbe sur la terre ». Le zèle de Bernardin ne recule d'ailleurs devant aucune fatigue : se trouvant à Crème, au moment des vendanges, il prend le parti de prêcher la nuit, « si bien de nuit, racontait-il lui-même plus

______

(1) « *Itaque*, dit BERNABÆUS SENENSIS, *sibi difficile erat gressum per oppida et villas coloniasque habere.* »

(2) Il leur parlait, dit encore Bernabæus, « *grosso modo et per figuram quamdam* ».

tard, qu'à l'aurore j'avais déjà parlé pendant quatre heures (1) ». Quelque longs que soient ses sermons, ils sont écoutés, rapporte Æneas Sylvius, avec une « attention incroyable ». L'orateur ne néglige aucun moyen de soutenir et d'aviver cette attention, par le choix des sujets, par la variété des développements, au besoin par l'agrément des digressions. C'est surtout, nous dit Maphæus Vegius, aux jours de grandes fêtes, quand l'assistance est plus nombreuse et plus disparate, que Bernardin juge ces digressions nécessaires : alors il ne s'inquiète plus guère de l'ordre savant, saute d'une idée à l'autre, se laisse aller au tour naturellement enjoué de son esprit, mêle d'aimables facéties aux pensées les plus graves, soigneux de récréer les auditeurs afin de les rendre plus attentifs.

Sa voix, tout en ayant des douceurs singulières, était claire, nette, sonore, retentissante, et se faisait entendre à de grandes distances; s'élevant ou s'abaissant, elle s'adaptait, avec une rare flexibilité, à tous les mouvements du discours, aux pensées hautes ou humbles, sévères ou aimables, enjouées ou tragiques (2). Les contemporains ne

(1) *Le Prediche volgari di San Bernardino, edite da* Luciano Banchi, t. I, p. 285, 286.

(2) « *Sermo purus ac dilucidus, vox sonora, grandia latera, potens cum resonantissimâ voce oratio, cum dulcis et suavis, tum*

tarissent pas sur le charme de ce qu'ils appellent sa *pronuntiatio*, et qui a entendu la musique de la langue italienne dans une bouche toscane comprend ce que peut comporter un tel éloge. Cette qualité avait, racontait-on, une origine surnaturelle : au sortir de sa profession, lors de ses premiers essais oratoires, la voix de Bernardin était si rauque que plusieurs le déclaraient de ce chef absolument inapte à prêcher; le jeune religieux s'était alors tourné vers Dieu, s'en rapportant à lui pour le guérir si la prédication était en effet sa mission; en réponse à cette prière, un globe de feu était descendu sur sa bouche, et, de ce jour, son infirmité avait disparu. Au charme du débit, Bernardin ajoutait l'art du geste. Il s'était trouvé expert dans cette mimique expressive et animée qu'aiment les Italiens et qui pouvait presque suppléer la voix pour les auditeurs trop éloignés (1). La vivacité de cette action oratoire laissait cependant intacte la dignité de son attitude : tout en lui inspirait respect et véné-

*etiam tristis et gravis, et ita flexibilis, ut eam quocumque vellet facile contorqueret.* » (Bernabæus Senensis.) — « *Vox lenis, clara, sonora, distincta, explicata, solida, penetrans, plena, redundans, elevata atque efficax erat.* » (Maphæus Vegius.)

(1) Maphæus Vegius dit, après avoir parlé de ses gestes : « *Quibus adeo miro naturæ munere valebat, ut nequisquam illum quamvis doctus atque omni arte instructus mimus anteiret.* »

ration (1). A cette époque, il gardait encore quelque chose du charme de sa figure et de la grâce de toute sa personne (2). Néanmoins, d'année en année, par l'effet de la fatigue et des austérités, son visage s'amaigrissait, se ridait et prenait un caractère d'extrème ascétisme auquel contribuait aussi la pauvreté sordide de son vêtement. Ceux qui le voyaient, peu après, à Bologne, en étaient si frappés qu'ils croyaient, disaient-ils, retrouver saint François lui-même (3).

Ce qu'on commençait déjà à raconter des miracles qu'il opérait ne contribuait pas peu au prestige du prédicateur. Entre plusieurs, citons celui qui se produisit, raconte-t-on, en 1420, pendant qu'il prêchait à Mantoue (4). Pour aller du couvent où il logeait, à la ville, il lui fallait traverser un lac. Un jour, pressé d'aller prononcer son sermon, il prie le

----

(1) **Un** de ses biographes insiste sur ce que ses discours n'étaient jamais « *ridiculi* ».

(2) « *Pulchrâ facie*, dit BERNABÆUS, *atque aspectu quidem venerandâ.* » MAPHÆUS VEGIUS indique ces traits : « *Venustas oris, lætitia vultus, totiusque decor corporis.* »

(3) « *Sordidus erat corporis ejus amictus, mira jejuniis contracta macies, asperitatem ac rigiditatem undique spirans indoles, ita ut qui eum cernerent, beatum ipsum Franciscum se videre putarent.* » (SIGONIUS, *De Episcopis Bononiensibus*, lib. IV, cité par WADDING, t. X, p. 71.)

(4) **D'après** certains biographes, ce miracle n'aurait eu lieu qu'en 1423.

4.

batelier de le recevoir par charité dans sa barque. Celui-ci, qui le soupçonne d'avoir quelque monnaie cachée sous son froc, exige d'être payé. Vainement Bernardin arguë-t-il de sa pauvreté complète, insiste-t-il sur ce qu'il est attendu par ceux auxquels il doit porter la parole de Dieu, le batelier refuse de le passer, s'il ne débourse. Alors le saint se tournant vers le religieux qui l'accompagnait : « Mon frère, lui dit-il, avez-vous pleine confiance dans le Seigneur? — Certainement. — Pouvez-vous imiter ce que vous me verrez faire? — Oui.» Bernardin étend son manteau sur les eaux et s'avance dessus : son compagnon fait de même, et tous deux, à genoux, les yeux et les mains vers le ciel, implorant le secours divin, gagnent rapidement l'autre rive, où ils prennent terre sains et saufs, alors que la barque n'était encore qu'à mi-chemin. Soit de cette barque, soit du rivage, les spectateurs, émus et stupéfaits, priaient à haute voix. « J'ai appris ce miracle, dit l'un des biographes, d'un vieux prêtre, fort lié dans sa jeunesse avec Bernardin, et qui l'avait vu de ses yeux passer sur les eaux. »

Bernardin n'était pas homme à répéter partout aveuglément les mêmes sermons sans s'inquiéter des besoins spéciaux des diverses régions. Bien

au contraire, il s'appliquait soigneusement à connaître ces besoins, et dirigeait en conséquence
ses prédications; il suivait, disait-on, la coutume
des médecins qui approprient le remède au mal
de chaque client. Ainsi fut-il amené, dans cette
première tournée à travers les villes de la Lombardie, à prêcher souvent contre les factions guelfe
et gibeline qui déchiraient cruellement cette contrée, non seulement les cités importantes, mais
aussi les bourgs et les campagnes. A Bergame et
dans les montagnes environnantes, tel était l'acharnement des deux partis que, dit un vieux chroniqueur, « le meurtre régnait en maître; nul
moyen d'y échapper, même pour les vieillards,
les enfants et les femmes; pas de cruautés dont
le spectacle ne fût donné (1) ». A Brescia, Guelfes
et Gibelins se massacraient à tour de rôle, ven-
daient la chair des vaincus et obtenaient, de Jean-
Marie Visconti, licence de se battre entre eux et
de commettre tous les forfaits pendant six mois.
A ces haines, Bernardin apportait la parole de
paix que, depuis plus de deux siècles, les disciples
de saint François, fidèles aux enseignements et
aux exemples de leur maître, jetaient au milieu

(1) MARCUS ANTONIUS BONALIUS, *in Commentariis de vitâ et gestis
Sanctorum Bergomatum.*

des discordes de l'Italie. L'un des derniers actes du Poverello mourant n'avait-il pas été d'ajouter à son « cantique du soleil » une strophe en l'honneur de ceux qui pardonnent et qui persévèrent dans la paix, et n'avait-il pas éteint, par le seul chant de ces vers, la guerre intestine rallumée dans sa ville natale? « Paix, paix, pour l'amour de Jésus-Christ crucifié ! » tel avait été aussi, à la fin du quatorzième siècle, le cri de sainte Catherine de Sienne.

Pour venir à bout de passions si invétérées, Bernardin usait de toutes les habiletés que lui suggérait son zèle, amadouant et circonvenant son auditoire avant de l'attaquer de front. Dirai-je qu'il réussissait partout? A Côme, par exemple, il échouait. Mais le plus souvent il obtenait des réconciliations au moins temporaires : les insignes des factions disparaissaient des maisons; des associations de charité se substituaient aux ligues de partis. A Bergame, à Brescia, le succès fut complet (1). Entre Treviglio et Caravaggio, le champ où sa parole avait décidé le rapprochement des cités ennemies recevait de la voix publique le

(1) Bernabæus Senensis dit en parlant de Brescia : « *Perfidissima ac induratissima eorum consuetudo corruptarum partium, omnino suo divino et resonanti verbo funditus deleta est.* »

nom de « Champ de la Paix ». Il a raconté lui-même, plus tard, dans un sermon aux Siennois, quel avait été l'effet de sa prédication à Crème. Par l'effet des divisions dont souffrait cette ville, beaucoup de citoyens étaient en exil. Bernardin rapporte qu'il commença prudemment, demeurant dans les généralités, sans rien taire toutefois de ce qui importait; bientôt les habitants, touchés, vinrent, l'un après l'autre, lui demander ce qu'il fallait faire; devant cette bonne volonté, il se décida à préciser ses conseils. « Cependant, continue-t-il, tout en prêchant de mon mieux, je laissai opérer Dieu et eux-mêmes. Il me vint à l'idée, dans un de mes sermons, de parler de cette clameur immense que poussent les innocents devant Dieu, contre ceux qui les ont injustement fait souffrir, de ce cri de vengeance qu'ils élèvent contre leurs persécuteurs. Cette parole entra si bien dans les esprits, que les habitants tinrent un conseil où l'union fut merveilleuse; il fut décidé que chacun des bannis pourrait rentrer chez lui. Peu après, à mon départ de Crème, j'allai dans un village éloigné peut-être de dix milles, et j'y rencontrai l'un des exilés, qui avait laissé à Crème tant de son bien qu'il y en avait pour environ quarante mille florins. « Comment vont les choses? » me

demanda-t-il. « Avec la grâce de Dieu, lui répon-
« dis-je, tu retourneras dans ta maison, car j'ai vu
« leurs bonnes intentions. » Il se moqua beaucoup
de ce que je lui disais. Mais, peu après, un messager vint lui annoncer qu'il pouvait, à son gré,
rentrer chez lui. A cette nouvelle, son allégresse
fut telle qu'il ne pouvait ni boire, ni manger,
ni dormir. Il vint à moi; la joie l'empêchait de
parler. Il resta ainsi plusieurs jours, puis alla
à Crème. Et écoutez la chose merveilleuse! En
retournant chez lui, il trouva sur la place son
ennemi, lequel, le voyant, courut l'embrasser et
voulut l'emmener souper avec lui. Un autre, qui
avait pris possession de sa maison, se hâta,
pendant qu'il soupait, de la débarrasser de ses
propres objets, en y laissant ceux de l'exilé. Quiconque avait quelque chose à lui le faisait porter à sa demeure : ainsi lui furent renvoyés son lit,
ses coffres, ses draps, ses ustensiles de ménage,
ses tonneaux, son argent, et, le soir même,
il put être conduit chez lui, et dormit dans son
lit, au milieu des choses lui appartenant. Je vous
assure que paraissait heureux qui pouvait lui rapporter un de ses meubles ou de ses vêtements.
Et, dans les jours suivants, quiconque possédait
ses bestiaux, ses chevaux, était tout joyeux de

venir lui dire : « Voilà tes bœufs, voilà tes ânes,
« voilà tes brebis. » Si bien qu'à la fin il rentra en
possession de tout ce qui lui appartenait. Ainsi en
fut-il pour les autres exilés. Et je crois que, pour
cette raison, Dieu a écarté beaucoup de périls de
cette contrée. Plusieurs autres prirent exemple
sur elle, et elle est aujourd'hui une des parties
florissantes de la Lombardie (1). »

Ce fut pendant ces premières années d'apostolat, à une date difficile à préciser, que Bernardin
prêcha en Ligurie et en Piémont, particulièrement
à Tortone, à Castelnuovo, à Alexandrie, {où il
s'était rencontré autrefois avec Vincent Ferrier. Il
y trouva les âmes fort troublées par un moine
dominicain, nommé Manfrède, homme pieux et
instruit, mais de jugement peu sûr et d'imagination exaltée, qui annonçait la venue immédiate de
l'Antéchrist. Cette idée avait été très répandue
pendant le grand schisme. Beaucoup, et des meilleurs, s'étaient figuré qu'un si grand désordre
était le signe de la fin du monde. Saint Vincent
Ferrier lui-même se disait chargé de proclamer
que le jugement était proche, que l'Antéchrist était
déjà né, et ce n'était pas l'un de ses moindres

(1) *Le Prediche volgari di San Bernardino, edite da* Luciano
Banchi, t. I, p. 285 et sq.

moyens pour pousser à la pénitence les peuples terrifiés. Manfrède pouvait donc se croire autorisé à répéter ces sinistres prophéties aux habitants d'Alexandrie et des villes voisines. A sa voix, des femmes et des hommes, au nombre d'environ quatre cents, quittèrent leurs familles pour former une sorte de congrégation pénitente qui le suivait partout, menant, du reste, une vie irréprochable. Entre autres erreurs, Manfrède soutenait que, dans le péril où la venue de l'Antéchrist mettait les âmes, la femme ou le mari était libre de rompre son mariage, même contre le gré de son conjoint, afin de se préparer à la crise suprême par la prière et la mortification. Informé de ce qui se passait, Bernardin jugea utile de combattre, par la parole et par la plume, ces doctrines d'épouvante qu'il sentait être contraires au véritable esprit de saint François d'Assise, esprit d'amour, de paix et de joie (1); il les signala, en outre, à l'inquisiteur

(1) On lit dans un sermon prononcé par Bernardin, à Sienne, en 1427 : « Il a été dit souvent, et, dans mon enfance, j'entendais dire que l'Antéchrist était né. Mais que dis-je? Dès les temps apostoliques, on disait déjà qu'il était né, et on l'a dit aussi au temps de saint Bernard. Et encore, aujourd'hui, on le dit, et il y a peu de temps qu'on en parlait avec certitude. Eh! quelle folie est celle-là des gens qui veulent en savoir plus que Dieu ne veut qu'ils ne sachent? Quel est celui qui le sait? Il n'y a pas de créature au monde qui puisse le savoir, parce que Dieu, le Christ Jésus, ne voulut pas le dire à ses disciples, et même le Christ, en tant

d'Alexandrie et au supérieur général des Frères prêcheurs. Peut-être empêcha-t-il ainsi qu'elles ne se répandissent davantage, mais il ne put avoir raison de l'aveuglement de Manfrède et de ses partisans : ceux-ci avaient suivi leur chef à Bologne, à Florence, à Rome, attendant toujours l'Antéchrist, dans la prière et l'austérité. Le Pape lui-même essaya vainement de les disperser et de les renvoyer dans leur pays. Plusieurs devaient finir dans les hallucinations. Le zèle montré par Bernardin en cette circonstance lui fit des ennemis, et nous verrons plus loin quelles furent contre lui les représailles des amis de Manfrède.

## IV

En 1422, nous retrouvons Bernardin sur un tout autre théâtre, à Venise, où le renom de ses prédications l'a fait appeler. Alors en pleine prospérité, n'ayant aucun avertissement du coup mortel que devait bientôt lui porter la découverte de

qu'homme, ne le sut jamais. » (*Le Prediche volgari di San Bernardino, edite da* LUCIANO BANCHI, t. I, p. 68. — La même idée se retrouve dans un autre sermon, t. II, p. 375.)

l'Amérique, Venise différait des autres villes italiennes par son histoire, ses traditions, son génie, ses destinées, et jusque par sa physionomie extérieure. Bien que, grâce à l'étendue croissante de ses possessions territoriales, elle fût devenue un des principaux États de l'Italie, et qu'elle eût été conduite, pour cette raison, à se mêler à la politique si troublée de la Péninsule, elle était, par ses comptoirs et ses colonies, une puissance orientale. La stabilité de ses institutions aristocratiques contrastait avec la mobilité et la turbulence démocratiques de Milan, de Florence, de Sienne ou de Bologne. Plus lente que d'autres à subir les influences de la Renaissance, elle avait gardé davantage de l'idéal héroïque, austère et mystique des âges précédents. C'est qu'en effet la Venise du quinzième siècle, où la foi religieuse apparaît encore liée au patriotisme, ne doit pas être confondue avec cette Venise du seizième, plus familière à notre imagination, toute païenne et voluptueuse, dont Paul Véronèse a peint la ravissante et lumineuse image au plafond du Palais des Doges : entre les deux, même distance qu'entre les Madones d'un Jean Bellin et les Vénus d'un Titien. Quand, plus d'un demi-siècle après Bernardin, notre Commines arrivait à Venise comme ambassadeur, il la déclarait sans doute, dans son émerveillement, « la plus triomphante cité qu'il eût vue », mais il ajoutait : « C'est celle qui plus sagement se gouverne et où le service de Dieu est le plus solennellement fait. »

Devant une population indemne du fléau des Guelfes et des Gibelins, Bernardin n'avait plus à prêcher la concorde, comme en Lombardie. Attentif, suivant sa coutume, à approprier ses discours aux besoins particuliers de ses auditeurs, il parla à ces négociants de leur négoce; tout en en faisant l'éloge (1), il exposa les lois morales qui devaient y être observées, et précisa, jusque dans le détail des applications pratiques, ce qui était moyen licite ou illicite de gain (2). Pendant plusieurs mois, patriciens et peuple se pressèrent autour de sa chaire. Il usa de l'autorité qu'il avait acquise sur eux, pour leur faire fonder, dans deux des îles voisines, une Chartreuse et un lazaret destiné aux pestiférés. De ce séjour, il devait garder bon souvenir : prêchant plus tard aux Siennois, il avait encore dans l'esprit la vision pittoresque de ces innombrables navires, galères, barques, gondoles, bateaux de

---

(1) « *Mercaturam sanctissimè laudavit.* » (BERNAB.EUS.)
(2) « *Quid sit honestum locando, vendendo, ut religio Christianorum permittit, docens.* » (*Ibid.*)

formes et d'armements divers qui sillonnaient en tous sens les eaux de Venise (1) ; mais il proclamait avoir été plus frappé encore de la concorde qui régnait dans cette ville, et la proposait volontiers en modèle à toutes celles que déchiraient les factions (2).

En sortant de Venise, Bernardin parcourt son territoire, s'arrêtant plus ou moins longtemps dans les villes, évangélisant au passage les campagnes. A Vérone, où il prêche dans la cathédrale, du 1ᵉʳ novembre 1422 au 17 janvier 1423, il arrive précédé de la nouvelle d'un miracle éclatant : on raconte qu'à peu de distance de la ville, ayant trouvé sous un arbre le corps d'un homme qui venait d'être tué par accident, il s'est mis en prière et a obtenu qu'il fût rappelé à la vie. Les Véronais témoignent de leur déférence pour le prédicateur, en fixant, sur sa demande, avant le Carême, des jeux commémoratifs, célébrés jusqu'alors le dimanche après les Cendres. A Vicence, où les historiens notent son séjour du 16 avril au 30 juin 1423, l'affluence est si grande qu'aux jours de fête il lui faut parler sur la place publique ;

(1) *Le Prediche volgari di San Bernardino, edite da* LUCIANO BANCHI, t. I, p. 384.

(2) *Ibid.*, t. II, p. 17.

vingt et même trente mille personnes se pressent
autour de sa chaire et forment ensuite, à travers la
ville, d'immenses processions. On note son passage à Bassano, à Trévise, et jusqu'aux extrémités
du territoire vénitien, au milieu des Alpes Nori-
ques, dans une ville que les vieux chroniqueurs
appellent Virunum et qui paraît être Friesach, en
Illyrie ; il y pacifie de sanglantes dissensions, fait
brûler solennellement tout ce qui constatait l'antagonisme des partis (1), et laisse de son court séjour
un souvenir que les habitants devaient longtemps
et pieusement garder. En septembre 1423, il est
encore en pays de montagnes, à Bellune, qui lui a
député deux de ses premiers citoyens. Cette ville
a grand besoin de sa parole ; les factions y sévis-
sent aussi cruellement que dans les cités lom-
bardes ; les archives publiques et privées con-
servent soigneusement des listes indiquant à quel
parti appartient chaque famille et contre qui, par
suite, ceux qui sont au pouvoir doivent diriger
leurs persécutions. Accueilli avec joie par le
peuple et par les magistrats qui ont fait dresser
une chaire sur la plus grande place de la ville,
Bernardin procède, suivant sa coutume, avec d'ha-

(1) « *Flammâ consumptis pestiferis ordinibus...* »

biles ménagements. Le jour vient, cependant, où il attaque le mal de front. Son succès est complet ; les notables, après délibération solennelle, décident, comme gage de la pacification définitive, de détruire toutes les listes de partis. Une courte station à Feltre termine cette évangélisation de la Vénétie.

C'est au cours des sermons prononcés alors à Venise et dans les villes de son territoire, qu'a commencé à se manifester avec éclat le zèle de Bernardin à propager la dévotion au nom de Jésus (1). Cette dévotion, aussi ancienne que la parole de saint Paul : « *In nomine Jesu omne genu flectatur* », était particulièrement en honneur dans la famille franciscaine : saint François d'Assise en faisait l'objet de fréquentes exhortations, et ce nom divin, rapporte le plus autorisé de ses biographes, ne pouvait passer sur ses lèvres sans que sa voix s'altérât, comme s'il eût entendu une mélodie intérieure ; saint Bonaventure avait écrit un opuscule *De laude melliflui nominis Jesu*. Bernardin n'innovait donc pas, quand il cherchait à ranimer cette dévotion, un peu négligée de son temps. Il aimait

(1) D'après Wadding, Bernardin avait déjà préconisé cette dévotion en 1417, à Florence ; mais son apostolat n'était pas alors commencé, et sa parole n'avait pas eu de retentissement.

à célébrer magnifiquement, dans ses sermons, les beautés, les grandeurs, les mystérieuses vertus du nom de Jésus; puis, pour donner un signe extérieur aux sentiments qu'il suscitait dans les âmes, il engageait ses auditeurs à inscrire sur les monuments publics ou privés ce nom, ou du moins l'une des abréviations par lesquelles on avait pris l'habitude de l'exprimer (1). Il avait adopté celle qui était formée des trois lettres I H S (2), et avait imaginé de les entourer d'un cercle de rayons dorés. Il estimait opportun d'imprimer une telle marque sur un pays envahi par le paganisme, et, en la substituant à tous les symboles guelfes ou gibelins dont les murs étaient couverts, il croyait sceller la pacification des cœurs.

(1) Ces abréviations avaient été en usage dès l'origine du Christianisme. On trouve alors sur des monnaies ou des médailles, pour signifier Ἰησοὺς, le monogramme I ou le digramme IH, ou le trigramme IHΣ. On trouve aussi IC ou IHC, le C étant pris comme forme latine du σίγμα. Plus tard, on parut préférer IHS ou IhS : on avait oublié que l'H figurait originairement dans ce signe comme la majuscule de l'ἦτα grec, et on avait fini par y voir une *h* latine. D'ailleurs, en souvenir de l'ἦτα, on écrivait généralement, au moyen âge, *Jhesus.* Sur la pierre sépulcrale de sainte Colette, morte en 1447, le nom de Jésus-Christ est écrit *Jhs-Crist.* Saint Ignace et, à sa suite, les Jésuites ont adopté le même trigramme que saint Bernardin : IHS.

(2) Ces trois lettres étaient écrites en caractères gothiques qui donnaient à l'I un peu la forme d'un Y. L'H était généralement surmonté d'une petite croix.

Son invitation fut entendue dans toute la Vénétie. Magistrats et particuliers s'empressèrent à faire peindre ou sculpter, avec grand honneur, le rayonnant trigramme (1). C'était comme la trace matérielle du passage de Bernardin et la manifestation extérieure de l'adhésion donnée à son enseignement.


## V


En sortant des États de Venise, au commencement de 1424, Bernardin se rendit à Ferrare, où l'appelait le seigneur de cette ville, le marquis Nicolas d'Este. Dissolu, fourbe, cruel, comme tous ceux de sa race, chez lesquels une histoire trop complaisante affecte de ne voir que de brillants Mécènes, Nicolas ne se gênait pas plus qu'eux pour violenter le clergé et, ce qui est pis, pour le corrompre. La pieuse sollicitude qui lui faisait inviter Bernardin peut donc étonner. Il n'était pas le seul des princes de cette époque qui, peu

(1) « *Nomen Domini nostri Jesu Christi tantum honoravit, quod omnes populi Venetorum, tum sanctorum templis, tum privatis domibus, aureis quidem litteris rutilantibus radiis nomen sanctum Salvatoris nostri parietibus honoratissimè pinxere.* » (Bernabæus.)

dévot pour son compte, jugeât prudent et politique de faire corriger par de saintes prédications l'effet démoralisateur de ses exemples. Son marquisat, de petite étendue, même avec l'adjonction de Modène, ne comptait pas au rang des États importants de la Péninsule; mais sa capitale, à laquelle on attribuait alors cent mille habitants, était célèbre pour le faste de sa cour, l'éclat de ses fêtes, l'élégance raffinée de ses mœurs, la somptuosité de ses habitants. Bernardin fut ainsi conduit à y parler contre les abus du luxe et l'immodestie des vêtements. Ce mal est de tous les temps, comme la vanité humaine et la coquetterie féminine; toutefois il sévissait avec une particulière intensité au sortir du Moyen âge : c'était une réaction contre la rudesse de l'époque précédente. Les chroniqueurs italiens, français, allemands, anglais sont remplis de détails sur l'extravagance des modes à cette époque (1). Aussi le sujet était-il familier aux prédicateurs contemporains. Saint Vincent Ferrier l'avait souvent traité : un vieil historien dit en parlant des sermons prêchés par lui à Angers : « Pendant ce mois, il fit tomber de dessus la tête des femmes la creste de leur vanité. » Ce

______

(1) On a calculé que certaines robes en brocart d'or devaient revenir à quarante ou cinquante mille francs de notre monnaie.

fut lui qui détermina les Génoises à couvrir leurs cheveux de la gracieuse et modeste mantille blanche qu'elles portent encore aujourd'hui. Les législateurs eux-mêmes s'inquiétaient de ces excès et essayaient de régler, jusque dans le détail, l'ajustement des femmes, d'en limiter la richesse, de fixer la longueur des queues et la largeur des manches : prescriptions impuissantes, comme l'ont toujours été les lois somptuaires (1). Avec les Ferraraises, Bernardin parut obtenir plus de succès, en touchant leurs cœurs : les biographes affirment qu'il parvint à refréner leur licence, à modérer le luxe de leur habillement et à leur imposer une tenue plus décente (2).

A Ferrare, notre prédicateur se trouvait sur la frontière des États de l'Église. Ceux-ci n'étaient pas alors la partie la moins agitée de l'Italie. Durant l'exil d'Avignon et le grand schisme, Rome, dépeuplée, ruinée, avait été la proie des factions et du

_____

(1) On trouve beaucoup de règlements de ce genre dans les Archives de tous les petits États d'Italie. Voir, par exemple, à Sienne, les volumes intitulés : *Spoglio delle deliberazioni del Consiglio della Campana*, et *Spoglio delle deliberazioni del Consiglio generale dell' Archivio delle Riformagioni di Siena.* Voir aussi l'ouvrage de CARLO FALETTI-FOSSATI, *Costumi Senesi nella seconda meta del secolo XIV.* (Siena, 1882.)

(2) « *Effrænatam licentiam mulierum coercens, pompas earum in vestitu et gestu moderavit.* » (BERNABÆUS SENENSIS.)

brigandage, et, dans beaucoup de villes du Patri-
moine, de l'Ombrie, des Marches, de la Romagne,
s'étaient constituées des républiques ou des prin-
cipautés qui affichaient leur indépendance; parfois
même, quelque condottiere, comme Braccio de
Montone, prétendait se tailler, en plein domaine du
Saint-Siège, une souveraineté plus étendue. C'est
de cette époque que Machiavel a écrit, cent ans
plus tard : « Naguère, aucun baron n'était assez
petit pour ne pas mépriser la puissance papale. »
Quand l'élection de Martin V, en 1417, donna
enfin à l'Église un chef incontesté, celui-ci dut de-
meurer trois ans, d'abord en Lombardie, ensuite
en Toscane, avant de pouvoir mettre le pied dans
ses États, à ce point humilié que, dans les rues
de Florence, les gamins l'accompagnaient avec
des couplets satiriques. Mais, habile et ferme, il
entreprit aussitôt la restauration de son pouvoir,
par la politique autant que par les armes. Il ne
visait pas seulement à rétablir l'espèce de suze-
raineté complexe, variée et souvent discutée,
dont s'étaient contentés ses prédécesseurs : son
dessein était d'y substituer une monarchie directe
et unifiée. Cette entreprise, qui se heurtait à tant
de traditions, de prétentions et d'usurpations,
n'était pas l'œuvre d'un jour, et elle devait tra

verser bien des vicissitudes, avant d'être menée
à fin par l'ambition peu scrupuleuse des Borgia et
par la main de fer de Jules II.

Entre toutes les villes des États de l'Église, la
plus considérable et la plus turbulente était Bologne. Se prétendant république indépendante à
l'avènement de Martin V, elle avait été ramenée
de force sous l'autorité papale ; mais sa soumission
était loin d'être complète. A des tentatives de
révolte, sans cesse renouvelées, le Souverain Pontife était obligé de répondre par des interdits.
L'anarchie politique y avait accru le désordre des
mœurs ; les jeux de hasard, notamment, avaient
pris un développement extraordinaire : nombreux
étaient les tripots où les gens de tout âge et de toute
condition venaient jouer leur avoir et se livrer à la
débauche. Vainement l'évêque de la ville, Albergati, bientôt cardinal, l'une des plus nobles et plus
pures figures du clergé de ce temps, avait-il cherché, par des exhortations ou des mesures répres-
sives, à arrêter ces désordres, tout avait échoué.
Il eut alors l'idée d'appeler à l'aide le prédicateur
dont on racontait les merveilleux succès en Lombardie et en Vénétie.

Docile à cet appel, Bernardin se concerte avec
Albergati, reçoit de lui toutes informations sur

l'état des esprits et entreprend de prêcher le Carême de 1424. Conformément à sa tactique habituelle, c'est seulement quand il sent avoir pris autorité sur son auditoire, qu'il sort des généralités et annonce l'intention d'aborder la question des jeux. La foule, ainsi avertie, accourt si nombreuse que la vaste nef de San Petronio ne suffit plus, et qu'il faut transporter la chaire sur la place. L'orateur parle avec une force pathétique qui finit par vaincre la passion. Aux derniers jours du Carême, les joueurs repentants viennent, les uns après les autres, lui apporter les instruments de leurs jeux; il en a bientôt une telle quantité qu'il peut en dresser un vaste bûcher sur la place, et il y fait mettre le feu, aux applaudissements du peuple assemblé (1). Quelques-uns, cependant, n'applaudissaient pas : c'étaient les fabricants et vendeurs de cartes à jouer. L'un d'eux vient trouver Bernardin et se plaint amèrement qu'il lui enlève son gagne-pain. « N'as-tu pas un autre métier? lui demande le saint. — Non. — Eh bien! si tu fais ce que je te dirai, tu auras de quoi vivre. — Je le ferai volontiers. » Alors, prenant

(1) « *Populo ipso approbante.* » — De tels bûchers étaient souvent allumés par les prédicateurs populaires de ce temps : c'est ce qu'on appelait, en Italie, *abbruciamenti delle vanità;* en France, les chroniques contemporaines les mentionnent fréquemment.

un compas, Bernardin trace un cercle sur une tablette et peint, au milieu, le trigramme de Jésus, I H S, entouré de rayons. « Fais de même, lui dit-il, et tu gagneras l'argent qui t'est nécessaire. » Le conseil est suivi ; le peuple prend goût à cette façon d'honorer le nom du Sauveur, et l'artisan réalise ainsi beaucoup plus de bénéfices que quand il peignait des cartes. Telle est l'origine de ces tablettes dont il sera plusieurs fois question dans la vie de notre saint.

Non content de vaincre le démon du jeu, Bernardin s'attache aussi à détruire, dans Bologne, l'esprit de révolte et de faction. L'histoire subséquente de cette cité ne permet pas de dire que le mal fût à tout jamais supprimé. Il y eut, du moins, une pacification temporaire. « Une grande tranquillité, dit le vieux biographe, fut rétablie, pour quelque temps, dans la ville (1). »


# VI


Le moment était arrivé, pour Bernardin, de revenir dans cette Toscane d'où il était parti, encore

(1) « *Paceque et concordiâ inter cives factâ, magna tranquillitas aliquandiù in urbe integrata est.* » (BERNABÆUS.)

inconnu, sept ans auparavant. Invité, pendant
qu'il prêchait à Bologne, par une députation des
Florentins qui se disaient très avides de l'entendre (1), il se rend dans leurs murs, au cours de
l'été de 1424 (2). Florence est alors, entre toutes,
la ville de la Renaissance ; elle apparaît comme
l'officine où s'élabore la culture nouvelle qui va se
répandre dans le monde. Nulle part ailleurs, cette
culture n'a autant pénétré la vie publique et privée.
Là se réunissent les humanistes les plus célèbres.
Là se manifestent les grands artistes : en 1424,
au moment où arrive Bernardin, Brunelleschi termine les plans de la coupole de Santa Maria dei
Fiori ; Ghiberti vient de finir la première porte du
Baptistère ; Donatello a déjà sculpté, depuis plusieurs années, le fier saint Georges de l'Orsan-
michele ; Masolino commence les fresques de la
chapelle Brancacci, et Masaccio s'apprête à les
compléter. Les jouissances de cette rénovation

(1) « ... *quoniam avidissimè eum omnes Florentini expectabant.* »
(BERNABÆUS.)

(2) A en croire le journal d'INFESSURA, secrétaire du Sénat de
Rome, saint Bernardin aurait prêché à Rome, en juin 1424, et, le
21 de ce même mois, un grand *abbruciamento delle vanità* aurait
eu lieu sur la place du Capitole. Ce séjour à Rome me paraît
malaisé à intercaler entre Bologne et Florence, et je suis porté à
croire qu'il y a eu là quelque confusion de dates. J'ai déjà, du
reste, eu occasion de dire que la chronologie des prédications
de notre saint était, sur plusieurs points, assez incertaine.

littéraire et artistique remplacent, chez les Florentins du quinzième siècle, les passions politiques si
violentes de l'âge précédent. Sans doute, à la différence de la plupart des autres cités de la Péninsule, Florence est encore une république, mais
elle n'est plus guère qu'une république nominale.
L'influence grandissante des Médicis prépare un
principat qui, sans heurt, sans coup de force,
absorbe peu à peu tout ce qui reste des vieilles
libertés. Les bourgeois turbulents et belliqueux du
treizième et du quatorzième siècle, si prompts aux
émeutes du dedans et aux batailles du dehors,
sont devenus des marchands et des banquiers qui,
avec leurs comptoirs répandus dans tout le monde
alors connu, ne songent qu'à gagner beaucoup
d'argent et à le dépenser, en *dilettanti* élégants et
raffinés, en épicuriens délicats. Elle est plus loin
que jamais, l'antique Florence, « *sobria e pudica* »,
que, déjà deux siècles auparavant, Dante regrettait
de ne plus retrouver.

Il ne faut pas croire cependant que les Florentins fussent devenus indifférents aux choses religieuses. Dans les premières années du siècle, ils
avaient pris tant de goût aux sermons du Bienheureux Jean Dominici, qu'ils avaient demandé au
Pape de l'empêcher de quitter leur ville. Ce Domi-

nici, Frère prêcheur, mort, en 1419, archevêque de
Raguse et cardinal, avait fondé, en 1400, à Fiesole,
un peu au-dessous du couvent franciscain d'où
Bernardin devait partir pour son apostolat, un
monastère de Dominicains, et y avait allumé un
foyer de sainteté qui a, pendant assez longtemps,
rayonné sur Florence. Là enseignait, comme maître
des novices, le Bienheureux Laurent de Ripafratta,
maître éminent de la vie spirituelle ; là avaient
fait ensemble leurs vœux deux religieux à peu
près du même âge, unis par une étroite amitié et
destinés à se faire un nom illustre parmi les
hommes : l'un, Fra Giovanni de Fiesole, celui que
la postérité appellera il beato Angelico, peintre des
visions célestes, ravissante fleur mystique qui
semble détachée de l'Assise du treizième siècle et
qu'on s'étonne de voir s'épanouir en pleine renaissance païenne ; l'autre, saint Antonin, qui, après
avoir gouverné et réformé beaucoup de monastères,
sera contraint, par la vénération universelle, d'accepter l'archevêché de Florence. Enfin, de ce couvent de Fiesole, descendra, en 1436, la colonie qui
peuplera, dans Florence, le célèbre couvent de
Saint-Marc, et de celui-ci sortira, à la fin du siècle,
un prêcheur bien autrement retentissant que Dominici, Jérôme Savonarole, ce moine grandiose

et tragique qui gouvernera, pendant plusieurs années, du haut de la chaire, par le seul ascendant de son éloquence et de sa vertu, non pas quelque cité ascétique du Moyen âge, mais la Florence des Médicis, reconquise en quelque sorte sur le paganisme.

Il ne paraîtra pas, dès lors, étonnant que, dans la ville qui avait goûté Dominici et qui devait se passionner pour Savonarole, Bernardin ait trouvé des auditeurs curieux et attentifs. Il prêcha avec succès, dans la grande église franciscaine de Santa Croce, contre les vices régnants. « Ayant trouvé la ville très corrompue, dit un historien florentin du temps, il parvint, grâce aux bonnes dispositions des habitants, à la changer et, pour ainsi dire, à la faire renaître (1). » Comme à Bologne, un bûcher fut élevé. sur lequel les femmes apportèrent tous leurs engins de vanité, leurs faux cheveux, les instruments de jeu, et le feu y fut mis. Enfin, sur la façade de Santa Croce, les Florentins firent peindre avec grand soin le trigramme de Jésus, entouré d'un large cercle de rayons dorés, afin, dit un contemporain, de témoigner ainsi à

(1) Vespasiano da Bisticci, *Vite di uomini illustri del secolo XV.* — Bernabæus Senensis dit aussi, en parlant de cette prédication : « *Ad bonos et laudabiles mores religiosè faciliterque Florentinos reduxit.* »

tous les yeux à quel point ils avaient goûté le prédicateur (1).

Cette dévotion au nom de Jésus prenait, en effet, de plus en plus de place dans la prédication de Bernardin. Il y trouvait un moyen de raviver la piété populaire. A Volterra, où il prêche l'Avent de 1424, il inaugure une pratique qui devait bientôt soulever de vives contestations : à la fin de ses discours, il présente à la vénération des assistants agenouillés une tablette sur laquelle il a peint lui-même les trois lettres IHS, entourées de rayons, les excite à crier miséricorde au Sauveur, à lui promettre de vivre en paix, et enfin les bénit en élevant la tablette. Cette tablette, laissée par Bernardin à son départ, a été conservée par les habitants de Volterra, comme une pieuse relique ; longtemps déposée dans une église bâtie sous le vocable du nom de Jésus, confiée à la garde d'une confrérie spéciale, elle était, aux jours d'épreuves ou de péril, exposée au public et portée solennellement en procession ; elle est maintenant dans une des chapelles de la cathédrale.

Beaucoup d'autres villes de Toscane reçurent la

_______

(1) « ... *Ut testimonium ubique prospectum quam evidentissimè daret, quod prædicationes suæ huic devotissimo populo et gratæ et jucundæ fuissent.* » (BERNABÆUS.)

visite de l'apôtre. Au carême de 1425, il était à Prato. Plusieurs biographes racontent que, comme il quittait cette ville, après Pâques, accompagné par la population entière, un bœuf, effrayé par la foule, s'élança furieux et frappa si cruellement un jeune homme que celui-ci fut laissé pour mort sur le sol. Bernardin accourt, appelé par les cris du peuple : « Le démon, dit-il en gémissant, voudrait, à cette heure, détruire tout ce que Dieu a fait de bien dans cette ville. » Puis, levant les yeux au ciel et faisant le signe de la croix sur la victime, il ajoute : « Par la grâce de Dieu, ce jeune homme n'aura aucun mal, emportez-le. » En effet, à peine a-t-on fait quelques pas, que le jeune homme se relève sain et sauf.

Les Siennois, jadis témoins de la pieuse jeunesse de Bernardin, n'apprenaient pas le renom dont jouissait maintenant leur compatriote dans tant de contrées de l'Italie, sans en être flattés dans leur amour-propre national, ni sans désirer vivement l'entendre à leur tour. Le saint, sensible à leurs vœux, arriva à Sienne, vers la fin d'avril 1425. Magistrats et peuple, tous le reçurent avec joie (1). Une chaire et un autel furent

_______________

(1) « *Senenses viri cunctusque populus lœtissimâ fronte eum receperunt.* » (BERNABÆUS SENENSIS.)

dressés sur la grande place, contre le Palais public. Le cadre est resté de nos jours à peu près ce qu'il était alors : elle est toujours là, véritable vision du Moyen âge, cette *Piazza del Campo*, d'aspect étrange et grandiose, creusée en forme de conque marine et entourée de ses palais gothiques ; il est toujours là, ce *Palazzo publico*, massif, hérissé de créneaux, avec sa physionomie farouche et tragique, comme s'il gardait l'empreinte des drames populaires qui l'ont jadis ensanglanté ; elle est toujours là, cette haute *torre della Mangia*, dessinant hardiment sur le ciel sa svelte et superbe silhouette. Chaque matin, pendant cinquante jours, Bernardin prêcha, après avoir célébré la messe. La foule remplissait la vaste place ; les magistrats de la ville étaient sur une estrade. Parmi les auditeurs, se trouvait un jeune homme, alors inconnu, bientôt illustre, le brillant Æneas Sylvius Piccolomini, le futur Pie II ; les sermons le touchèrent tellement, a-t-il raconté, qu'il fut sur le point d'entrer chez les Frères mineurs. Les témoignages contemporains sont, d'ailleurs, unanimes à constater le grand succès de l'orateur ; ils nous montrent les Siennois, dociles à sa parole, réformant leur vie, revenant aux vieilles mœurs chrétiennes, répudiant l'esprit de discorde et de trouble, si invétéré dans leur cité (1). A la suite de sermons contre le jeu, le luxe et les vanités féminines, on construisit au milieu de la place une sorte de château en bois, où chacun apporta cartes, dés, échiquiers, ornements de toilette, faux cheveux; on en réunit plus de quatre cents charges, et le feu y fut mis. Les derniers travaux de la cathédrale, commencée au treizième siècle, languissaient; Bernardin excita à les pousser plus activement. Il avait garde d'oublier sa chère dévotion au nom de Jésus : le lundi de la Pentecôte, au peuple tout échauffé par sa parole, il faisait l'ostension d'une tablette où, suivant sa coutume, les lettres IHS étaient peintes, entourées de rayons; telle fut, à cette vue, l'émotion des assistants que, dit un vieux chroniqueur, ils se mirent à crier miséricorde, versèrent des larmes abondantes et semblèrent prêts à tomber en défaillance (2). Le

(1) « *Animos Senensium omnium ad omnem voluntatem suam reducens, ad pristinam et vetustam consuetudinem benè et christianè vivendi eos firmavit... Pacem inter dissidentes componens, cunctum populum pacatum ac tranquillum suavissimâ oratione suâ reddidit.* » (Bernabæus.)

(2) « ... *e fu tanto lo splendore che dava el Giesù, ch'e' misse stupore a ognuno, e cominciossi a gridare misericordia con tante lacrime, e per grande devozione pareva che ognuno venisse meno.* » (Cronaca Senese, *che va sotto il nome degli Aldobrandini,* manuscrit de la bibliothèque communale de Sienne, cité par M. Donati, dans le *Bulletino Senese di Storia patria,* 1894, p. 54.)

vestibule de la salle capitulaire du Dôme de Sienne renferme un tableau curieux, œuvre d'un peintre contemporain, Sano di Pietro (1), qui représente le saint debout dans une chaire haute, dressée devant le *Palazzo publico ;* derrière lui, le petit autel où il a dit la messe ; entre ses mains, une tablette rectangulaire sur laquelle sont peintes les lettres IHS ; les magistrats sont sur leur estrade ; le peuple occupe la place, hommes et femmes séparés par une barrière que forment des bandes d'étoffes ; les femmes ont la tête couverte d'un voile blanc ; tous sont à genoux, les yeux levés vers la tablette (2). Le mardi de la Pentecôte, s'organisa une immense procession, à laquelle prit part la population entière, sous la conduite de ses magistrats, et où l'on porta, au milieu des reliques, la tablette de Bernardin (3).

(1) Né en 1406, mort en 1481.

(2) On trouve à Sienne deux autres peintures, probablement aussi de Sano di Pietro : l'une, qui est dans une salle du *Palazzo publico,* est à peu près semblable à celle qui vient d'être décrite ; la seconde, qui est dans le vestibule de la salle capitulaire, représente le saint prêchant sur la place de l'église S. Francesco ; il montre, non plus une tablette, mais le crucifix, aux assistants, hommes et femmes toujours séparés et à genoux. Signalons enfin, dans la galerie de l'Académie des Beaux-Arts, à Sienne, une peinture où saint Bernardin, en chaire, montre un crucifix surmonté d'une tablette ronde où est peint le trigramme.

(3) C'est probablement cette même tablette qui est conservée

Pour garder le souvenir de ces événements et faire
solennellement allégeance au nom de Jésus, les
chefs de la république décidèrent que, sur la façade
du *Palazzo publico,* à l'endroit même où, dans un
jour de défaillance patriotique, avaient été inscrites
les armes de Visconti, le trigramme sacré serait
peint dans un grand cercle azuré, entouré de rayons
d'or ; ils le firent reproduire également à l'intérieur du palais, dans la salle dite de la Mappe-
monde ; ces peintures subsistent encore (1). Beaucoup de particuliers firent de même en leurs
demeures, et le voyageur retrouve aujourd'hui,
au-dessus des portes de plus d'une vieille maison,
les trois lettres sculptées dans la pierre. Ce ne fut
pas la seule façon dont les magistrats de la ville
témoignèrent de leur déférence pour le prédicateur ; ils promulguèrent, le 8 juin 1425, plusieurs
décrets qui tendaient au rétablissement des bonnes
mœurs et qui s'appelèrent : *Riformagioni di frate
Bernardino* (2) ; quelques-uns limitaient le chiffre

aujourd'hui à Sienne, dans la chapelle de la Confrérie de Saint-
Bernardin.

(1) MILANESI, *Documenti per la storia dell' arte senese,* t. II,
p. 128 et 131.

(2) Cf. sur ces *Riformagioni di frate Bernardino* l'ouvrage du
CAV. MENGOZZI, *Il monte dei Paschi, note storiche raccolte e pub-
blicate per ordine della deputazione ed a cura del presidente contæ
Niccolo Piccolomini,* t. I, p. 111 et sq.

des dots et le luxe des noces, afin de faciliter les
mariages, devenus trop rares ; d'autres prohi-
baient les vêtements d'une richesse excessive ;
d'autres excluaient des fonctions publiques les
usuriers et les gens atteints de vices infâmes ; un
magistrat spécial, appelé *Capitano e exequitore di
Giustizia,* avait charge de veiller à l'exécution de
ces règlements.

Sienne ne vit pas venir sans douleur le jour du
départ de Bernardin (1). Quand, le 10 juin, après
son dernier sermon, il donna au peuple une bénédiction d'adieu, toutes les cloches furent mises
en branle et les trompettes sonnèrent. Un peuple
immense l'accompagna, hors de la ville, jusqu'à
la cinquième borne, près de la rivière Arbia, avec
tous les témoignages d'une pieuse vénération.
Lorsqu'il fallut enfin se séparer de lui, beaucoup
ne purent retenir leurs larmes. Au milieu de la
foule qui le reconduisait avec tant d'honneur, le
saint, souffrant dans son humilité, marchait, triste
et tête basse, dit un de ses biographes, comme

---

(1) De la douleur que causait aux Siennois le départ de Bernardin, on trouve un témoignage dans le *Lamento* que composa
alors le poète Francesco di Giovanni, et que des érudits ont
découvert dans un manuscrit de la bibliothèque de Sienne. (Cf. la
conférence du professeur O. Bacci dans le volume des *Conferenze
della Commissione senese di Storia patria,* 1895, p. 134.)

s'il fût mené au supplice (1). Il ne se sentit à l'aise que quand il se retrouva seul dans la campagne de Sienne, et, pour se consoler de tant de brillants succès, il demeura quelque temps dans cette région, heureux d'évangéliser obscurément d'humbles campagnards, et appropriant son langage à la simplicité de leur esprit.

Il termina son apostolat en Toscane par **Arezzo**. Les historiens racontent comment il y arrêta miraculeusement, par le signe de la croix, la pluie qui menaçait d'interrompre le sermon qu'il prononçait en plein air, et comment il mit fin aux pratiques superstitieuses qui se perpétuaient dans un bois voisin, auprès d'une fontaine jadis consacrée à Apollon : la statue de la Vierge, qu'il y fit élever, fut bientôt l'objet d'une dévotion populaire et le but d'un pèlerinage ; on y construisit, sous le vocable de Santa Maria delle Grazie, une église où le touriste admire, encore aujourd'hui, l'élégant portique élevé sur les dessins de Benedetto da Majano.

(1) « *Visumque aliquando, dum populi eum discedentem magno cum honore et concursu comitarentur, ita tristem, dejectum, prostratumque incedere, ac si ad supplicium duceretur.* » (**Maphæus Vegius.**)

## VII

Arezzo touche à l'Ombrie, terre pauvre, un peu sauvage, mais d'un charme doux, avec ses montagnes abruptes couronnées de petites villes fortifiées, les lignes harmonieuses de ses horizons et l'exquise finesse de sa lumière. Elle avait un attrait particulier pour Bernardin, à qui elle apparaissait encore tout embaumée du souvenir de saint François. En août 1425, il est au pied d'Assise, et célèbre, avec une foule immense de pèlerins, la fête de Sainte-Marie des Anges, dans le fameux couvent de ce nom, le premier qu'ait fondé le *Poverello*. Toutefois, il ne s'y arrête pas, et, cette satisfaction donnée à sa dévotion filiale, il reprend aussitôt son laborieux apostolat.

Au témoignage des contemporains, les guerres, qui, depuis tant d'années, dévastaient les États de l'Église, avaient détruit dans les populations autrefois assez pieuses de l'Ombrie presque toute préoccupation des choses de Dieu, presque tout sentiment de foi, de religion et de justice (1).

(1) « ... *præcipuè cum præterita bella eam regionem quasi totam*

Bernardin commença par Pérouse. Le désordre y était extrême ; sous l'action des luttes intestines continuelles, les mœurs étaient devenues si violentes qu'elles avaient fait aux habitants un renom de férocité (1). Notre saint, qui logeait, à la porte de la ville, dans un couvent de l'Observance, allait chaque matin prêcher sur la grande place. On venait en foule l'entendre, mais il n'avait pas le sentiment que les âmes fussent conquises. Il eut alors l'idée singulière d'annoncer aux Pérugins qu'avant peu il leur montrerait le diable. La curiosité, ainsi surexcitée, attire un auditoire plus nombreux encore. Après quelques jours d'attente : « Je vais tenir, dit-il, la promesse que je vous ai faite ; et ce n'est pas un diable, c'est plusieurs que je vous montrerai. » Comme il tenait ainsi tous les esprits en suspens et en émoi : « Regardez-vous donc les uns les autres, s'écrie-t-il, et vous verrez des diables ! N'êtes-vous pas, en effet, des diables, vous qui faites les œuvres de Satan ? » Puis, avec une gravité d'accent qui ne permettait pas de prendre la chose en plaisanterie, il fait un tableau sévère et pathétique de tous les

vastassent ; quare in rebus de Deo, de religione, de justitiâ, de fide, tales homines nihil seu parum sentiebant. » (BERNABÆUS.)

(1) « ... feri propter bellum intestinum ac civile habentur. »

vices qui règnent dans la ville et la conjure de renoncer aux œuvres de Satan. Ces objurgations sont enfin entendues. La conversion est complète. La paix publique est rétablie. Les haines les plus invétérées disparaissent dans une réconciliation générale, et ceux qui croyaient avoir des offenses à venger sont les premiers à aller trouver leurs ennemis pour leur demander pardon, plusieurs la corde au cou. La piété éteinte se ranime. Tous les objets de vanité féminine, faux cheveux, fards, eaux parfumées, guirlandes, chaussures à hauts talons, miroirs, et « autres abominations », sont apportés en masse sur la place publique; on en fait deux grands châteaux sur lesquels est arborée la bannière de Satan, et on y met le feu. Une femme, raconte un vieux chroniqueur, n'a pu se décider à livrer une belle tresse qu'elle conservait dans une cassette; quand elle ouvre cette cassette, la tresse se détache d'elle-même et vient la frapper au visage : pâle de douleur et de crainte, elle court la porter au feu comme les autres. Partout, le nom de Jésus est inscrit sur les maisons. Les autorités prennent des arrêtés pour punir le blasphème, l'usure, les vices infâmes, et pour supprimer les danses qui avaient lieu dans les églises à certaines fêtes. Par une

6.

coutume barbare qui datait de loin, la ville célébrait, au printemps, des jeux publics où les jeunes gens, revêtus d'armures, combattaient les uns contre les autres, à coups de pierres, avec un tel acharnement que mort s'ensuivait souvent ; ces jeux sont interdits sous les peines les plus sévères, et les objets qui y servaient sont détruits. En tête de tous ces arrêtés connus sous le nom de *Statuta S. Bernardini,* il est stipulé qu'ils sont pris pour se conformer aux préceptes du prédicateur : *Inhœrendo doctrinœ fratris Bernardini de Senis, Ordinis Minorum* (1).

Bernardin devait garder le souvenir ému d'une telle conversion. Deux ans après, prêchant aux Siennois, il se plaisait à leur citer Pérouse en exemple ; il leur rappelait comment, après avoir été des pires, cette ville était devenue subitement des meilleures ; il y montrait les désordres réprimés, la paix régnant, les églises si remplies, les confessions si fréquentes « que c'était une merveille ». « Oui, s'écriait-il, je n'ai jamais vu ailleurs de tels résultats... Entre toutes, c'est la ville selon mon cœur, car il n'en est pas de plus pure. »

(1) Cf. *Miscellanea francescana* (Foligno), vol. IV, p. 147, *Le Prediche volgari di San Bernardino, edite da* L. BANCHI, t. I, p. 350, notes 1 et 2, et la *Storia di Perugia,* par BONAZZI, p. 653.

Et se retournant vers ses compatriotes : « Il y a, leur disait-il, autant de distance de vous aux Pérugins que de la terre au ciel (1). »

Si changée cependant que fût Pérouse, elle n'était pas garantie contre tout danger de rechute. Quelques années plus tard, la discorde y sévissant de nouveau avec beaucoup d'âpreté, Bernardin accourt. « Dieu, dit-il en montant en chaire, a vu vos dissensions qu'il déteste, et il m'a envoyé vers vous, comme son ange, pour annoncer la paix aux hommes de bonne volonté. » Puis, après avoir fait quatre discours pour rapprocher les esprits, il termine ainsi le dernier : « Que tous les hommes de bonne volonté, désireux de vivre en paix avec le prochain, se mettent à ma droite ; quant à ceux qui ne veulent pas obéir à mes paroles, qu'ils passent à ma gauche ! » Tout le peuple se lève pour se placer à droite ; seul, un jeune homme, de noble et puissante famille, reste à gauche avec ses gens, et murmure contre Bernardin. Celui-ci l'interpelle : « Te voilà seul de ton côté, méprisant, dans ton orgueilleuse obstination, les conseils que, sur la parole de Dieu, je donne à ce peuple. Je t'exhorte de nouveau, au nom de Dieu, à pardonner

(1) *Le Prediche volgari di San Bernardino, edite da* L. BANCHI, t. I, p. 97, 349-350 ; t. II, p. 411 ; t. III, p. 497.

aux autres, du fond de ton cœur, ce qu'ils ont pu faire de mal à toi ou à ta famille, et à passer ensuite à ma droite. Que si tu me résistes, tiens pour assuré que tu ne rentreras pas vivant dans ta maison. » Le jeune homme se moque de cette prédiction qu'il qualifie de délire, et refuse d'obéir. A peine arrivé au seuil de sa demeure, il est saisi d'un mal subit et meurt sans avoir pu recevoir les sacrements de l'Église.

Parti de Pérouse à la fin de 1425, Bernardin employa toute l'année 1426 à évangéliser non seulement les villes, mais les bourgades de l'Ombrie. Au commencement de 1427, il s'avance plus au sud, dans la direction de Rome : du 1ᵉʳ janvier au 16 février, il est à Orvieto ; de là, il va à Viterbe. Partout sa parole produit l'effet accoutumé. Il s'attaque vivement à l'usure, l'une des plaies de cette région, et excite les autorités à prendre des mesures contre ceux qui la pratiquent et qui sont généralement des Juifs (1). La guerre aux usuriers, à « ces vendeurs de larmes »,

(1) A propos des rapports de Bernardin avec les usuriers, un vieux chroniqueur raconte une plaisante histoire. Comme il prêchait à Milan, il reçut les visites fréquentes d'un marchand qui le poussait à attaquer fortement l'usure, de telle sorte qu'elle fût à tous en abomination. Informations prises, notre saint sut que ce marchand était le plus grand usurier de la ville, et que ce qu'il en faisait était pour diminuer le nombre de ses concurrents

comme les appelait un disciple de notre saint, Bernardin de Feltre, devait occuper longtemps les Frères mineurs de l'Observance; ce sont eux qui, dans la seconde moitié du quinzième siècle, créeront et propageront, malgré la violente et souvent puissante opposition de ceux dont ils gênaient ainsi le méchant commerce, les Monts-de-Piété, à l'origine institutions de prêts gratuits, alimentées par les libéralités de riches bienfaisants.

De l'effet des sermons de Bernardin dans toute cette région, il subsiste un témoignage matériel : ce sont les lettres du nom de Jésus qu'on voit encore gravées sur les monuments de plusieurs de ces villes et qui permettent de le suivre comme à la trace. D'autres témoignages peuvent être exhumés de la poudre des archives locales : de pieux érudits ont commencé, sur certains points, à y faire des fouilles, par exemple à Gubbio (1), à Viterbe (2), à Orvieto (3). On y trouve la confirmation d'un fait déjà constaté : c'est l'obligation morale où se trouvaient les autorités de seconder

en inspirant aux autres l'horreur de ce vice. (Lud. DOMENICHI, *Facezie,* ch. VI, cité par F. DONATI, *Bulletino Senese di Storia patria,* 1894, p. 53.)

(1) *Miscellanea francescana* (Foligno), vol. IV, p. 150.

(2) *Ibid.,* vol. IV, p. 35.

(3) *San Bernardino da Siena in Orvieto e in Porano,* par L. FUMI. (*Siena,* 1888.)

l'œuvre réformatrice du prédicateur. Ainsi a-t-on recueilli, dans le registre du conseil général de la commune d'Orvieto, deux délibérations intéressantes. Dans la première, datée du 12 janvier 1427, le conseil, après avoir rappelé que le Frère Bernardin, « *predicator desideratus* », est venu apporter la parole de Dieu, avec cinq autres Frères de son Ordre, et qu'ils n'ont pour subsister que ce que leur fournit l'aumône, déclare qu'on ne peut pas, sans ingratitude, ne pas subvenir à leurs besoins ; il charge donc les conservateurs, d'accord avec six citoyens qu'ils s'ajoindront, de fournir, sur les fonds de la commune, tout ce qui sera nécessaire à l'entretien des religieux. La seconde délibération est du 16 février ; cent dix-sept membres étaient présents : il y est dit qu'au cours de sa prédication, « le vénérable Père, Frère Bernardin », a, entre autres avertissements, insisté sur la nécessité de s'abstenir des blasphèmes et des jeux de hasard, d'observer les fêtes, de réprimer l'usure que facilitent des concessions autrefois faites aux Juifs ; il est ajouté que, dans son dernier sermon, prononcé le jour même, le prédicateur a demandé que le conseil général prît des mesures de réforme sur ces divers sujets ; en conséquence, le conseil chargeait une commission de rédiger les décrets demandés, leur assurant d'avance pleine autorité législative.

Ainsi Bernardin parcourait l'Italie, attirant les populations en foule autour de sa chaire et transformant les cœurs. De l'aveu général, il était devenu le premier orateur sacré de son temps, et sa sainteté en imposait à tous. Pour donner une idée de la vénération et de l'admiration dont il était entouré, les contemporains ne craignent pas de dire qu'il était accueilli comme « un autre Paul », et que ses paroles paraissaient « des oracles divins ». Ambrogio Traversari, religieux camaldule d'une haute piété, d'un grand savoir, l'un des plus illustres humanistes du temps, parlait, dans une lettre à un ami, du « fleuve immortel de divine éloquence » qui coulait « de la bouche très douce et très pleine de cet homme divin, Frère Bernardin (1) ». Mais, à l'heure même où sa gloire brillait du plus vif et du plus pur éclat, voici qu'un orage imprévu menace soudainement de l'obscurcir : il était à Viterbe et y prêchait le carême de 1427 avec son succès accoutumé, quand lui arrive du Pape citation de se rendre immédiatement à Rome et d'y répondre à une accusation d'hérésie.

(1) *Ambrosii Traversarii Epistolæ et Orationes*, Florence, 1759, lib. II, 41.

# CHAPITRE III



L'ÉPREUVE

(1427-1433)

I. Bernardin est accusé d'hérésie à l'occasion de sa dévotion au
nom de Jésus. Accueil sévère de Martin V. Calme de l'accusé.
Jean de Capistran accourt à son secours. Débat devant le
Pape. Victoire de Bernardin. Il prêche à Rome. L'opinion,
naguère troublée, lui revient. Il refuse l'évêché de Sienne. —
II. Nouvelle prédication à Sienne et en d'autres contrées. Bernardin tient tête à Philippe-Marie Visconti. Il détourne Sienne
de la guerre. Son humilité dans le succès. — III. Les adversaires de Bernardin n'ont pas désarmé. Ils reprennent leurs
accusations, à l'avènement d'Eugène IV. Poursuites entamées à
Rome, à l'insu du Pape. Celui-ci, averti, annule les poursuites
et fait l'éloge de Bernardin. — IV. Propagation de la dévotion
au nom de Jésus, du vivant de Bernardin et après sa mort. Il
apparaît comme l'initiateur de cette dévotion. — V. Bernardin
est en rapport avec Sigismond. Il accompagne ce prince à
Rome, lors de son couronnement.


## I


En même temps que s'était répandue, sous l'impulsion de Bernardin, la dévotion au nom de Jésus,
les formes nouvelles de cette dévotion, notamment
l'ostension et la vénération des tablettes sur lesquelles étaient peintes les lettres du nom sacré,

avaient inquiété quelques esprits. Cette pratique leur paraissait tendre à la superstition ou même à l'idolâtrie; il était à craindre, selon eux, que le peuple ne vît dans la tablette une sorte d'amulette, et n'apportât son adoration à l'objet lui-même (1). Bernardin s'était gardé, quant à lui, de toute erreur de ce genre et avait eu soin d'en préserver ses auditeurs. « De même, disait-il, que vous adorez Jésus dans sa chair, de même vous devez adorer le nom de Jésus : je ne dis pas la sculpture ou la couleur, mais en quelque sorte la saveur; non le signe, mais ce qui est signifié; car le nom de Jésus signifie pour vous le Sauveur, le Rédempteur et le Fils de Dieu (2). » De telles déclarations, si formelles qu'elles fussent, n'avaient pas cependant désarmé les critiques. Peut-être, d'ailleurs, quelques-uns des Frères mineurs qui s'étaient empressés d'imiter Bernardin n'avaient-ils pas observé la même mesure; on racontait que, sous leur conduite, des processions avaient eu lieu où les tablettes avaient le pas sur le crucifix.

(1) Saint Antonin, rapportant les faits, quelques années plus tard, écrivait : « *Hoc etsi simplicibus videretur devotionem afferre, sapientes arbitrabantur idolatriam vel saltem ad superstitionem tendere.* »
(2) Ce fragment est rapporté par un des biographes du saint, Amédée de Venise.

Parmi les plus empressés à soulever et à répandre ces critiques, étaient les partisans de Manfrède, ce Frère prêcheur dont Bernardin avait combattu les doctrines sur l'Antéchrist. C'était leur façon de venger leur maître. Ils étaient parvenus à faire partager leur manière de voir par un certain nombre de Dominicains. On a tort, sans doute, d'exagérer l'antagonisme qui a pu exister parfois entre les deux grands Ordres mendiants. Ni l'un ni l'autre n'oubliait le baiser fraternel qu'avaient échangé autrefois saint Dominique et saint François, et dont Fra Angelico a laissé une si touchante représentation aux murs du cloître de San Marco. L'amitié fidèle qui unissait saint Bonaventure et saint Thomas d'Aquin, l'accueil de saint Vincent Ferrier vieillissant, au jeune saint Bernardin dont il prédisait et saluait la gloire future, n'étaient-ils pas comme la continuation de ce baiser? Toutefois, force est de reconnaître que, chez les âmes moins hautes et moins saintes, la diversité légitime, la salutaire émulation qui existaient entre les deux Ordres, dégénéraient parfois en rivalité un peu jalouse. Dans les grandes batailles théologiques qui passionnaient le Moyen âge, quand les Mineurs étaient d'un côté, il n'était pas rare que les Prêcheurs fussent de l'autre, et réciproquement. Ainsi était-il arrivé, au commencement du quatorzième siècle, dans cette controverse sur la pauvreté du Christ et des Apôtres qui avait tant troublé les esprits et divisé jusqu'aux papes; ainsi, à la fin de ce même siècle, sur l'Immaculée Conception de la Vierge, défendue par les Franciscains, contestée par les Dominicains; ainsi en sera-t-il encore, dans la seconde moitié du quinzième siècle, sur la question, singulièrement subtile et au moins oiseuse, de savoir si le sang répandu par Jésus-Christ, au temps de sa passion, continuait, une fois séparé du corps, à faire partie de la divinité et à mériter par suite l'adoration : dispute acharnée que le Pape ne pourra apaiser qu'en défendant à chaque partie de qualifier d'hérésie l'opinion contraire. Il n'est donc pas surprenant que, dans la controverse soulevée sur le nom de Jésus, les Dominicains fussent portés à contredire les Franciscains, non sans doute qu'ils blâmassent en elle-même la dévotion à ce nom sacré; c'eût été manquer à l'une des traditions de leur Ordre qui, au treizième siècle, avait précisément reçu mission de prêcher cette dévotion (1); mais ils croyaient que Bernardin et les siens y

(1) Le R. P. Chapotin, *La guerre de Cent ans, Jeanne d'Arc et les Dominicains*, p. 167.

mêlaient des pratiques dangereuses et hétéro-
doxes.

La même opinion était soutenue par un savant
et alors célèbre religieux de l'Ordre des Ermites
de Saint-Augustin, André Biglio. Celui-ci n'était
pas suspect de vouloir venger Manfrède, car il avait
publié contre lui une *Admonitio*. Ce fut donc par
d'autres motifs qu'il fit paraître un écrit intitulé :
*De institutis, discipulis ac doctrinâ fratris Bernardini,
Ord. Minorum;* il y rendait hommage à la vertu et à
l'éloquence de Bernardin, mais blâmait son mode
de prédication et l'accusait, lui et ses disciples,
d'être des « semeurs de scandale et de superstition (1) ».

Cette polémique ne suffisait pas aux ressentiments des partisans de Manfrède. Ils prétendirent
recueillir, dans les discours de Bernardin, des propositions contraires à la foi, rassemblèrent, sur sa

(1) Muratori mentionne cette publication, sans en préciser la
date. (*Rerum Italicarum scriptores præcipui*, t. **XIX**, p. **4.**) Biglio,
qui est devenu, dans la suite, provincial des Augustins, à Sienne,
et qui est mort dans cette ville, en 1435, ne paraît pas avoir conservé ses préventions contre Bernardin. En effet, dans les manuscrits de la Bibliothèque communale de Sienne, on trouve une
lettre de lui à Bernardin, où il le loue beaucoup de ses prédications aux Siennois et lui témoigne une grande vénération; il
termine en l'assurant qu'il ne tient à rien plus qu'à son estime.
(*Notizie su S. Bernardino*, par F. Donati, dans le *Bulletino senese di Storia patria*, 1894, p. 57.)

conduite, des témoignages plus ou moins sincères, et formèrent ainsi tout un acte d'accusation qu'ils adressèrent au Pape. Celui-ci, habilement circonvenu, jugea les faits graves, prit les plaintes en considération, et, sans s'informer davantage, cita brusquement Bernardin devant lui.

Le cardinal Otto Colonna, qui avait été proclamé pape, le 8 novembre 1417, à Constance, sous le nom de Martin V, et dont l'élection avait été saluée avec joie, par toute la chrétienté, comme la fin du schisme, était un Romain de vieille race, d'une grande dignité de caractère, politique prudent et énergique, de mœurs pures, d'une science étendue. Trouvant, à son avènement, les deux royautés temporelle et spirituelle du Saint-Siège également ébranlées, il s'était attaché tout d'abord à les raffermir. Il déployait de rares qualités de gouvernement et de diplomatie, pour réprimer l'anarchie et les usurpations qui avaient envahi les États de l'Église, et pour défendre la primauté pontificale contre les prétentions du concile ou des princes. Absorbé par cette double lutte, au point de négliger la réforme ecclésiastique, si nécessaire et tant demandée, il n'avait pas eu jusqu'alors occasion de connaître l'humble Franciscain, tout occupé de ses prédications : cela même explique

comment il put d'abord se laisser prévenir contre
lui par ses adversaires.

Au reçu de la citation du Pape, Bernardin,
prompt à l'obéissance, interrompt ses prédications
et se met en route. Beaucoup d'habitants de Viterbe veulent l'accompagner, pour rendre hommage à sa doctrine (1). Arrivé à Rome, il se pro-
sterne aux pieds du Pontife. Celui-ci lui fait un
accueil sévère, lui déclare que, si les choses sont
telles qu'on les lui a rapportées, il mérite le châti-
ment réservé aux ecclésiastiques téméraires et aux
fauteurs d'hérésie; il lui interdit de remonter en
chaire, d'exposer ses tablettes et de quitter la ville,
jusqu'à ce qu'une enquête sérieuse ait fait pleine
lumière sur sa conduite. Ses écrits et ses sermons
sont déférés à l'examen d'une commission composée principalement de Frères prècheurs et d'Ermites de Saint-Augustin. Enfin on fixe la date
d'une réunion solennelle où doivent être mis en
présence les accusateurs et l'accusé.

Ainsi traité en suspect, Bernardin voit l'opinion
s'éloigner de lui. Dans les rues de Rome, on le
montre au doigt comme « l'hérétique ». Ses adversaires portent partout la tète haute et croient tenir

_________

(1) « ... *frequentissimo, ob reverentiam doctrinæ, populo inse-
quente.* » (WADDING.)

la victoire. Dans plusieurs villes, des confesseurs refusent l'absolution à ceux qui ont dans leurs maisons, des tablettes avec les lettres du nom de Jésus. Quand les Frères mineurs sortent pour faire leur quête habituelle, la populace leur crie : « *Foràs Jesu!* Dehors Jésus! » Le soulèvement gagne ceux-là mêmes qui se sont dits jusqu'alors dévoués à Bernardin. Quant aux amis demeurés fidèles, ils sont désolés, désorientés, effrayés. De ce nombre est, à Florence, le célèbre Ambrogio Traversari : consulté par un Frère mineur, disciple de notre saint, Albert de Sarziano, qui songeait à venir prêcher à Florence pour apaiser et ramener les esprits, Traversari ne l'y encourage pas; il lui laisse voir combien, dans l'état de l'opinion, la tâche serait difficile; triste et inquiet, il a besoin, pour se raffermir, de se rappeler que les apôtres ont rencontré de semblables contradictions (1).

Le moins troublé de tous est Bernardin. Pas une parole de colère, d'animosité, d'impatience ne lui échappe contre ses accusateurs. A ceux qui s'étonnent de son calme : « Laissez faire Dieu », répond-il. Il ajoute, du reste, « que ces persécutions

_______

(1) Ambrosii Traversarii *Epistolæ et Orationes* (Florence, 1759), lib. II, 40. La lettre à laquelle je fais allusion n'est pas datée.

lui sont très utiles, et que, sans elles, son âme eût
été certainement en grand péril ». Un jour qu'on
le voyait, après avoir reçu des injures, entrer dans
sa cellule pour travailler, ses amis lui disent :
« Comment pouvez-vous, mon Père, vous appliquer maintenant à des études qui exigent la tranquillité de l'esprit? — Chaque fois, répond-il,
que j'entre dans ma cellule, toutes les injures,
tous les outrages restent à la porte; aucun n'ose
entrer avec moi, de telle sorte qu'ils ne peuvent
m'apporter d'entrave ni d'ennui. » C'est bien le
même homme qui dira, quelques mois plus tard,
du haut de la chaire, aux Siennois : « Depuis environ vingt-cinq ans que j'ai revêtu cet habit, je le
dis, il n'est pas un de ceux qui m'ont causé quelque
déplaisir à qui je n'eusse volontiers baisé les pieds,
et même plus encore (1). »

Cependant, les Mineurs de l'Observance sont
fort émus du danger couru par leur plus illustre
frère, et plusieurs se rendent à Rome pour l'assister. Au nombre de ces auxiliaires est Jean
de Capistran, qui doit, lui aussi, après une vie de
prédications retentissantes, être canonisé. Bien
qu'ayant seulement cinq ans de moins que Ber-

_______

(1) *Le Prediche volgari, edite da* Luciano Banchi, t. III, p. 11.

nardin, il se disait son disciple et avait étudié
la théologie sous sa direction : il n'était entré
dans le cloître qu'en 1417, après avoir passé par
le monde. Il prèchait à Naples, quand lui arrive
la nouvelle des accusations portées contre son
maître. Avec l'ardeur chevaleresque de sa nature,
il quitte tout pour voler à son secours, court
à Aquila prendre ses papiers et ses livres, fait
peindre sur une tablette, en beaux caractères et
au milieu de rayons d'or, les lettres du nom de
Jésus, et, ainsi armé, se dirige en hâte vers Rome.
Il y fait son entrée, suivi d'un certain nombre
d'amis, le matin même du jour indiqué pour la
réunion contradictoire. A la porte de la ville,
ignorant probablement la défense du Pape, il fait
élever la tablette sur une pique comme un étendard, puis s'avance à travers les rues, au milieu
d'une foule qui grossit d'instant en instant et qui,
entraînée par son attitude, chante avec lui les
louanges du nom divin. On eût dit le cortège d'un
messager de victoire. Il arrive ainsi jusqu'au
Vatican. Le Pape, ému de ce grand concours de
peuple et des sentiments qui l'animent, n'ose
pas faire procéder, le jour même, à la discussion
annoncée ; il la renvoie à une date ultérieure,
mais en donnant à Jean de Capistran l'assurance

qu'il pourra prendre la parole pour Bernardin.

Enfin, au jour fixé, le débat s'engage dans la basilique de Saint-Pierre, devant le Souverain Pontife. Plusieurs des accusateurs, généralement de l'Ordre des Dominicains, prennent la parole. Leur attaque est subtile et passionnée (1). Bernardin et Jean de Capistran répondent. Malheureusement, rien n'a été conservé de ces discours. Le succès de la défense est complet. Le Pape, jusqu'alors si prévenu, reconnaît que rien ne prête à critique dans les paroles ou les écrits de l'accusé, et il lui paraît que la dénonciation a pu être inspirée par de méchants motifs. Le lendemain, il fait venir Bernardin, le comble de ses bénédictions, lui rend entière liberté de porter partout la parole de Dieu, de montrer aux peuples le « très doux nom de Jésus », et l'invite, pour commencer, à prêcher dans la basilique vaticane. Il ordonne en outre, afin de rendre la réparation plus éclatante, que des prières solennelles et une grande procession aient lieu, avec le concours de tout le clergé, en l'honneur du nom de Jésus, dont les lettres sont dès lors partout

(1) « *Adversarii et œmuli sui, maximâ cum pompâ et implicatis syllogismis, in eum sanctum virum impetum effrœnatum fecere. O Deus immortalis, qualis fuit morsus eorum!* » (BERNABÆUS.)

inscrites sur les portes des églises et des maisons (1).

Pendant quatre-vingts jours de suite, Bernardin prêche à Rome, soit à Saint-Pierre, soit dans d'autres églises, et lui-même a évalué à cent quatorze le nombre des sermons prononcés par lui dans cette ville (2). Le Pape et les cardinaux y assistent à plusieurs reprises. Une fois le public habitué au genre de l'orateur, à sa vivacité familière, le succès est éclatant. « Tous, dit Æneas Sylvius, le trouvent grand et admirable (3). » A sa parole, les haines font place

(1) Un érudit siennois, M. F. Donati, dans une notice publiée par le *Bulletino senese di storia patria*, 1894, paraît croire que le Pape, tout en donnant gain de cause à Bernardin sur la doctrine de la dévotion au nom de Jésus, lui aurait interdit l'ostension des tablettes. Les arguments apportés par M. Donati ne me semblent pas probants ; ils ne peuvent ébranler l'autorité des anciens récits parlant d'un triomphe complet. D'ailleurs, le langage et la conduite ultérieurs de Bernardin, les honneurs que l'on a continué à rendre aux tablettes et qui ont persisté pendant des siècles, prouvent bien que celles-ci n'avaient pas été interdites. La vérité est qu'il paraît bien y avoir eu, sur le moment, chez certains esprits, une équivoque volontaire ou non sur la décision du Pape. Les adversaires de Bernardin étaient bien aises de se persuader que telle de ses pratiques avait été blâmée. Peut-être y avait-il là une confusion entre la première décision du Pontife à l'arrivée de Bernardin, décision d'avant faire droit en quelque sorte, qui lui interdisait en effet l'ostension des tablettes, et la décision définitive, rendue après débat, qui paraît lui avoir été pleinement favorable.

(2) *Le Prediche volgari, edite da* L. Banchi, t. II, p. 420.

(3) « *Magnus et mirabilis apud omnes habebatur.* »

à la charité (1). Ainsi qu'il avait fait à Pérouse, il s'attaque aux usages barbares nés des discordes intestines : en vertu d'un de ces usages, un homme d'un parti avait-il tué quelqu'un du parti contraire, il faisait placer des barreaux de fer devant sa porte; dès lors, la justice n'avait aucune prise sur lui, tant qu'il ne sortait pas de sa maison; mais les amis du mort pouvaient l'y attaquer à main armée, d'où de nouveaux meurtres; Bernardin obtient la suppression de cette coutume. Des miracles viennent encore augmenter sa renommée. Entre les guérisons de malades rapportées par les biographes contemporains, détachons celle-ci. Comme il était très souffrant par suite de tant de fatigues et d'austérités, une pieuse dame eut l'idée de lui envoyer des confitures et autres mets aromatisés qu'elle croyait de nature à lui rendre des forces. « Je n'ai aucun besoin de ces choses, répondit le saint au messager qui les lui apportait; mais allez dans telle rue, vous y trouverez un homme très malade; vous les lui donnerez, en lui disant : Frère Bernardin vous envoie ces mets, afin que vous les preniez au nom de Jésus

(1) Bernardin, prêchant peu après devant les Siennois, leur citait en exemple les Romains qui avaient, à sa demande, réuni assez d'argent pour délivrer trente prisonniers. (*Le Prediche volgari*, t. II, p. 59.)

et que vous soyez guéri. » A peine le malade eut-il fait comme avait dit le saint, qu'il se leva de son lit en bonne santé.

Ainsi Bernardin devenait chaque jour plus populaire à Rome. Pour le pauvre Frère que, peu auparavant, chacun traitait comme s'il était déjà convaincu d'hérésie, le revirement est aussi complet que subit. C'est désormais à qui lui témoignera le plus de vénération. La nouvelle de son triomphe, vite répandue dans toute l'Italie, y rétablit et y accroît son renom de sainteté (1). Les Florentins, suivant l'exemple de Rome, font procéder à des prières solennelles en l'honneur du nom de Jésus, et érigent, sur la place de Santa Croce, une grande pierre qui s'y voyait encore deux siècles plus tard, et sur laquelle ce nom était magnifiquement sculpté. De cette même ville de Florence, Traversari, naguère si triste, si découragé, écrit à un de ses amis de Rome, pour lui dire sa grande joie d'apprendre que toute la cour et toute la population romaines, de très hostiles qu'elles étaient à Bernardin, lui sont devenues très favorables ; il ne peut attribuer un tel changement qu'à l'intervention divine et se

_________

(1) « *Crevit ubique, tum erga sacratissimum nomen, tum erga sanctissimum præconem, veneratio.* » (WADDING.) — « *Crevit deinde suæ bonitatis sanctitatisque fama clarissima quasi totum per orbem.* » (BERNABÆUS.)

félicite du bien qui en résulte pour les âmes, dans l'Italie entière; seulement, il est impatient d'avoir plus de détails sur la confusion des adversaires et supplie son correspondant de les lui envoyer pour l'amour de Bernardin; il termine en disant combien il eût été heureux de voir, de ses yeux, « la victoire triomphale du Seigneur Jésus, par le Frère Bernardin, cet homme de Dieu, bon, vrai, saint et juste (1) ». Prêchant peu après aux Siennois, notre saint rappellera, avec sa bonne grâce familière, les vicissitudes extrêmes qu'il vient de traverser à Rome. « Lorsque j'y arrivai, dit-il, les uns me voulaient frit, les autres rôti; après qu'on eut entendu mes prédications, malheur à qui aurait prononcé une parole contre moi. Quand je considère cela, j'en suis stupéfait, et je me dis à moi-même : Mets-toi avec Dieu, car tout n'est que changement dans les choses de ce monde; maintenant ils me veulent vivant, et peu auparavant ils me voulaient mort (2). »

Dans cette faveur générale, il n'eût tenu qu'à Bernardin de recevoir des honneurs. Pendant qu'il prêchait à Rome, ses concitoyens de Sienne envoyèrent une députation pour demander qu'il fût

(1) Ambrosii Traversarii *Epistolæ et Orationes*, lib. II, 41.
(2) *Le Prediche volgari*, t. I, p. 98.

élevé au siège épiscopal de cette ville. Le Pape approuva ce choix et en fit part à Bernardin. Celui-ci refusa sans hésiter. « Dieu, répondit-il, ne m'a pas envoyé baptiser, mais évangéliser, et j'estime qu'il m'est plus avantageux d'enseigner l'Évangile à toute la terre que de me renfermer dans les limites d'un seul évêché. Quant aux honneurs et aux pompes de l'épiscopat, je les repousse, et j'aime mieux souffrir le dénuement avec les pauvres que d'être honoré avec les prélats opulents. Je ne me sens pas fait pour les soins multiples de cette charge, et, dans l'humble état que j'ai choisi sous l'inspiration de Dieu, je pourrai mieux tenir ce que j'ai promis. » Il estimait très haut la mission de porter partout la libre parole de Dieu. « On me ferait tort, disait-il en plaisantant, de me faire quitter, pour être chef d'une seule cité, une position grâce à laquelle je suis reçu comme un chef partout où je vais. » Quelques mois plus tard, il disait aux Siennois : « Si je fusse venu ici, comme vous vouliez que je vinsse, c'est-à-dire comme votre évêque, j'aurais eu la moitié de la bouche fermée. Voyez, comme ceci. (Et il faisait le geste de fermer la bouche.) Je n'aurais pu ainsi parler qu'à bouche close. Si j'ai voulu venir comme je suis, c'est pour pouvoir parler ainsi à bouche ouverte, pour pouvoir vous dire ce que je veux, pour pouvoir vous parler à ma façon de toute chose et vous admonester ardemment au sujet de vos péchés (1). » Volontiers eût-il répondu, comme cet autre Franciscain, Maillard, célèbre prédicateur français de la fin du quinzième siècle : « *Nihil habeo nisi linguam*. Je n'ai rien que ma langue. »

Si, en repoussant l'épiscopat, Bernardin contristait beaucoup de personnes, il répondait au vœu de quelques amis d'élite. Tel était Traversari, qui lui avait écrit pour le conjurer avec larmes de refuser cet honneur, indigne, à son avis, d'un prédicateur de la pauvreté; mieux vaudrait mourir, ajoutait-il, que d'accepter cette malheureuse dignité, *infelicissimam dignitatem*, et de faire ainsi à son Ordre un tort dont se réjouiraient ses plus grands ennemis (2). Bernardin n'avait pas besoin qu'on lui apprît à mépriser les honneurs; lui-même se chargeait d'enseigner ce mépris aux autres, et il le faisait avec le tour plaisant qui était dans sa nature. S'adressant à un Frère illettré qu'il aimait pour sa simplicité : « J'ai, mon cher Frère, lui dit-il, une heureuse nouvelle à vous annoncer. Les Siennois m'ont choisi unanimement pour leur

---

(1) *Le Prediche volgari*, t. II, p. 69, 70.
(2) TRAVERSARII *Epist.*, xxxix.

évêque. Cela ne vous paraît-il pas très bien? — Oh! mon Père, répond le Frère, n'allez pas perdre tout ce que vous avez gagné en instruisant les peuples, pour la vanité d'une si petite chose et pour un bien qui n'est qu'une ombre. — Quoi donc! si les Milanais, qui m'aiment plus que tout autre peuple, me nommaient leur archevêque, serait-ce aussi à dédaigner? — Oui, je crois qu'il faut le mépriser d'autant plus que c'est plus grand, si vous ne voulez couvrir d'opprobre vous et tous ceux qui, sur vos traces, annoncent la sainte parole de Dieu. — Eh quoi! si le Pape me nommait patriarche, est-ce que vous ne me conseilleriez pas d'accepter? » — Alors le Frère attristé : « Je vois que votre esprit penche vers les vanités du monde et que vous voulez leur sacrifier et l'amour des peuples que vous aviez acquis par un si grand travail, et la grâce de Dieu. — Mais enfin si je suis fait cardinal, dois-je aussi le mépriser? » Cette fois, le pauvre Frère ne peut se défendre d'être lui-même ébloui par l'éclat d'une telle dignité : « On ne saurait, dit-il, persister plus longtemps à refuser. Qui n'est pas séduit par un pouvoir si élevé? Allons, mon Père, dénouez votre corde et exécutez-vous. » Alors Bernardin, jugeant le moment venu de mettre fin à ce jeu, gourmande vivement son compagnon, lui enseigne que les dignités sont d'autant plus périlleuses qu'elles sont plus hautes, et que, par conséquent, ce sont celles-là qu'il faut surtout mépriser. « Quant à moi, ajoute-t-il, je suis résolu à refuser non seulement l'épiscopat, le patriarcat, le cardinalat, mais la papauté même, et je me trouve beaucoup plus riche et plus heureux dans la vie humiliée et pauvre de saint François que dans les plus hautes positions (1). »


## II


Tandis qu'il était à Rome, Bernardin avait su qu'on le désirait vivement à Sienne, où les divisions et les désordres, apaisés par lui en 1425, avaient reparu. Avant de se rendre à cet appel, il voulut attendre que l'affaire de l'évêché fût bien définitivement écartée, de peur que sa présence ne fournît occasion aux Siennois d'exercer une pression sur lui. Il n'arriva donc à Sienne que le 14 août 1427. Dès le lendemain matin, il montait en chaire sur la *Piazza del Campo*, et continua

_______

(1) Maphæus Vegius.

ses sermons, quarante-cinq jours de suite (1). Il ne cacha pas à ses concitoyens quels fâcheux rapports lui avaient été faits sur leur compte. « A cause de l'amour que je vous porte, leur disait-il, tout ce que j'entendais sur vous, qui n'était pas à votre honneur, me portait un coup, *m'era una bombarda.* » Il leur reprochait d'être revenus, avec leur mobilité accoutumée, aux mauvaises pratiques dont il les avait corrigés, et déclarait que, de toutes les villes où il avait prêché, nulle n'était autant retombée dans ses vieux errements. Mais il voulait la guérir. « Si je fais du bien aux autres, s'écriait-il, est-ce que je ne suis pas tenu, plus encore, d'en faire à mes compatriotes (2)? » De là, la charité vigilante avec laquelle il toucha, l'un après l'autre, tous les points malades. L'effet en fut bienfaisant. Comme ils avaient déjà fait deux ans auparavant, les magistrats confirmèrent l'œuvre du prédicateur par de nouveaux décrets de réforme (3).

---

(1) Ce sont ces quarante-cinq sermons dont on a retrouvé une sorte de sténographie, et qui ont été publiés de 1884 à 1888, sous ce titre : *Le Prediche volgari di San Bernardino da Siena, dette nella piazza del Campo, l'anno MCCCCXXVII, ora primamente edite da* LUCIANO BANCHI, 3 vol. J'ai déjà eu l'occasion de citer cette curieuse publication, et je serai conduit à en parler avec plus de détails.

(2) *Le Prediche volgari*, t. II, p. 69, 282, 284.

(3) Cf. une brochure intitulée : *Sopra un codice cartaceo del*

Durant les quatre années qui suivirent, de 1427 à 1431, Bernardin continua sa vie errante à travers la Toscane, la Lombardie, la Romagne, la Marche d'Ancône, évangélisant les campagnes comme les villes, allant de préférence à ceux qui avaient le plus souffert de la guerre, de la famine, de la peste, ou à ceux chez lesquels le christianisme était le plus affaibli. Établir avec quelque précision la suite chronologique de ces prédications, serait malaisé et de peu d'intérêt; les vieux biographes n'attachaient guère d'importance à ces questions de date; ils se bornent à constater le bien accompli par notre saint et comment il savait vite attirer et toucher ceux-là mêmes « qui étaient, pour les choses de religion et de dévotion, durs comme la pierre (1) ».

secolo *XV, Observazioni critiche dell'* Ab. Luigi de Angelis (Colle, 1820). L'influence exercée par Bernardin sur le gouvernement et l'administration de Sienne devait persister. Ainsi, en 1439, alors que notre saint était près de la ville, au couvent de la Capriola, les magistrats prirent, évidemment sous son inspiration, de nouvelles mesures pour étouffer les dissensions; ils interdirent notamment l'emploi des surnoms alors en usage de *Chiassa et Graffio, « perchè,* disaient-ils, *suonavano parzialità e divisione »*; tous ceux qui se serviraient de ces surnoms devaient être poursuivis devant les recteurs de la cité et condamnés à ne pouvoir entrer, pendant trois ans, sous peine de cent livres d'amende, dans le palais des *Magnifici signori. (Spoglio delle deliberazioni del Consiglio della Campana.)*

(1) Voir sur l'effet produit par les sermons prononcés à Forli,

Tantôt Bernardin s'adressait à des populations qu'il n'avait pas encore visitées, tantôt il retournait à celles dont il avait commencé la conversion dans les années précédentes. Quelques-unes lui étaient particulièrement chères ; tels les Milanais qui avaient eu, en 1417, les prémices de son apostolat et qui, depuis, s'étaient toujours montrés plus avides que tous autres de l'entendre (1). Philippe-Marie Visconti, en dépit de ses vices et de son impiété, se félicitait que son peuple eût le bienfait d'une sainte prédication, tout comme, sans être lettré, il jugeait honorable et habile de posséder à sa cour l'humaniste Filelfo. Ce n'est pas cependant que l'arrogance du despote ne se heurtât parfois à la liberté de l'apôtre. A l'un de ses séjours, je ne saurais préciser lequel, Bernardin croit devoir s'élever, en chaire, et devant le duc lui-même, contre sa prétention d'exiger, pour ses ordonnances, des honneurs presque divins ; il met le peuple en garde contre cette sorte d'idolâtrie et l'exhorte à ne pas accorder aux hommes, dont la

du 29 mars au 2 juillet 1431, la chronique contemporaine écrite par un habitant de cette ville. (*Miscellanea francescana*, t. V, p. 33, 34.)

(1) « *Mediolanum sæpius, cujus memoria ex animo minimè deleri poterat, revisebat.* » (Maphæus Veggius.) — « *Ita gratè illum Mediolanensis populus audiebat ut nullum alium majori aviditate unquam audiverint.* » (Bernabæus.)

grandeur est toujours si vaine, le culte dû à Dieu
seul. Fort irrité, Philippe-Marie fait menacer Bernardin, s'il ne s'abstient de semblables discours,
de l'enlever de sa chaire et de lui infliger les plus
cruels supplices. Le saint rit de ces menaces qu'il
rapporte au peuple dans le sermon suivant; il
supplie ses auditeurs de ne pas le défendre, se déclare prêt à subir le martyre pour la vérité; puis,
reprenant sa thèse, il blâme de nouveau l'usage
sacrilège qu'on tentait d'établir (1). Intimidé par
cette fermeté, le duc n'ose recourir à la force;
mais, y substituant l'astuce, sur le conseil d'un
de ses courtisans, il envoie au moine une grande
somme d'argent, avec invitation d'en user à son
gré et selon ses besoins. Son calcul était de
le dénoncer au peuple, s'il acceptait, comme un
homme qui ne pratiquait pas la pauvreté qu'il
prêchait. Le saint refuse. Nouvelle ambassade,
avec prière d'accepter l'argent au moins pour
l'usage de ses Frères et pour la construction d'un
monastère. L'offre n'a pas plus de succès. « Mais

(1) Cette indépendance et cette fermeté n'étaient pas rares
chez les prédicateurs de ce temps. Frère Maillard, en France,
ayant déplu, par la liberté de sa parole, à Louis XI, celui-ci
menaça de le faire jeter à la rivière, cousu dans un sac. Le moine
répondit au messager du Roi, en faisant allusion à la récente
création des postes : « Va dire à ton maître que j'arriverai plus
tôt au ciel, par eau, que lui par ses chevaux de poste. »

que voulez-vous donc, s'écrient les envoyés, que nous fassions de cette somme? Nous avons ordre de ne pas la rapporter. — S'il en est ainsi, répond Bernardin, suivez-moi. » Il se dirige alors vers la prison pour dettes, paye ce qui est dû par les détenus et les rend à la liberté. Deux seuls restent que la somme remise n'a pas suffi à délivrer. Comme ils se lamentaient : « Ne vous laissez pas abattre, leur dit le saint religieux, ému lui-même, je vais m'occuper de vous libérer, et, si je ne puis y parvenir, je me constituerai prisonnier à votre place. » A peine le peuple a-t-il appris ce qui vient de se passer, qu'une collecte est faite qui fournit la somme nécessaire. Cependant le duc, ne voyant pas, cette fois, revenir son or, triomphait déjà et disait à ses courtisans : « Le Frère, en parole, tient l'argent pour rien; dans la réalité, il en use différemment. » Au retour de ses messagers, force lui est de reconnaître qu'il s'est trompé, et, répudiant tout soupçon et tout ressentiment, il loue hautement l'homme de Dieu.

Si Bernardin savait au besoin user de cette fermeté avec les princes, il n'était nullement dans ses habitudes d'affecter à leur égard l'attitude de tribun où se complaisaient parfois les prédicateurs du Moyen âge. Jugeait-il à propos, — ce qui lui arriva en effet plus d'une fois, — d'enseigner aux gouvernants leurs devoirs, il disait simplement toute la vérité, sans souci de plaire ou de déplaire, mais se renfermait dans son office de moraliste chrétien, absolument étranger à la politique et supérieur aux partis (1). Maphæus Vegius lui fait honneur de ce qu'il parlait toujours avec réserve des grands et des hommes revêtus du pouvoir; il eût craint, par un autre langage, d'exciter les troubles que partout il s'appliquait à réprimer, et il ne voulait pas, pour un avantage quelconque, risquer de produire un scandale. « Conduite d'autant plus digne de louange, ajoute Vegius, qu'elle est plus rare chez les prédicateurs; tant il est difficile à celui qui parle sur beaucoup de sujets, devant beaucoup de gens, de garder toujours la mesure. »

Même mesure, non moins rare alors, à l'égard des autorités religieuses. Et cependant, en l'état où se trouvait l'Église au sortir du grand schisme, les sujets n'eussent pas manqué à la satire ou à l'invective. Bernardin s'en abstient. Il profes-

(1) Bernardin professait que les religieux devaient se tenir éloignés des fonctions civiles, et, dans un sermon prononcé à Sienne, en 1427, il s'élevait contre la coutume, établie dans cette ville, de confier à un religieux camaldule l'office de Camerlingue de la Commune. (*Le Prediche volgari di San Bernardino da Siena, edite da* LUCIANO BANCHI, t. III, p. 217.)

sait qu'en semblable matière, le défaut de discrétion pouvait faire un grand mal. « Tel prédicateur, disait-il, s'attaque aux désordres les plus énormes, foudroie les coupables; qu'il introduise dans son discours quelque chose contre le clergé : aussitôt tout ce qui a été dit de plus grave contre des pécheurs scélérats est perdu de vue; on ne se souvient que de ce qui a été dit contre les prêtres; cela circule de bouche en bouche, comme une fable; on ne l'oublie plus. Voici plus étrange encore. Si le peuple souffre, au sermon, de l'ennui, du chaud ou du froid, et que le prédicateur profère ou annonce seulement un petit mot contre les prêtres, contre les prélats et contre les religieux, aussitôt les dormeurs s'éveillent, les ennuyés s'égayent; pour ceux qui souffraient du chaud, la chaleur s'est changée en fraîche rosée; pour ceux que le froid tourmentait, à l'hiver a succédé l'été ou le printemps; ils en oublient la faim et la soif. Et, ce qui est pis encore, les pécheurs les plus criminels deviennent, à leurs propres yeux, des justes et des saints, quand ils se comparent au clergé (1). »

Parmi les prédicateurs contemporains, il est facile d'en trouver qui, par le contraste de leur

_______

(1) *Sancti Bernardini Senensis Opera*, t. I, p. 101.

propre intempérance, font ressortir davantage encore la sagesse de Bernardin. Tel un certain Thomas Couette, religieux carme, dont, au rapport d'un
chroniqueur du temps, les sermons « moult longs »,
prononcés devant des auditoires de seize et vingt
mille personnes, faisaient grand bruit, en 1428,
dans les Flandres, l'Artois et l'Amiénois. Il s'attaquait « par especial » aux « vices et péchés des
nobles et gens d'Église ». Non content de dénoncer,
comme tant d'autres, les excès du luxe et particulièrement l'extravagance des coiffures féminines,
il ameutait les enfants contre les belles dames, les
faisait crier après elles : Au hennin! et provoquait
de violentes bagarres. Ainsi était-il devenu en
grande faveur auprès du menu peuple. Des foules
immenses, auxquelles se mêlaient les notables en-
traînés ou intimidés, se portaient au-devant de lui,
arrachaient, pour s'en faire de pieuses reliques, les
poils de son âne, et lui « faisoient révérence et
honneur, comme on eust pu faire à ung des apostles
de Notre Seigneur Jhesucrist ». Mais ce grand
triomphe, ce « règne », — c'est le mot dont se sert
la chronique, — devait mal finir. Peu d'années
après, en 1432, Couette, étant allé continuer, en
Italie, ses déclamations contre le clergé et y ayant
mêlé des propositions malsonnantes sur l'excom-

munication, fut, assure-t-on, poursuivi à Rome et
brûlé comme hérétique (1).

La paix est toujours la principale préoccupation
de Bernardin ; partout où il la voit en péril, il
accourt. En 1431, il prêchait dans la marche d'Ancône, quand lui arrive la nouvelle que les Siennois
unissent leurs armes à celles du duc de Milan pour
attaquer Florence et menacer les États de l'Église.
Il interrompt sa prédication et court à Sienne, « sa
très douce patrie qu'il a tant aimée pendant toute
sa vie », dit son vieux biographe ; il confère avec
les magistrats, parle au peuple, montre à tous les
dangers et l'injustice du parti qu'ils ont pris, et
fait tant, par ses sermons comme par l'autorité de
sa sainteté, qu'il amène ses compatriotes à rompre
l'alliance avec le Visconti et à renoncer à la guerre.
Ce résultat obtenu, il retourne dans la Marche,
pour y reprendre sa prédication interrompue.

Chez les peuples témoins de cette vie, l'admiration et la vénération pour Bernardin allaient grandissant. De nouveaux miracles paraissaient d'ailleurs une confirmation donnée par Dieu même
de la sainteté du religieux. L'évêché de Ferrare,

(1) *La Chronique d'Enguerrand de Monstrelet,* éd. par la Société
de l'Histoire de France, t. IV, p. 303 à 306. — *Histoire littéraire
de la France,* t. XXIV, p. 379.

peut-être aussi celui d'Urbin, lui furent offerts;
il les refusa comme naguère celui de Sienne. Plus
il acquérait de gloire, plus son langage, sa tenue,
sa démarche, jusqu'à son port de tête témoignaient
que, loin de se croire la moindre supériorité, il
s'estimait au-dessous des autres, sans rien d'affecté,
mais avec l'aimable et courtoise simplicité qui le
distinguait. On le voyait se soumettre à des novices
et demander conseil à des inférieurs. Au Frère Vincent, qui l'accompagnait d'ordinaire, il avait donné
ordre de ne jamais le louer pour ses prédications,
et au contraire de relever tout ce qui lui paraîtrait blâmable. Un religieux de son Ordre lui
demandait un jour le moyen le plus facile de bien
remplir les devoirs de son état; il lui répondit ces
seuls mots : « En bas, en bas ! » et en même
temps il inclinait tout son corps vers la terre, voulant signifier, par sa parole et son geste, que tout
était dans l'abaissement volontaire.

On eût dit que Dieu lui-même avait souci
d'entretenir et d'exercer l'humilité de son serviteur. Vers 1431, au moment où la réputation de
Bernardin semblait le mieux assise, éclatait une
crise nouvelle qui la remettait en péril. Pour la
seconde fois, il se voyait accusé de pratiques hérétiques.

## III

A vrai dire, les adversaires de Bernardin, bien que déboutés par Martin V, n'avaient jamais complètement désarmé. Prêchant à Sienne, quelques mois après le jugement du Pape, notre saint s'était plaint, dans plusieurs de ses sermons, que l'on continuât à attaquer, même du haut de la chaire, sa doctrine sur le nom de Jésus. Il repoussait hautement ces attaques, et, avec une autorité qui se sentait appuyée par le Saint-Siège, il maintenait solennellement son enseignement. « Je sais, disait-il, que je vous ai prêché la vérité sur ce nom divin. » Il comparait ses « détracteurs » à « ceux qui mettent des épines au tronc du poirier pour empêcher que les gamins ne montent dessus ; ainsi entourent-ils d'épines le pied du bon arbre, pour qu'on n'en puisse pas goûter les fruits ». A l'entendre, ces « envieux », ces « semeurs d'erreurs » étaient plus nombreux dans sa propre patrie que partout ailleurs. « Allez donc, s'écriait-il, contredire, à Pérouse, à Rome, ou en d'autres lieux, la doctrine que je prêche, et vous verrez ce qu'on vous répondra!... On ne me dit jamais rien, quand je suis là, ajoutait-il; mais, une fois que je suis parti, combien on parle contre moi! » Aussi ne se lassait-il pas de sommer ceux qui voulaient le contredire, de le faire tout de suite, en sa présence, au lieu de l'attaquer par derrière, en trahison. Quant à lui, ce qu'il avait dit, il se faisait honneur de l'avoir dit hautement, clairement, sur la place publique. Il enjoignait à ses auditeurs de ne pas écouter les prédicateurs qui viendraient après coup le combattre, promettant, s'il était informé de quelque chose de ce genre, de quitter aussitôt tout pour venir se défendre. Il déclarait, en effet, consentir à ce qu'on dît du mal de sa personne, mais non de sa doctrine sur le nom de Jésus, car l'affront serait fait à Jésus lui-même; pour cela, il ne pouvait être patient, pas plus qu'il ne supporterait qu'on insultât l'hostie consacrée, tandis qu'il la tenait en ses mains, pendant la messe. « *Ut parturiens clamabo,* disait-il; je veux crier comme celle qui enfante, et ainsi j'ai déjà crié (1). »

(1) *Le Prediche volgari, edite da* Luciano Banchi, *passim.* — Cf. notamment t. I, p. 188; t. II, p. 253, 282, 285, 415 et sq. — Dans ces sermons de Sienne (t. II, p. 416), Bernardin avait dû mettre ses auditeurs en garde contre ceux qui, par une étrange méfiance à l'égard du nom de Jésus, voulaient qu'on y adjoignît toujours celui de Christ, et qui corrigeaient dans ce sens l'*Ave Maria* et plusieurs passages de l'Évangile. C'étaient sans doute ces

Un tel langage avait dû en imposer aux adversaires. D'ailleurs, ceux-ci, tant que Martin V vivait, ne pouvaient se flatter de le faire revenir sur le solennel jugement qu'il avait rendu en 1427. En février 1431, Martin V meurt et est remplacé par Eugène IV. Chez le nouveau pontife, moine austère et pieux, rien ne fait présager des dispositions moins favorables à Bernardin; cardinal, il lui a témoigné affection et estime. Mais aussitôt sur le trône, il se trouve aux prises avec les plus graves difficultés : turbulence et complots des Romains qui l'obligeront bientôt à s'enfuir de Rome; inimitié du puissant et perfide Philippe-Marie Visconti; enfin et surtout, réunion

mêmes gens qui affectaient de croire que Bernardin et ses partisans supprimaient le nom de Christ pour ne conserver que celui de Jésus. On trouve trace de cette prétention d'opposer l'un des noms du Sauveur à l'autre, dans une lettre du célèbre humaniste Poggio à un autre érudit, Francesco Barbaro. En se mêlant à cette querelle toute théologique, ce sceptique épicurien n'obéissait probablement qu'à son antipathie contre les moines. Poggio, dans sa lettre, félicitait Barbaro, qui était d'ailleurs beaucoup meilleur catholique que lui, de ce qu'il s'était décidé à joindre le nom de Christ à celui de Jésus. « Je me réjouis, lui disait-il, de ce que tu es enfin devenu chrétien, en abandonnant cette *jésuiterie (relictâ illâ jesuitate)* que tu inscrivais en tête de tes lettres. Ainsi tu t'es écarté de l'impudence de ceux qui, s'attachant au seul nom de Jésus, ont formé une nouvelle secte d'hérétiques et ont cherché, en grandissant ce nom, à se faire une réputation auprès du vulgaire, de la plèbe ignorante, dont ils sollicitent les dons. » (Poggii *Epistolæ*, éd. Tonelli, lib. III, ep. 26.)

du concile de Bâle qui laisse tout de suite voir les prétentions usurpatrices contre lesquelles le Pontife sera réduit à combattre pendant tout son règne. Les ennemis de Bernardin se flattaient-ils qu'un pape absorbé par de telles luttes serait plus facile à surprendre? Toujours est-il que, peu après son avènement, ils relèvent la tête et recommencent leurs attaques.

Cette fois encore, c'est à Sienne que ces attaques se produisent. A peine, en 1431, Bernardin a-t-il quitté cette ville, après l'avoir détournée de servir les mauvais desseins de Visconti, qu'il apprend que des prédicateurs y contredisent sa doctrine sur le nom de Jésus. Il n'hésite pas, retourne à Sienne, monte en chaire et réfute les critiques, avec fermeté, mais sans amertume. Convaincus par sa parole, le clergé et les magistrats ordonnent des prières et des manifestations solennelles en l'honneur du nom sacré.

De Sienne, Bernardin se rend à Bologne, où il parle si bien de ce nom, que les chanoines en font peindre magnifiquement les caractères sur un grand tableau et placent ce tableau au-dessus du maître-autel de l'église San Petronio. Irrités de cette démonstration, les adversaires crient à l'hérésie et, le prédicateur parti, l'attaquent en chaire.

L'inquisiteur Ludovico Pisano, gagné à leur cause, ordonne d'effacer du tableau les lettres saintes et d'y substituer l'image du crucifié. L'émotion et le scandale sont grands parmi les chanoines et dans le peuple. Le Pape, informé, adresse des reproches sévères à l'inquisiteur et lui prescrit de rétablir sur l'autel un tableau où les lettres du nom de Jésus surmonteront le Christ en croix.

Les incidents de Sienne et de Bologne n'étaient que des escarmouches préliminaires. C'est à Rome même que, cette fois encore, les ennemis de Bernardin essayent de lui porter le coup décisif. Profitant de ce que Martin V avait concédé au Promoteur de la Foi pouvoir d'entreprendre, sans bruit et sans formes judiciaires, des poursuites contre les personnes suspectes d'hérésie, ils obtiennent que le promoteur Michael Plebano agisse dans ces conditions contre Bernardin et ses fauteurs, et que le jugement soit confié au cardinal Jean de Casanova, des Frères Prêcheurs. L'affaire est poussée avec grande rigueur. Le cardinal, après avoir entendu de faux témoins produits par Michael, lesquels déposent des actes d'hérésie, des excès et des scandales imputés aux accusés, cite ceux-ci, par lettre du 24 novembre 1431, à comparaître devant lui. Bernardin et ses frères se rendent à cette citation. L'accueil qu'ils reçoivent, les affronts qu'on leur fait. ne sont pas pour leur laisser d'illusions sur les sentiments du juge. Le calme du saint n'en est pas troublé. Des audiences, il sort tout joyeux d'avoir été jugé digne de souffrir pour le nom de Jésus (1).

Le procès a été mené si secrètement que le Pape n'en a rien su. Cependant, au dehors, les amis de Bernardin s'émeuvent. Les Siennois envoient à Rome, avec mission de prendre en main la cause de leur illustre compatriote, un ambassadeur spécial; celui-ci se concerte avec le cardinal Cassini, ancien évêque de Sienne, pour avertir et éclairer le Pape. Eugène IV, justement indigné du coup monté contre un religieux qu'il a pu apprécier lors de la première accusation, n'hésite pas à interposer son autorité. Par une bulle en date du 7 janvier 1432, il annule les poursuites (2). Le Pontife constate, dans cette bulle. que le procès a été entamé à son insu et sans son agrément (*sine scitu et voluntate nostrâ*); il note que les témoins ont fait de fausses et méchantes dépositions (*minus veraciter et improbe deposuerunt*); puis il ajoute :

(1) « *Imo gaudens ibat a conspectu concilii, quoniam dignus habebatur pro nomine Jesu contumeliam pati.* »

(2) Le texte de la Bulle a été publié par Wadding, *Annales Minorum*, t. **X**, 190.

« Nous avons su d'une manière indubitable, par des témoins graves, que Bernardin de Sienne, de l'Ordre des Frères Mineurs, était regardé et considéré comme un homme de bon renom, d'une vie digne de louange, pieux et vertueux; que non seulement il est catholique et chrétien fidèle, mais encore ennemi ardent de l'hérésie; que, par l'intégrité de sa vie, par un louable enseignement de la parole de Dieu et par les fruits salutaires de ses bonnes œuvres, il est devenu un prédicateur illustre et un docteur irréprochable dans presque toute l'Italie et au delà; qu'il est connu et compte communément parmi les hommes les plus fameux de notre époque qui annoncent la divine parole; que jamais il n'a été, comme on le prétend, accusé d'hérésie par des hommes honorables et sérieux; que bien plus, au su de tous, il s'attache, de toutes ses forces, aux traditions et à la doctrine de l'Église romaine, des souverains pontifes, des docteurs et des Pères, enseigne et prêche tout ce que cette même sainte Église, la mère des autres, ordonne et enseigne, ne s'en éloigne en aucun point, porte les fidèles à obéir, comme il a coutume de le faire lui-même avec humilité, à ses préceptes et à ses ordres aussi bien qu'aux nôtres. Nous donc, désirant voir le même Bernardin s'appliquer à ses saintes prédications et autres œuvres divines, avec d'autant plus de liberté qu'il sera plus entièrement à l'abri des attaques odieuses dont nous avons parlé,... pour les raisons exposées et d'autres à nous particulières, avec une connaissance parfaite de cette cause, de ces insinuations, de l'origine des moyens employés dans cette affaire et de tout ce qui a rapport soit anciennement, soit présentement, à cette citation, par la teneur des présentes, nous abolissons, cassons et déclarons nulles toutes ces choses... » Pour le coup, on pouvait dire : *Causa finita est.* L'acharnement des accusateurs de Bernardin n'avait abouti qu'à lui valoir, pendant sa vie même, de la part du chef de l'Église, une glorification comme les saints n'en obtiennent d'ordinaire qu'après leur mort (1).

(1) Les opposants devaient cependant tenter encore un dernier effort. Repoussés par Eugène IV, comme ils l'avaient été par Martin V, ils s'adresseront au concile de Bâle, en lutte avec le Pape. En 1438, un religieux augustin y dénonce Bernardin, à raison du culte des tablettes portant le nom de Jésus. Mais, sur l'affirmation de l'un des Pères que ce culte a été interdit par Martin V et que, depuis, Bernardin y a renoncé, l'affaire n'a pas de suite. (*Historia concilii Basilensis*, par AUGUSTINUS PATRICIUS, cap. 79, reproduit par LABBE, *Concilia*, t. XIII. 1561.) L'interdiction alléguée n'était pas exacte, pas plus que l'abstention de Bernardin : elles sont en contradiction avec tous les faits rapportés ci-dessus ; les Bollandistes constatent, comme moi, cette inexactitude. (Cf. la vie de saint Jean de Capistran, au t. X du mois

## IV

Avant même cette seconde approbation du Saint-Siège, la dévotion au nom de Jésus était devenue fort populaire, non seulement en Italie, mais dans les autres pays de la chrétienté. Dès le 8 juin 1427, peu après la décision de Martin V, dans un chapitre général des Frères mineurs, tenu à Verceil, pour proclamer le triomphe de Bernardin, les religieux avaient été invités à propager partout cette dévotion (1). Parmi ceux qui s'y appliquèrent, il convient de noter le Frère Richard, prédicateur populaire et patriote, fort en faveur en

d'octobre.) Cet incident témoigne seulement de l'équivoque, déjà signalée, qui avait été jetée volontairement ou non sur la décision de Martin V. (Cf. ci-dessus, p. 119.) Peut-être est-ce à la même fausse interprétation que faisait allusion Poggio, quand, dans une lettre non datée, il louait Bernardin « d'avoir renoncé à la seule chose qui avait été jugée en lui un peu répréhensible ». (POGGII *Epistolæ*, éd. Tonelli, lib. IX, ep. 3.)

(1) Ce fait est rapporté par M. Siméon Luce, dans son livre sur *Jeanne d'Arc à Domremy*, p. 243. Wadding parle de ce chapitre. mais n'en avait pas retrouvé les actes. — A propos du livre de M. Siméon Luce, disons que certaines assertions de ce livre, relatives aux Dominicains, doivent être confrontées avec la réfutation qu'en a faite le R. P. Chapotin, des Frères prêcheurs, sous ce titre : *La guerre de Cent ans, Jeanne d'Arc et les Dominicains.*

France, à l'époque de la mission de Jeanne d'Arc.
A Troyes en 1428, à Paris en 1429, à Orléans
en 1431, par sa verve tour à tour joviale ou pathétique, il retient des milliers d'auditeurs, pendant
cinq et six heures de suite, autour de sa chaire
généralement élevée sur la place publique, les
excite à la pénitence, fait brûler les atours des
femmes et les « jeux de plaisance », « tournant
plus le peuple à dévocion que tous les sermonneurs
qui, depuis cent ans, avaient presché »; il recommandait, comme sauvegarde dans les périls de
l'heure présente, de petites médailles de plomb
portant le trigramme du nom de Jésus tel que
Bernardin avait l'habitude de le représenter (1). A
la même époque, sainte Colette, en pays picard et
bourguignon, prenait le nom de « Jhesus » comme
devise de la réforme qu'elle suscitait dans l'Ordre
franciscain : ce mot, tantôt seul, tantôt joint à
celui de Maria, était inscrit en tête ou à la fin de
ses lettres, parfois également au-dessus de l'adresse.
Jeanne d'Arc, qu'on a prétendu, sans preuve jus-

(1) *Journal d'un bourgeois de Paris*, année 1429. — On a retrouvé
quelques-unes de ces médailles, et la *Revue archéologique* (nouvelle série, t. III, p. 432) en a donné une reproduction. Les
Parisiens, après avoir accepté volontiers ces médailles, les avaient
plus tard détruites ou jetées dans la Seine, quand ils avaient su
que Frère Richard était avec les Armagnacs.

qu'ici suffisante, avoir été affiliée au tiers ordre de Saint-François, mais qui, en tout cas, a eu des rapports affectueux avec les Frères mineurs, avait aussi adopté le culte du nom divin ; ce nom était, avec celui de Maria, peint sur son étendard, gravé sur son anneau et inscrit en tête de ses lettres (1). Un petit dessin à la plume, tracé sur un registre du parlement de Paris, représente Jeanne d'Arc tenant à la main un étendard et, sur cet étendard, le trigramme conforme au type de saint Bernardin (2). La dernière parole de la Pucelle, brûlée vive le 30 mai 1431, fut une invocation au nom de Jésus, et l'un des témoins du procès de revision rapporte « avoir entendu dire que le nom de Jésus apparut inscrit dans la flamme du bûcher ».

Le nouvel et éclatant triomphe remporté en 1432 par Bernardin sur ses accusateurs imprime un élan plus puissant encore à cette dévotion. Ses disciples se donnent pour mission de la répandre partout : saint Jean de Capistran (3) expose les tablettes à la vénération des foules immenses qu'en Italie, en France, en Allemagne, il attire par sa

(1) Cf. Siméon LUCE, *Jeanne d'Arc à Domremy.*

(2) Ce dessin est reproduit dans le beau livre que les RR. PP. Capucins ont publié, à la librairie Plon, sur *Saint François d'Assise.*

(3) 1385-1456.

parole, et il invoque le nom sacré, quand il conduit avec Hunyade les croisés contre les Turcs; par la vertu de ce nom, saint Jacques de la Marche (1) guérit les malades; le Bienheureux Bernardin de Feltre (2), dans le centre de la Péninsule, le Bienheureux Mathieu de Girgenti (3), en Sicile, s'emploient à ce que ce nom soit gravé sur toutes les portes et mieux encore dans tous les cœurs; le Bienheureux Thomas Illyricus fait de même dans le midi de la France, et, suivant l'exemple de Bernardin, il détermine les fabricants de cartes à peindre des feuilles qui contiennent le nom de Jésus et que les habitants mettent en divers endroits de leurs maisons. Toujours au quinzième siècle, cette dévotion s'étend en Espagne, comme on en peut juger par la *Casa del Cordon,* à Burgos, maison ainsi appelée parce qu'au tympan de la porte est sculpté un cordon de Saint-François; au milieu, sont les armes du comte et de la comtesse de Haro, protecteurs à cette époque des Franciscains de l'Observance, et, au-dessus, le trigramme de saint Bernardin. Au seizième siècle, c'est ce même trigramme que saint Ignace de Loyola donne comme

(1) 1391-1476.
(2) 1437-1494.
(3) Mort en 1451.

armes à sa compagnie. Enfin, dans des temps plus modernes, le Franciscain saint Léonard de Port-Maurice (1), qui recommence, trois siècles après Bernardin, l'apostolat de l'Italie, porte, dans ses prédications, un étendard sur lequel le nom de Jésus est écrit en lettres d'or.

Dans les villes où Bernardin a laissé quelqu'une de ses tablettes, notamment à Sienne, Volterra, Bologne, Rome, Orte, Trévise, Camajore, etc., elles ont continué à être l'objet d'un culte qui, sur plusieurs points, s'est prolongé jusqu'à nos jours; confiées parfois à la garde de confréries, ces reliques étaient, à certains jours, solennellement portées en procession (2). Enfin, l'Église elle-même a fait place à cette dévotion dans sa liturgie. Saint Bernardin avait, croit-on, commencé à composer, en l'honneur du nom de Jésus, un office que compléta un de ses disciples, le Bienheureux Bernardin de Busti. En 1530, Clément VII, cédant aux instances déjà anciennes de l'Ordre des Frères mineurs, lui permit de célébrer, le 14 janvier, une fête spéciale consacrée à ce saint nom. Cette fête, accordée au diocèse

(1) 1676-1751.

(2) Dans une petite histoire populaire de saint Bernardin, publiée sous ce titre : *l'Apostolo dell' Italia nel secolo XV*, M. G. OLMI a réuni, sur ce sujet, des renseignements recueillis de divers points de la Péninsule, p. 273 à 335.

de Sienne en 1582, à celui de Florence en 1684, fut étendue, en 1722, à toute la chrétienté par Innocent XIII, sur la demande de l'empereur Charles VI, et fixée au deuxième dimanche après l'Épiphanie.

Telle a été la destinée de la dévotion que Bernardin avait inaugurée, au milieu de contradictions si ardentes. Il en apparaît, aux yeux de tous, comme le fondateur. Dans les nombreux portraits qui ont été faits de lui au quinzième et au seizième siècle, et qu'on voit partout en Italie, il porte presque toujours, de ses deux mains, une tablette, le plus souvent carrée, quelquefois ronde, encadrée d'or, au milieu de laquelle sont les trois lettres **I H S** entourées de rayons : en haut du portrait, quelque exergue comme celui-ci : « *Manifestavi nomen tuum hominibus.* » De ces peintures, on peut rapprocher deux belles médailles de Bernardin, gravées, peu après sa mort, par Antonio Marescotti, sculpteur ferrarais : toutes deux ont d'un côté le buste du saint, de l'autre le trigramme entouré de rayons ; l'une a pour devise : « *Manifestavi nomen tuum hominibus* » ; l'autre, ces mots : « *In nomine Jhe omne genu flectatur celestium. terrestriv. inferno* (1). » Aussi comprend-on qu'un

______

(1) Cf. la troisième livraison de l'ouvrage de M. A. HEISS, *Les Médailleurs de la Renaissance*, pl. IV, nᵒˢ 2 et 4.

vieux chroniqueur italien, voulant résumer l'œuvre
de notre saint, dise avec un laconisme énergique :
« *Bernardino percorre l'Italia, portando Gesù* (1). »


V


Cette année 1432, au début de laquelle Bernardin a été comblé des éloges du Pape, nous
le montre, à la fin, traité en ami par le chef du
Saint-Empire romain. Le César allemand n'était
plus, il est vrai, ce que l'Italie l'avait connu
du onzième au treizième siècle, alors que son
prestige balançait celui du Pape. La déchéance
datait de la défaite des Hohenstauffen. Les empereurs qui, depuis lors, étaient descendus dans la
Péninsule, y avaient fait figure d'aventuriers impuissants, besogneux, sans soldats ni argent, ne
suivant aucun grand dessein politique, se bornant
à battre monnaie avec les privilèges qu'ils se
croyaient encore le droit de conférer.

Sigismond gouvernait l'Empire, depuis vingt et
un ans, avec le titre de roi des Romains, quand,

(1) UGOLINI, *Storia del ducato di Urbino*, cité par MURATORI,
t. XXI.

en 1432, il avait passé les Alpes pour tâcher de se faire sacrer empereur. Mais il s'était échoué à Sienne, négociant sans grand succès avec le Pape qui lui reprochait d'être allié à Visconti et d'appuyer le Concile de Bâle, trop faible pour s'ouvrir de force la route de Rome, entre les troupes hostiles de Florence et de Venise. C'est pendant ce séjour à Sienne qu'il se trouva connaître Bernardin. Quelle fut l'origine de leurs relations? Est-ce le religieux qui fut conduit vers le prince, pour démentir certains faux rapports? Est-ce le prince qui se montra curieux de voir un prédicateur si célèbre? Sur ce point règne quelque incertitude. Ce que l'on sait, c'est que Sigismond se prit aussitôt du goût le plus vif pour Bernardin. Il ne pouvait se passer de lui, assistait à sa messe, à ses sermons, ou le faisait venir pour l'entretenir. Toute journée passée sans le voir était, disait-il, une journée sans lumière. Le saint, nullement ébloui de cette royale intimité, n'y cherchait qu'une occasion de donner au prince des conseils utiles au salut de son âme et au bien de l'Église.

Sigismond était à Sienne depuis neuf mois, quand, en avril 1433, ayant fourni à Eugène IV les satisfactions et les garanties demandées, il put enfin signer avec lui un accord qui rendait son couronnement possible. Il se mit aussitôt en route pour Rome, emmenant avec lui Bernardin. Le sacre eut lieu en grande pompe, dans la basilique vaticane, le 31 mai. Étranger aux fêtes célébrées à cette occasion, Bernardin employait son temps libre à évangéliser les divers quartiers de Rome.

Peu de jours après le couronnement, Sigismond reprit la route de ses États, toujours suivi de notre saint. Celui-ci, demeuré Frère mineur au milieu de la cour, n'avait voulu d'autre monture qu'un petit âne. La figure qu'il faisait ainsi, au milieu du brillant cortège, ne laissait pas que d'exciter parfois quelques railleries. Les biographes rapportent que comme il traversait, en cet équipage, la ville d'Aquila, un couvreur, du haut de son toit, se moqua de lui et lui cria ironiquement : « Où va donc ainsi notre pontife? » Aussitôt un grand vent s'élève et précipite sur le sol l'ouvrier. Celui-ci, grièvement blessé, se fait porter auprès du Frère, lui demande pardon et le prie de tracer sur lui le signe de la croix : ce que fait, il se relève complètement guéri.

Arrivé aux frontières de la Toscane, Bernardin put enfin prendre congé de l'Empereur qu'il laissait disposé par ses conseils à mieux servir l'Église. Après avoir vécu au milieu d'une cour, il avait hâte de retrouver le recueillement du cloître. Aussi fut-ce avec joie qu'il se dirigea vers ce cher couvent de la Capriola qu'il avait lui-même fondé, en 1405, à la porte de Sienne, et où il avait résidé plusieurs années, avant d'adopter la vie errante du missionnaire.

# CHAPITRE IV

## LES SERMONS

I. Bernardin se retire à la Capriola pour écrire ses sermons.
Œuvres de saint Bernardin, éditées par le P. de la Haye. Leur
authenticité. Pourquoi les sermons sont-ils rédigés en latin?
— II. Sujets des sermons publiés dans les Œuvres de saint
Bernardin. Le fond et la forme sont d'un théologien. Abus des
divisions et des citations de l'Écriture. Influence de la Scolastique sur la prédication. — III. Ces sermons ne sont pas ceux
que Bernardin a prononcés : ce sont des traités destinés à fixer
sa doctrine et à aider sa prédication ou celle des autres. —
IV. L'éloquence se fait jour à travers l'appareil théologique.
Citations diverses sur les pécheurs, le luxe, la pauvreté, la
paix, la Madeleine après la Résurrection. — V. Sermons écrits
par des auditeurs. Recueil des sermons prononcés, en 1427, à
Sienne, par Bernardin. Le scribe y note jusqu'aux petites digressions et aux moindres incidents. Il a dû se servir d'un procédé
tachygraphique. — VI. Les sermons recueillis sont bien de
Bernardin. Leur différence avec les sermons latins. C'est la
libre et vivante parole. L'orateur parle le langage qui convient au peuple. Similitudes, apologues et nouvelles. Que
faut-il penser de cette prédication populaire? Bernardin et
Maillard. — VII. Sujets divers traités dans les sermons de
Sienne. L'Assomption. La prédication. La médisance. Le mal
des partis. La paix. Les vanités féminines. Le commerce. Les
devoirs entre mari et femme. Les fêtes de Marie. Menace
des châtiments divins. Le condottiere. Derniers adieux. Ces
sermons font comprendre ce qu'était alors la prédication populaire.

# I

Rentré à la Capriola, Bernardin y mena, pendant environ trois années, jusque vers 1436, une vie sédentaire, comme il n'en avait plus connu depuis seize ans. Avec un homme aussi peu habitué à se ménager, le besoin de repos ne suffit pas à expliquer cette immobilité. Une autre raison l'avait décidé. Après les attaques qu'il venait de subir et la double approbation que lui avait donnée le Saint-Siège, il jugeait utile de rédiger ses sermons à tête reposée et de fixer ainsi sa doctrine avec une netteté qui ne permît plus de la dénaturer (1). Ce n'était pas moins qu'un vaste traité de

(1) On serait curieux de pouvoir pénétrer par la pensée dans la cellule où travailla ainsi notre saint. Aussitôt après sa mort, le 10 juin 1444, le gardien du couvent de la Capriola, assisté de trois gonfaloniers de la cité de Sienne, dressa un inventaire des objets à l'usage de Bernardin qui se trouvaient dans sa cellule : on y voit l'indication de ses lunettes, ainsi que des livres qu'il avait écrits ou dont il se servait pour ses études ; parmi ses manuscrits, notons celui qui est ainsi désigné : *Una bolla di Papa Eugenio che contiene la confermatione della sua vita e dottrina.* Cet inventaire, qui est conservé à l'*Archivio di Stato* de Sienne, vient d'être publié par le professeur Orazio Bacci : *Inventario degli oggetti e libri lasciati da S. Bernardino da Siena,* Castelfiorentino, tipogr. Giovanelli e Carpinetti, 1895.

théologie dogmatique et morale dont il entreprenait la composition. Il faisait cette œuvre pour s'aider lui-même dans ses prédications futures, et aussi pour aider tous ceux qui avaient charge de distribuer la parole sacrée (1). Il avait conscience de leur fournir ainsi des éléments plus sérieux, des matériaux plus solides que ceux qu'ils pouvaient trouver dans les manuels alors en usage. Aussitôt rédigés et publiés, les sermons de Bernardin se répandirent partout avec une rapidité extraordinaire; les biographes contemporains notent comment, non seulement en Italie, mais en France, en Espagne, en Allemagne, en Angleterre et jusqu'en Orient, les prédicateurs cherchaient à s'en procurer quelque copie et à s'en inspirer; c'était la source où tous venaient puiser, le modèle que chacun s'efforçait d'imiter. Robert de Lecce, sermonnaire très en vogue dans la seconde moitié du quinzième siècle, déclarait que ses confrères, et lui-même tout le premier, se piquaient d'imiter « la méthode et le style de Bernardin »; qu'ils étaient habitués à faire grand usage des discours compilés par lui, que souvent même ils se

---

(1) BERNABÆUS SENENSIS dit en parlant des « livres » que Bernardin rédigea à la Capriola : « *Eosque in lucem, ut reliquis ipsi prodessent, edidit.* »

bornaient à les réciter, et qu'ils obtenaient ainsi des fruits abondants (1).

Au dix-septième siècle, le Père Jean de la Haye, des Frères mineurs, publia en cinq tomes in-4° tout ce qu'il put alors réunir des œuvres de saint Bernardin (2). Ce recueil comprend évidemment les sermons rédigés à la Capriola, de 1433 à 1436; mais il en renferme plusieurs autres de date postérieure, tels que ceux de l'Avent *De christianâ vitâ*, où il est question de la mort du Frère Vincent, survenue seulement vers 1442 (3). Il appert en effet des témoignages contemporains que, dans les dernières années de sa vie, notre saint est revenu plusieurs fois à la Capriola, pour reviser et compléter la rédaction de ses œuvres.

La confrontation avec les manuscrits les plus anciens et les plus autorisés confirme, d'une façon générale, l'authenticité de la plupart des sermons ou traités publiés par le Père de la Haye (4).

(1) Voir le discours que Robert de Lecce a prononcé sur saint Bernardin, et qui est à la fin d'un volume intitulé : *Sermones Roberti de Licio, de laudibus sanctorum.*

(2) *Sancti Bernardini Senensis, ordinis seraphici Minorum, Opera omnia.* Il existe trois éditions de cet ouvrage : les deux premières ont paru à Paris et à Lyon, du vivant du Père de la Haye; la troisième a été publiée à Venise, en 1745. Les renvois que je ferai se rapportent à l'édition de Lyon (1650).

(3) *Sancti Bernardini opera*, t. III, p. 37 et sq.

(4) Cet examen de l'authenticité des Œuvres publiées par le

Toutefois, quelques parties, secondaires, il est vrai, sont apocryphes et à supprimer (1); d'autres, douteuses, seraient à examiner de près (2); certaines répétitions devraient disparaître (3); enfin il serait facile de trouver, dans les bibliothèques d'Italie, les manuscrits de sermons et d'opuscules qui ont été omis et qui seraient à ajouter. Il est donc à souhaiter qu'on entreprenne, quelque jour, pour les œuvres de notre saint, une édition critique, semblable à celle que mènent à fin, en ce moment, avec autant de science que de conscience, pour les œuvres de saint Bonaventure, les Fran-

Père de la Haye a été fait récemment, avec soin, par le P. Aloysius Tassi, des Frères mineurs, à l'occasion d'une demande adressée à Rome, en 1862, par le chapitre de son Ordre, pour faire déclarer saint Bernardin docteur de l'Église. Les différentes pièces de l'instruction ouverte à ce sujet, devant la Congrégation des Rites, ont été réunies dans un volume in-4°, imprimé à Rome en 1877. J'ai pu avoir communication de ce volume, qui n'est pas dans le commerce; il contient, outre la dissertation du P. Aloysius Tassi sur la question d'authenticité, la demande de l'Ordre des Frères mineurs avec apostilles d'évêques ou autres personnages ecclésiastiques, les observations du Promoteur de la Foi chargé de présenter des objections, enfin le morceau principal qui est la réponse faite par Mgr Ferrata à ces objections.

(1) Notamment un sermon *De Expugnatione paradisi*.

(2) Par exemple le carême *De Pugnâ spirituali* et les *Commentarii in Apocalypsim*.

(3) Voir une description des merveilles de l'univers, qui se trouve, à la fois, au t. I, p. 257, et au t. II, p. 343, ou bien des réflexions sur la conduite de la Madeleine, après la résurrection, qu'on rencontre identiques, au t. I, p. 307, et au t. II, p. 432.

ciscains du collège de Quaracchi, près de Florence (1).

Les sermons contenus dans les cinq tomes du Père de la Haye sont en latin, bien que Bernardin prêchât notoirement en italien. Il en est de même de presque tous les sermons publiés par leurs auteurs au Moyen âge. Les savants rédacteurs de l'*Histoire littéraire* en avaient même conclu qu'on prêchait alors en latin. Cette opinion ne tient plus devant les dernières recherches (2); il est aujourd'hui reconnu que, sauf quand ils s'adressaient exclusivement aux clercs, les sermonnaires se servaient de ce qu'on appelait la « langue vulgaire », seule comprise du peuple. C'est après coup, quand ils voulaient publier leurs discours, qu'ils les écrivaient en latin; ils eussent cru s'abaisser en usant, pour cette publication, d'une autre langue que de celle de l'Église et du haut enseignement. Berthold de Ratisbonne, fameux prédicateur du treizième siècle, ayant appris qu'on faisait circuler des sermons de lui rédigés en allemand, les publia

(1) Ce vœu d'une édition nouvelle des œuvres de Bernardin était exprimé, il y a quelques années, dans le *Kirchenlexicon*, par le savant Père Jeiler, qui est devenu, depuis, l'un des principaux collaborateurs de l'édition des *OEuvres de saint Bonaventure.*

(2) Cf. les travaux de MM. Lecoy de la Marche, Bourgoin, Aubertin, Langlois, Jansse, etc.

lui-même en latin ; il y joignit une préface où il se
plaignait de la publication en « langue vulgaire »,
la déclarait défectueuse et ajoutait que, pour connaître sa vraie doctrine, il fallait se reporter à la
version latine (1). Quand les prédicateurs croyaient
devoir écrire à l'avance, sinon le texte complet,
tout au moins le canevas de leurs discours, c'était
encore du latin qu'ils se servaient ; ainsi faisait
notamment saint Vincent Ferrier (2). Surgant, qui
composa, à la fin du Moyen âge, un *Manuale Curato-
rum,* fort répandu en Allemagne, recommandait de
concevoir d'abord les sermons en latin ; pour les
prononcer ensuite en langue vulgaire, le prédicateur était obligé de faire une sorte de traduc-
tion ; il y avait des vocabulaires, *vocabularii prœ-
dicantium,* pour l'aider dans ce travail, et les
manuels traitaient *de regulis vulgarisandi.* Pour
plusieurs, c'était une gêne d'employer une autre
langue que le latin : tel ce docteur de Sorbonne,
abbé du Mont Saint-Michel, qui, opinant en français
devant Charles VI, en 1406, lui disait : « Excusez-
moi, Sire, je n'ai pas faconde à mon plaisir, espe-
ciaulment en français : j'eusse eu moult plus cher

(1) Ce fait m'a été signalé par le Père Jeiler, l'éditeur des
Œuvres de saint Bonaventure.
(2) *Vie de saint Vincent Ferrier,* par le R. P. FAGES.

parler en latin (1). » L'usage du latin, pour les sermons publiés, a persisté même après saint Bernardin. A la fin du quinzième siècle, Savonarole s'y conformait encore ; certains de ses discours, prononcés en italien et recueillis dans cette langue par des auditeurs, étaient par eux traduits en latin avant d'être offerts au public ; c'était, disaient-ils, pour leur donner « une forme plus littéraire (2) ». De même, au commencement du seizième siècle, quand l'érudit Wimpheling voulut donner une édition complète des œuvres de Gerson, il fit traduire en latin ceux des sermons qui avaient été prononcés et recueillis en français (3). Quelques années plus tard, Luther publiait en latin les sermons qu'il avait prêchés à Wittemberg, en 1516 et 1517.

## II

Les cinq tomes édités par le Père de la Haye contiennent beaucoup de sermons et quelques

(1) AUBERTIN, *Histoire de la langue et de la littérature françaises au Moyen âge*, t. II, p. 320.

(2) VILLARI, *Jérôme Savonarole et son temps*, trad. de M. Gustave Gruyer, t. I, p. 181, 182.

(3) *Essai historique et critique sur les sermons français de Gerson*, par l'abbé (aujourd'hui cardinal) BOURRET, p. 28 et suiv.

traités. La plupart des sermons sont groupés en
Carêmes ou en Avents, qui ont chacun leur titre :
par exemple : *Quadragesimale de christianâ religione,*
ou *de Evangelio æterno, Adventuale de christianâ
vitâ*, etc. D'ordinaire, ces titres n'ont pas de signi-
fication bien précise, et les groupements sont un
peu artificiels. Les sermons de chaque Carème et
de chaque Avent traitent de sujets très variés ; si
quelques-uns se suivent de façon à former un
ensemble doctrinal, beaucoup d'autres n'ont aucun
lien avec ceux qui les précèdent. Le prédicateur
est moins soucieux de faire un tout, de composer
une sorte de somme, que de répondre aux besoins
des âmes tels qu'il les voit se manifester autour de
lui. Tantôt il expose les principes du dogme ; tantôt
il s'applique à réchauffer la piété ; le plus souvent
il est occupé de réformer les mœurs. La théologie
morale est, en effet, celle qui tient la plus grande
place dans son œuvre ; il s'y montre à la fois
observateur pénétrant et casuiste très précis. Dans
ces divers discours, on ne sera pas surpris de
retrouver les sujets que nous savons avoir été
traités par Bernardin dans telle ou telle ville :
divisions des factions, jeux de hasard, vanités
féminines, usure, cas de conscience de la vie
commerciale, culte du nom de Jésus. Quelque

sujet qu'il aborde, il fait un grand déploiement
de science théologique. La substance doctrinale
paraît chez lui forte et copieuse. De ce mérite,
je n'ai sans doute pas qualité pour être juge; mais
de bons appréciateurs en font cas; je sais tel orateur sacré de nos jours, et non de ceux dont la
parole est le moins bien appropriée aux besoins
du temps, qui s'aide volontiers des œuvres de
notre saint pour sa prédication et qui déclare y
avoir trouvé toujours d'abondantes ressources.
Il y a quelques années, les représentants de
l'Ordre franciscain ont sollicité pour saint Bernardin le titre de docteur de l'Église : l'affaire a
été instruite (1); si le Saint-Siège n'y a pas donné
suite, c'est probablement par crainte de voir trop
se multiplier les demandes de ce genre.

Ce n'est pas seulement par le fond, mais aussi
par la forme que ces sermons sont œuvre de théologien. Cette forme, sobre, grave, digne, est un
peu sévère. L'auteur, surtout soucieux du développement logique de son sujet, pose d'abord
son *thema*, sans exorde oratoire, puis le divise
aussitôt en articles, qui se subdivisent en chapitres, avec une symétrie minutieuse, parfois

_______

(1) Voir, sur les pièces de cette instruction, ce que j'ai déjà dit
plus haut, p. 158 et 159.

subtile et artificielle. Sans doute, l'exemple de
Bossuet est là pour prouver que des sermons peuvent être éloquents avec des divisions bien appa-
rentes, des articulations fortement marquées et,
pour ainsi dire, une ossature visible : cela même
leur donne du corps et du soutien. Encore faut-il
que l'ossature soit recouverte d'une chair vivante,
et qu'on ait mieux qu'un squelette, ce qui n'est pas
toujours le cas avec les sermons latins de saint Bernardin. Les divisions excessives y fatiguent l'attention qu'elles prétendent soutenir; elles empêchent
le mouvement puissant, continu et progressif, qui
seul entraîne l'auditeur. Entre les articles ou les
chapitres, nul art de transition; souvent la simple
indication que du 1° l'orateur passe au 2°, et ainsi
de suite. Au moins, dans l'intérieur de chacun de
ces compartiments, se donne-t-il carrière? Non;
l'espace est d'ordinaire trop circonscrit, pour qu'il
puisse prendre son élan. L'argumentation est
serrée, nourrie, toute au sujet, sans digression,
mais sèche, se bornant parfois à une juxtaposition
de raisons soigneusement numérotées, — on en
compte, dans tel article ou tel chapitre, jusqu'à
vingt et vingt-cinq (1), — quelque chose comme un

_______________

(1) Voir, par exemple, S. *Bern. op.*, t. I, p. 259-260, et p. 346-347.

sommaire ou une table des matières. Ces raisons sont souvent une phrase, un mot de la Bible, de l'Évangile ou des Pères. Plus encore qu'à toute autre époque, les théologiens se piquaient alors de ne rien avancer qu'ils n'appuyassent d'un texte de l'Écriture. Certains discours de Bernardin ne sont presque plus qu'une marqueterie de ces textes. On dirait que son dessein a été de former, pour lui et pour les autres, comme un arsenal de citations. Son éditeur lui fait honneur d'en avoir réuni 3,952 de l'Ancien Testament et 2,655 du Nouveau. Toutes ne sont peut-être pas également topiques et pertinentes ; en plusieurs, on pourrait relever quelque abus de ce qu'on a appelé le *sens accommodatice*. Au moins notre auteur se borne-t-il à puiser dans les Livres saints ou dans les Pères, et ne va-t-il pas, comme plus d'un sermonnaire de son temps, chercher ses textes chez les écrivains profanes et même païens.

Abus des divisions ou des citations, ce défaut venait moins de l'homme que du temps. C'était la marque de la scolastique qui, au treizième siècle, avait imposé à la prédication, comme à tout le reste, sa méthode et ses procédés. Sans s'associer au dédain ignorant et irréfléchi avec lequel on traite parfois un mouvement intellectuel

qui a eu sa grandeur et son originalité, il faut
reconnaître que, dans le domaine particulier du
sermon, l'influence de la scolastique n'a pas été
bienfaisante. Elle a rétréci et entravé le large et
puissant courant d'éloquence religieuse qui, au
douzième siècle, sous l'action de cette première
renaissance médiévale, aujourd'hui mieux connue
et appréciée, avait commencé à se répandre dans
la chrétienté. Vainement, au commencement du
treizième siècle, François d'Assise donnait-il le
modèle d'une parole populaire absolument étrangère aux complications, aux raideurs et aux sub-
tilités de l'École, parole toute de libre inspiration,
de grâce fraîche et prime-sautière, de familiarité
aimable, d'émotion spontanée, de charité débor-
dante, — celui peut-être de tous les verbes humains
qui s'est le plus rapproché de la simplicité évangélique, — ce modèle trouvait peu d'imitateurs. Il ne
prévalait même pas, chez les compagnons et les fils
spirituels du *Poverello,* contre l'influence ambiante
de la scolastique. Celle-ci régnait en maîtresse dans
les sermons d'un saint Antoine de Padoue et d'un
saint Bonaventure, ou du moins dans ce qui nous
en est parvenu. L'Ordre des Frères mineurs ne
comptait-il pas d'ailleurs dans ses rangs, avec
Alexandre de Halès et Duns Scot, les plus fameux

et les plus subtils docteurs de la dialectique aristo-
télicienne? Chez les sermonnaires du quatorzième
siècle, la scolastique se montre encore plus pé-
dantesque et routinière. Au commencement du
quinzième siècle, la Renaissance classique ne
l'a pas encore détrônée. Dans les sermons qui
nous restent des prédécesseurs immédiats, des
contemporains ou des successeurs de Bernardin,
toujours le même appareil de divisions et de subdivisions symétriques et subtiles, la même sura-
bondance de textes sacrés, parfois un peu arbitrai-
rement détournés de leur sens naturel; ainsi chez
saint Vincent Ferrier (1), chez le Bienheureux Jean
Dominici (2), chez le Bienheureux Pierre Jérémie

(1) On pourrait donner beaucoup d'exemples des bizarreries
subtiles qu'offrent les divisions des discours de saint Vincent
Ferrier. Il compare la confession à l'œuvre du médecin et dis-
tingue sept moyens de guérison physique dont il trouve l'analogue dans la thérapeutique spirituelle. 1° *Facies inspicitur;*
2° *pulsus tangitur;* 3° *urina attenditur;* 4° *dietta præscribitur;*
5° *sirupus immittitur;* 6° *purgatio tribuitur;* 7° *refectio conceditur.*
— Ailleurs, à propos du sommeil de l'âme sous l'accablement du
péché, il se demande ce que fait l'homme en se réveillant : dix
choses : il ouvre les yeux, se met sur son séant, s'habille som-
mairement, sort de son lit, crache, se chausse, met sa ceinture,
se lave les mains, besogne un peu, va déjeuner; chacun de ces
actes lui fournit le sujet d'une analogie spirituelle.

(2) Voyez, entre autres, la seconde partie d'un sermon de
Dominici sur la communion. Développant cette idée que l'homme
doit être semblable au tombeau du Christ, il détaille successivement, avec applications morales, sept propriétés de ce tombeau :

de Palerme, chez saint Antonin, chez Gerson quoique avec plus de mesure et de sagesse, chez Robert de Lecce, et jusque chez Maillart, le libre prêcheur français de la fin du quinzième siècle. Seul, le génie de Savonarole, tout inspiré du prophétisme biblique, devait commencer à briser ce vieux moule.

## III

On ne saurait s'étonner de trouver, dans les sermons publiés sous le nom de saint Bernardin, les procédés en usage à son époque. Ce qui surprend, c'est de n'y pas trouver autre chose, de ne rencontrer, au milieu de cet attirail de dialectique, presque aucune trace de l'éloquence populaire, si pleine de mouvement et de variété, tantôt enjouée, tantôt pathétique, dont nous parlent ses biographes. On se demande comment ces dissertations théologiques, savantes, mais ardues, avaient pu remuer si profondément des villes entières. La réponse est simple : les sermons

1° le tombeau est une caverne ; 2° la caverne est sur un rocher ; 3° il n'y avait qu'un rocher ; 4° le tombeau était neuf ; 5° personne n'y avait été déposé ; 6° le tombeau était une propriété étrangère ; 7° le propriétaire s'appelait Joseph.

recueillis par le Père de la Haye ont bien été rédigés par saint Bernardin, mais ce ne sont pas ceux qu'il a prononcés. Dans sa cellule de la Capriola, il n'a pas prétendu écrire de souvenir ses discours passés, ni écrire à l'avance des discours qu'il n'aurait plus tard qu'à réciter. Du passé, il a seulement voulu retenir la doctrine qu'il avait enseignée, pour éviter que ses détracteurs ne la dénaturassent. Quant à ses sermons futurs, il entendait bien y aider par ce travail; se rendant compte qu'avec sa vie errante et ses prédications continues, il n'aurait pas le temps de préparer, au fur et à mesure, chaque discours, il voulait se munir de matériaux soigneusement assemblés, coordonnés, qu'il pût emporter avec lui dans ses pérégrinations (1); il se réservait d'en user suivant les circonstances, les besoins, l'inspiration, de n'en employer que telle ou telle partie, de les développer plus ou moins, de les combiner diversement, et surtout d'y ajouter ce que la rédaction première ne cherchait pas à avoir, la forme, le mouvement, la vie oratoire. De même, aux autres pré-

(1) On sait en effet, par les témoignages contemporains, que Bernardin emportait partout avec lui « ses livres » : c'était la charge de l'âne sur lequel il montait lui-même, quand il était trop fatigué. Æneas Sylvius parle de cet âne « *quem ipse aliquando fessus viâ solebat ascendere, quique suos libros deferebat* ».

dicateurs dont sa charité cherchait à seconder
l'apostolat, il n'entendait pas fournir des sermons
tout faits, mais seulement la substance des sermons à faire. En somme, c'étaient moins des discours que des traités de théologie : Bernardin
lui-même les a qualifiés, à plusieurs reprises, de
*tractatus* (1). Dès lors, on comprend la longueur
variable de ces sermons, dont les uns n'ont que
trois, quatre, cinq pages in-folio, tandis que les
autres en ont jusqu'à quinze, vingt et quarante.
L'auteur n'a négligé aucune occasion de s'expliquer sur ce caractère de son recueil. Il dit, à la fin
du premier Carême : « Cette œuvre s'est trouvée
être plus longue que je ne pensais... Que ceux qui
jugeront ces sermons trop longs prennent, pour
leur prédication, les parties qui leur plairont le
plus ; car chaque article de chaque sermon fournit,
pour la lecture ou le discours, une matière toute
préparée et ordonnée (2). » Il dit encore, au com-

(1) On lit, par exemple, en tête d'une série de discours sur les
contrats et l'usure : « ... *Necessarium reputavi, de contractibus et
usuris, tractatum posteris tradere, non tamen verbo præsentibus
prædicare, ut habeant minus docti, et sibi et aliis, in talibus mate-
riam fideliter consulendi.* » Quelques lignes plus loin, il se sert
encore de ce mot : *tractatus* (*S. Bern. op.*, t. II, p. 200.) — Un
long sermon sur la Passion se termine par cette phrase : « *Expli-
cit tractatus de Sacratissimâ Passione Domini nostri Jesu Christi.
Amen.* »
(2) *Ibid.*, t. I, p. 355.

mencement du second Carême : « Bien que, dans le présent ouvrage, j'aie écrit quelques sermons fort longs, je ne l'ai pas fait avec cette intention que tous soient prononcés en entier dans une seule prédication ; c'est l'utilité des choses à dire qui m'a rendu long : mais je ne m'astreins pas moi-même à cette longueur ; j'abrège, j'allonge, je transpose, je varie, suivant ce que demandent le temps, ma commodité, ou l'intérêt de mes auditeurs. Je laisse aux autres la liberté d'en faire autant (1). » Plus loin, à propos de la série des discours sur les contrats et l'usure : « Quoique ce traité soit ainsi coordonné, cependant un prédicateur discret et savant changera cet ordre, en mettant les sermons les uns avant les autres, en abrégeant, en ajoutant, en adaptant les matériaux à l'intelligence et aux dispositions de son auditoire. Moi-même qui ai ainsi coordonné les preuves pour la connexion plus complète du sujet, je ne ferais pas difficulté de ne pas observer cet ordre dans certains cas particuliers (2). »

(1) *S. Bern. op.*, t. II, p. 6 et 7.
(2) *Ibid.*, t. II, p. 200.

## IV

Nous voilà bien avertis que, si nous pouvons chercher dans les sermons publiés par le Père de la Haye la théologie de saint Bernardin, nous ne saurions y découvrir le secret de son action oratoire. Ce n'est pas cependant qu'à travers tout cet appareil scolastique, l'éloquence du prédicateur ne parvienne parfois à se faire jour. Elle apparaît dans des passages plus ou moins longs, où l'auteur, ressentant, la plume à la main, quelque chose de l'émotion qui le possédait dans la chaire, s'y est momentanément abandonné. Quelques citations en donneront l'idée.

Bernardin vient d'écrire, contre les jeux de hasard, un sermon tout compliqué de divisions et d'allégories ; il s'y est plu à montrer Satan parodiant, dans le jeu, les diverses cérémonies de la messe ; il a énuméré, cinq par cinq, les quinze malignités de ce vice, et, quatre par quatre, les douze catégories d'hommes qui y participent ; mais, en commençant le discours suivant sur un autre sujet, il s'attendrit à la pensée des pécheurs dont il a, dans le sermon précédent, analysé les misères ; et, au lieu de débuter, suivant son usage, par la division de sa matière, il prend occasion de son texte : *Si quis sitit, veniat ad me et bibat,* pour adresser à ces pécheurs un appel d'un accent singulièrement pénétrant :

*Si quis sitit, veniat ad me et bibat.* Elle est large, la miséricorde de Dieu, elle ne méprise personne, ne repousse personne, ne dédaigne de porter secours à personne ; elle appelle tous les hommes, les désire tous, se délecte à les sauver tous... Jésus invite tout le monde, les justes et les coupables, les prostituées et les joueurs, tous les hommes en un mot. Madeleine la pécheresse s'est entendu sans doute appeler dans le temple, et c'est pourquoi elle est accourue, comme une brebis altérée, à la fontaine de l'amour ; elle a bu, et a bu encore, jusqu'à s'enivrer. Le publicain, qui était aussi peut-être un joueur, a sans doute, lui également, entendu l'invitation ; dans la soif anxieuse de son humilité, il est venu en courant pour boire, et il a tant bu qu'il est sorti de là justifié. Venez donc, ô joueurs et autres pécheurs, venez à la fontaine d'eau vivante. *Omnes sitientes venite ad aquas,* comme il est dit dans Isaïe. *Bibite et inebriamini, carissimi,* comme dit le Cantique, parce que Notre-Seigneur Jésus-Christ vous appelle tous, lorsqu'il dit dans le texte précité : *Si quis sitit, veniat ad me et bibat* (1).

(1) *S. Bern. op.,* t. I, p. 222.

Souvent, c'est la vue du mal qui l'échauffe et l'indigne. Témoin les apostrophes enflammées dont, à la fin d'un discours sur la médisance, il poursuit la langue méchante, la mettant en face de tous les maux qu'elle produit (1). Témoin aussi les satires dont il flagelle impitoyablement les vanités féminines, les ruineuses extravagances de la mode, non pour le vain plaisir de s'en moquer, mais pour en tirer de graves et pathétiques leçons (2) ; ainsi montre-t-il, par une métaphore énergique, « la pourpre teinte du sang des pauvres », et il crie à la femme fastueusement vêtue de longues robes à queue :

Faut-il vous parler des blasphèmes des pauvres, lorsque, souffrant cruellement du froid de l'hiver, ils voient la boue recouverte de ces vêtements achetés à si haut prix ; lorsqu'ils voient leur propre chair, leurs fils et leurs filles, torturés par le froid, la faim, la soif, et cela par la cruelle impiété et le dur manque de compassion de ce luxe (mot à mot : de ces queues, *sœvâ impietate et durâ incompassione caudarum*)? Ouvre tes oreilles, ô femme vêtue d'une robe à queue (*o domina caudata*), écoute avec soin, ô esprit fermé, sois attentive et considère, ô âme sourde, et tu entendras les voix de ceux qui se lamentent et qui crient vengeance

(1) *S. Bern. op.*, t. I, p. 116.
(2) *Ibid.*, t. I, p. 226 à 247.

à leur Dieu... Des hommes nus gémissent; dans leur travail, ils sont torturés par le froid et la faim. On trouve de quoi charmer les yeux curieux, et l'on ne trouve pas de quoi subvenir aux besoins des malheureux. La boue trouve pour la couvrir des vêtements qu'elle ne cherche pas; et le pauvre ne trouve pas la nourriture et le vêtement qu'il implore à grands cris (1)!

Plus loin, l'orateur s'attaque aux coiffures du temps :

Il paraîtrait étrange qu'une femme vînt à l'église, le jour de la mort de son époux ou de son père, la tête ornée de fleurs. Eh bien, il est beaucoup plus étrange de voir une femme, rachetée par le sang du Christ, fille et épouse du Père Suprême, se rendre à la messe, la tête ornée non seulement de fleurs, mais d'or, de pierres précieuses, de fard et de faux cheveux, et cela quand la messe est célébrée en mémoire de la passion du Christ, quand le prêtre, en élevant le corps et le sang du Seigneur, rappelle perpétuellement l'élévation du Christ sur la croix. Quelle est ta vanité, ô femme qui ornes ta tête d'une telle multitude de vanités! Souviens-toi de cette tête divine qui est un objet de tremblement pour les anges. Pour expier ta vanité, elle est percée jusqu'aux parties tendres du cerveau et ensanglantée par une couronne serrée d'épines... Cette tête est couronnée d'épines; la tienne est ornée de pierreries. Ses cheveux sont souillés de sang; tes

(1) *S. Bern. op.*, t. I, p. 244.

cheveux, ou plutôt les cheveux étrangers que tu portes,
sont enduits avec art. Ses joues sont souillées de cra-
chats, de sang et de meurtrissures; les tiennes sont
colorées par le fard et par des peintures variées. Ses
yeux si beaux, que contemplent les anges de Dieu, sont
obscurcis par la mort la plus cruelle, et tes yeux semblent scintiller des ardeurs de la volupté et des flam-
mes de la luxure. Cette tête redoutable, que les anges
mêmes doivent vénérer, s'abaisse pour toi dans une si
grande confusion, et contre elle la tienne s'élève avec
un tel orgueil. Elle s'abaisse pour offrir le baiser de
paix, et la tienne s'arme pour livrer combat. Il invite
aux pleurs du pardon, et tu l'insultes par le rire de la
faute (1).

S'il maudit le luxe, de quel accent il bénit la
pauvreté, cette pauvreté qu'il a choisie pour épouse
très chère, à l'exemple de son père François d'Assise! Avec quel amour enthousiaste, avec quel
charme attendri il en parle! On le sent alors sur
son terrain, dans son domaine préféré :

O pauvre, si tu veux suivre mon conseil, précipite-
toi au-devant de la pauvreté; à son arrivée, ouvre-lui,
d'une âme joyeuse, la porte à deux battants, et jette-toi
dans ses bras. Au premier abord, il est vrai, son front
est sévère, et ce n'est pas sans raison qu'on l'a compa-
rée à un voyageur morose et couvert d'armes. Elle

_______________

(1) *S. Bern. op.*, t. I, p. 245.

fait irruption d'un air menaçant. Mais, dès qu'elle a été admise dans l'intimité, il n'est pas d'hôte moins gênant, plus sûr ni plus affable. Crois-moi, ouvre-lui au plus vite, sans attendre que, dans sa violence, elle brise le verrou et entre victorieuse sur les portes arrachées de leurs gonds. Pénible pour ceux qui résistent, elle est douce à ceux qui l'accueillent (1).

La pauvreté n'a-t-elle pas été d'ailleurs la compagne fidèle du Christ sur la terre? S'inspirant d'une prière célèbre du *Poverello* (2), Bernardin s'écrie :

Jésus, mon Sauveur, à votre entrée dans la vie, la pauvreté vous a reçu dans la sainte crèche et dans l'étable. Descendu sur la terre, elle vous a privé de tout, au point que vous n'aviez pas même où reposer votre tête. Compagne fidèle, tandis que vous souteniez le combat de notre rédemption, elle fut toujours à vos côtés, et, durant la lutte de votre Passion, alors que vos disciples vous abandonnaient, reniant votre nom, elle ne s'éloigna pas, écuyer jaloux. Elle en profita même pour vous étreindre plus fortement. Alors que votre Mère, qui seule vous honora dans la fidélité de son cœur et ressentit les angoisses de vos douleurs, alors qu'elle ne pouvait approcher de vous, tant la croix était élevée, alors la pauvreté victorieuse vous entoura

_______

(1) *S. Bern. op.*, t. III, p. 25.

(2) Voir le texte de cette prière dans la *Vie de saint François,* par M. l'abbé Le Monnier (5ᵉ éd.), t. I, p. 211.

de toutes ses gênes, comme d'un cortège agréable à votre cœur, vous tint plus étroitement entre ses bras et s'attacha à vous avec plus de zèle. Elle ne prit pas le soin de raboter votre croix, mais vous en façonna une rude et grossière. Elle ne fabriqua pas les clous en nombre égal à vos blessures, elle n'en aiguisa pas la pointe, elle n'en corrigea pas les aspérités ; elle en fit trois, rudes, rugueux et obtus, afin d'aggraver vos douleurs. Alors que vous mouriez, dévoré de soif, fidèle épouse, elle fut pleine de sollicitude et vous priva même d'une goutte d'eau. Elle vous prépara, par la main impie de vos gardiens, un breuvage si amer qu'après l'avoir goûté, il vous fut impossible de le boire. C'est donc entre les bras de votre bien-aimée que vous avez rendu le dernier soupir. Toujours fidèle, elle eut garde de n'être pas à votre sépulture. Ce ne fut qu'à titre d'emprunt qu'elle vous permit d'avoir un tombeau, des parfums, un linceul. Elle ne fut pas absente, non plus, lors de votre résurrection. Glorieux, vous êtes ressuscité entre les bras de votre sainte épouse, abandonnant dans votre tombeau tout ce que vous aviez emprunté et tout ce qui vous fut offert. Vous l'avez entraînée aux cieux, laissant aux mondains tout ce qui est de ce monde (1).

Même accent pour parler de la charité, à laquelle sont consacrés les six premiers sermons du Carême *De Evangelio æterno* (2). L'une des filles de la cha-

(1) *S. Bern. op.*, t. III, p. 28.
(2) *Ibid.*, t. II, p. 2 et sq.

rité, c'est la paix, cette paix que Bernardin ne se lassait pas de prêcher à l'Italie toute déchirée et ensanglantée par ses discordes. Il a, pour la célébrer, des paroles dont la douceur singulière finissait par agir sur les âmes violentes et haineuses de ce siècle troublé :

En temps de paix, toutes choses semblent crier la joie. Les semences sont confiées à la terre, et les épis mûrissent jusqu'au moment de la moisson; les vignes fleurissent, les arbres donnent leurs fruits; les fureurs de la guerre n'entravent plus le cours de la nature, qui vit et s'épanouit librement. A la maison, on dort en sécurité, et, dans les champs, on poursuit sa route, sans avoir à redouter une attaque. Dans la paix, la virginité fleurit et répand son parfum. La pudique chasteté est dans la joie, et l'amour conjugal est heureux de n'avoir pas à redouter les violences de soldats débauchés. Les arts embellissent les cités, et le berger sans souci joue du chalumeau, en menant paître ses brebis et ses bœufs. Dans la paix, on exploite les forêts, on plante des vignes, on construit et on répare des maisons, les familles se multiplient. Alors vont et viennent marchands et marchandises. Les monastères sont entourés de calme, les églises et les offices sont en honneur. Les études sont en vigueur, et fréquentes sont les œuvres de piété. La parole de Dieu est vénérée et porte ses fruits dans le cœur de ceux qui viennent en foule pour l'entendre. Tous les droits sont

respectés, et personne n'a à se plaindre de l'injustice.
La paix, en un mot, est favorable à toutes choses, et, à
son souffle, tout semble tressaillir d'allégresse (1).

Il est d'autres sermons où l'on peut également
entrevoir ce que devenait cette parole sous l'empire d'une grande émotion : ce sont ceux où Bernardin parle des mystères de la Passion et de la Rédemption. Alors, tout en suivant pas à pas le récit
sacré, il s'abandonne, par moments, à de pieuses et
pathétiques considérations. Pour en donner l'idée,
détachons d'un sermon sur la Résurrection quelques extraits du long morceau où l'orateur contemple Marie-Madeleine, venue seule au tombeau,
le matin, et toute désolée de n'y plus trouver le
corps de son Seigneur :

O Marie, dans quel espoir, dans quel dessein. ou
soutenue par quel courage, restais-tu ainsi seule auprès du tombeau ?... Celui que tu cherches a l'air de
ne faire aucune attention à ta douleur, de ne pas
voir tes larmes ou de ne pas s'en soucier. Tu l'ap-
pelles, et il ne t'entend pas. Tu le cherches, et tu ne
le trouves pas. Tu frappes, et il ne t'ouvre pas. Tu le
suis, et il s'enfuit à ton approche. Hélas! qu'y a-t-il
donc? Hélas! quel est ce profond changement? Comment les choses ont-elles pu être ainsi renversées?

(1) *S. Bern. op.*, t. III, p. 58.

Jésus s'éloigne de toi ; peut-être ne t'aime-t-il plus. Autrefois, il te chérissait. Autrefois, il te défendait contre le Pharisien et doucement t'excusait auprès de ta sœur. Autrefois, il te louait, quand tu oignais ses pieds de parfums. Et toi, tu les arrosais de tes larmes, pour les essuyer ensuite avec ta chevelure. Il adoucissait alors ton repentir et te remettait tes péchés. Autrefois, il te cherchait quand tu étais absente, t'appelait quand tu n'étais pas à ses côtés, te faisait mander par ta sœur, afin de t'avoir près de lui. O bon maître, en la voyant pleurer, vos yeux se sont mouillés. C'est en retour de votre amour pour elle qu'elle vous a beaucoup aimé. Vous avez ressuscité son frère Lazare et changé en cris de joie la plainte de votre fille préférée. O maître très doux, en quoi donc, après de telles faveurs, votre disciple vous a-t-elle offensé, de quelle blessure a-t-elle déchiré la tendresse de votre âme, pour que vous vous éloigniez d'elle ainsi ? Quant à nous, nous n'avons connaissance d'aucun péché qui lui soit imputable... Pourquoi donc cette femme, qui vous aime et qui veille depuis le matin, ne vous trouve-t-elle pas ? Marie, écoute mon conseil : sache te contenter de la consolation que t'apportent les Anges ; demande-leur si, par hasard, ils savent ce qu'est devenu celui que tu cherches, tout en pleurs. J'ai idée qu'ils sont venus pour te renseigner, envoyés peut-être par celui dont tu déplores la perte, avec la mission d'annoncer sa résurrection et de calmer ton angoisse.

L'orateur s'étend alors sur le colloque de Madeleine et des anges, puis arrive au moment où Jésus apparaît sous la forme d'un jardinier :

Elle aperçut Jésus, sans se douter que c'était lui. Et Jésus lui dit : « Femme, pourquoi pleures-tu? Qui cherches-tu? » O vous, vers qui toute son âme aspire, pourquoi lui demander la raison de ses larmes, l'objet de ses recherches? Est-ce bien à elle, qui, il y a peu de temps, vous voyait, avec un grand déchirement, suspendu à la croix, que vous demandez pourquoi elle pleure? Est-ce bien à elle, qui, il y a trois jours, voyait, déchirés et transpercés de clous, vos mains qui l'ont bénie souvent, vos pieds qu'elle couvrait de baisers en les arrosant de ses larmes, est-ce bien à elle que vous demandez la cause de sa douleur? A présent, elle croit que votre corps, ce corps qu'elle venait oindre de parfums en manière de consolation, a été enlevé, et vous lui dites : « Pourquoi pleures-tu? Qui cherches-tu? »... C'est vous, Jésus, qui, par l'invincible attrait de votre parole, le charme de votre esprit, avez amoureusement amené cette femme à vous. Vous l'avez enchaînée à vos pas, par l'invisible chaîne d'un amour sans bornes, alors que vous avez effacé ses péchés. Par vos actions, par vos paroles, vous avez embrasé son cœur d'amour. De votre souffle, vous avez ébranlé ses esprits. Vous avez séché ses larmes et vous n'avez pas craint les baisers de ses lèvres. Vous avez chassé de son cœur tout amour périssable, afin qu'elle marchât avec vous dans la paix. Et maintenant, vous lui demandez qui elle

cherche!... C'est vous qui avez fécondé cette âme par
l'incessante fraîcheur de canaux invisibles. A présent,
cette tendresse que vous avez répandue de votre âme
dans la sienne la tient enchaînée au sépulcre. Et vous
choisissez ce moment pour lui demander la cause de
ses pleurs. Vous seul êtes la cause de ses gémissements, de ses angoisses. Tout entière, elle est à vous;
tout entière, elle espère en vous, et c'est de vous qu'elle
désespère. Elle vous cherche avec tant d'ardeur qu'en
dehors de vous, elle ne pense à rien, ne s'inquiète de
rien. Elle n'a plus ses esprits et est égarée à cause de
vous. Pourquoi donc lui demander : « Que pleures-
tu? Qui cherches-tu? » Est-ce pour lui faire dire que
c'est vous qu'elle pleure, vous qu'elle cherche?... Ou
bien est-ce pour qu'elle vous reconnaisse, malgré votre
intention de vous cacher? Toujours est-il que, prenant
Jésus pour le jardinier, elle lui dit ces mots : « Si vous
l'avez enlevé, dites-moi où vous l'avez déposé, et je
l'emporterai. » O douleur misérable, ô admirable
amour! Cette femme, enfouie dans son chagrin comme
dans un nuage, ne voyait pas le soleil levant qui jetait
ses premiers rayons dans son âme et entrait par les
ouvertures de son cœur. Elle languissait d'amour à un
tel point que ses yeux obscurcis regardaient sans voir.
Elle regardait Jésus et ne le voyait pas. O Marie, si tu
cherches Jésus, pourquoi ne le reconnais-tu pas?
Voici Jésus qui vient à toi; celui que tu demandes,
t'interroge. Et tu le prends pour un jardinier! C'est
Jésus, et en effet il est jardinier à sa manière : il a
semé la bonne graine, dans le jardin de ton âme, et

vient maintenant en arracher les mauvaises herbes de
l'infidélité. De qui parles-tu donc, quand tu dis : « Si
vous l'avez enlevé ? » Qu'entends-tu par là ? Pourquoi
ne pas prononcer le nom de celui que tu cherches ?
... Tel est l'effet du désir. Il donne à ceux qui en sont
victimes l'illusion que tout le monde est au courant
de ce qu'ils veulent... Mais pourquoi dis-tu, toi qui
n'es qu'une femme : « Et je l'emporterai. » Joseph
lui-même recula et n'osa pas détacher de la croix le
corps de Jésus, sans en demander la permission à
Pilate. Toi, tu es sans crainte et tu ne te mets pas
sous le couvert de la nuit. Tu t'engages sans compter :
« Et je l'emporterai. » O Marie, si par hasard le corps
de Jésus était déposé dans l'atrium du grand prêtre,
là où s'est chauffé le prince des Apôtres, que ferais-tu ?
S'il était étendu sur la place, au milieu de la foule,
comment t'y prendrais-tu ? S'il était dans la maison de
Pilate, gardé par les soldats, qu'entreprendrais-tu, je
te le demande ? « Et je l'emporterai. » O superbe audace ! Tu es femme, et tu n'uses d'aucune réticence ; tu
ne mets à ton dévouement aucune condition ; tu parles
sans peur et tu promets sans hésiter. O femme, grande
est ta constance, grande est ta foi ! Mais comment,
avec quelles forces, quelle vigueur, à l'aide de quels
stratagèmes, pourrais-tu porter seule un corps aussi
lourd, alors que, pour le mettre au sépulcre, tu eus
l'aide de nombreux porteurs ? Crois-tu les avoir encore
avec toi ? Ils se sont éloignés. « Et je l'emporterai. »
L'amour, en effet, range l'impossible parmi les choses
qui sont en son pouvoir et souvent présume trop de

ses forces. O bon Jésus, veuillez ne pas exalter son désir, car depuis trois jours il la consume. Et elle ne vous a pas pour rassasier son âme, qui ne peut être assouvie que si vous lui offrez le pain de votre cœur. La vie ne restera pas longtemps encore dans sa chair, si, en vous déclarant, vous ne rendez la vie à son âme. Alors Jésus l'appela : « Marie. » Dès qu'il eut prononcé son nom, la voix de Jésus pénétra en son âme, et aussitôt, dans sa parole, elle reconnut le verbe accoutumé... Son Maître, en effet, avait l'habitude de l'appeler ainsi. Dans cet appel de son nom, elle sentit la douceur de Dieu et ainsi reconnut son Seigneur dans celui qui la nommait... O Maître très doux, ô Seigneur, combien vous êtes bon pour ceux qui ont le cœur pur ! Heureux sont ceux qui vous cherchent dans la simplicité de leur cœur, et satisfaits sont ceux qui espèrent en vous ! Cela est vrai, et vrai sans l'ombre d'un doute. Vous aimez qui vous aime et vous n'abandonnez jamais ceux qui espèrent en vous. Votre fille préférée vous cherchait en toute simplicité d'âme, et, en vérité, elle vous a trouvé. Elle espérait en vous, et vous ne l'avez pas délaissée. Elle a plus obtenu de vous qu'elle n'en attendait (1).

Je ne veux pas prolonger ces citations. C'est assez pour permettre d'entrevoir quel orateur se cachait derrière le théologien. C'est également

---

(1) *S. Bern. op.*, t. I, p. 307 et sq. Ce même morceau se trouve reproduit dans un autre sermon, au t. II, p. 432 et sq.

assez, si je ne me trompe, pour éveiller le désir d'approcher de plus près cet orateur, de le mieux connaître. N'y a-t-il donc aucun moyen de l'entendre directement? Ne peut-on saisir nulle part le sermon, non plus tel que Bernardin l'a rédigé dans sa cellule, mais tel qu'il l'a effectivement prononcé sur les places publiques des cités italiennes?

V

Les sermons du Moyen âge qui nous ont été conservés n'ont pas tous été rédigés par leurs auteurs; beaucoup ont été recueillis par des auditeurs. Ceux-ci apportaient à l'église leurs cahiers ou leurs tablettes; parfois, ils avaient un encrier à leur ceinture, ainsi qu'on les voit figurés dans les miniatures des manuscrits. C'est par cette voie que nous sont parvenus quelques-unes des œuvres de saint Bonaventure (1), plusieurs des sermons de Gerson (2)

____

(1) Voir dans les *Opera omnia S. Bonaventuræ*, édités par les Pères franciscains du collège de Quaracchi, la partie du t. V qui renferme les *Collationes in Hexaëmeron*, et celle où est le traité *De Septem donis Spiritus Sancti.*

(2) BOURRET, *Essai critique et historique sur les sermons français de Gerson*, p. 26 et 161.

et de Savonarole (1). De tels comptes rendus, le plus souvent faits par des inconnus, ne peuvent inspirer une absolue confiance et sont forcément de valeur très inégale. Quelquefois, le scribe remplace par des *etc.* des développements qui lui paraissent oiseux ou qu'il n'a pu suivre; celui qui recueillait les discours de Savonarole confesse, à plusieurs reprises, avec une naïveté touchante, qu'à tel endroit l'émotion et les larmes l'ont empêché de continuer à écrire. Les uns, plus familiers avec le latin, rédigeaient en cette langue des discours prononcés en italien, en français ou en allemand; le plus grand nombre se servaient du même idiome que l'orateur. Tantôt ils se bornaient à de simples analyses, à des résumés plus ou moins secs; tantôt ils tâchaient de reproduire le discours aussi complètement que possible.

Ce qui se faisait pour tous les prédicateurs célèbres devait se faire également pour notre saint. Dans les manuscrits des bibliothèques d'Italie, notamment à Florence et à Sienne, se trouvent plu-

(1) Villari, *Savonarole et son temps*, trad. Gruyer, *passim*. — Par exemple, le discours sur l'art de bien mourir, prononcé par Savonarole, le 2 novembre 1496, a été recueilli par un auditeur qui déclare l'avoir écrit *dalla viva voce del Padre mentre che predicava*.

sieurs de ses sermons, recueillis par des auditeurs,
la plupart en langue vulgaire (1). Le Père de la Haye,
qui ne se souciait guère que de reproduire exacte
ment l'enseignement théologique de saint Bernardin, avait dédaigné de puiser à ces sources (2).
C'est là, au contraire, que l'historien, curieux surtout de se faire une idée de la prédication populaire à cette époque, a le plus de chance de saisir
sur le vif l'orateur et son discours. Entre tous ces
recueils, on remarqua de bonne heure celui des
quarante-cinq sermons que Bernardin a prononcés
à Sienne, dans l'été de 1427, en revenant de
Rome. Le « prologue » nous informe que, pendant cette prédication, « Dieu inspira » à un
citoyen nommé Benedetto, tondeur de draps de
son métier, ayant femme et enfants, plus vertueux que riche, d'abandonner momentanément
son travail pour recueillir et écrire chaque sermon, mot à mot (*de verbo ad verbum*), en ne laissant aucune parole, si minime qu'elle fût, sortie
de cette bouche sainte, sans l'écrire (*non lassando*

(1) Le professeur Orazio Bacci a annoncé qu'il préparait une
*Bibliografia de' codici e delle stampe delle prediche volgari di santo
Bernardino.*

(2) Toutefois le Père de la Haye lui-même avait inséré dans
sa collection une série de sermons rédigés seulement par un
auditeur (t. III, p. 168 et sq.) : c'est le carême dit *Seraphin*,
prononcé à Padoue, sur lequel j'aurai l'occasion de revenir.

11.

*una minima paroluza di quelle che uscivano di quella santa bocca che lui non scrivisse*); il est ajouté que Benedetto prenait ses notes avec un stylet sur des tablettes de cire, puis, le discours fini, rentrait dans sa boutique pour le transcrire sur des feuillets. Le manuscrit original de Benedetto n'a pas été retrouvé; mais on en possède quatre copies très anciennes : trois à la bibliothèque de Sienne, postérieures de peu d'années à la mort de Bernardin ; la quatrième à Palerme, datée de 1443, c'est-à-dire antérieure d'une année à cette mort. Dès 1820, l'abbé Luigi de Angelis, conservateur de la bibliothèque de Sienne, signalait l'importance de ce recueil (1); en 1863, Milanesi en publiait une partie (2); en 1868, Zambrini en détachait des extraits (3) ; enfin, de 1880 à 1888, un érudit siennois, Luciano Banchi, fit imprimer intégralement, en trois volumes, les quarante-cinq sermons (4).

(1) *Sopra un codice cartaceo del secolo XV, scritto la prima volta in cera, e sù l'arte antichissima di scrivere in cera con pari prestezza del parlare, Osservazioni critiche dell' Ab.* Luigi de Angelis (Colle, 1820).

(2) *Prediche volgari di San Bernardino, per la prima volta messe in luce.* (Siena, 1853.)

(3) Zambrini, *Novellette, Essempi morali e Apologhi di San Bernardino da Siena.* (Bologna, 1868.)

(4) *Le Prediche volgari di San Bernardino da Siena dette nella piazza del Campo l'anno MCCCXXVII, ora primamente edite da*

Est-il exact que Benedetto ait toujours réussi, comme l'affirme le « prologue » du manuscrit, à écrire les sermons *de verbo ad verbum?* On n'oserait s'en porter garant. Certaines parties ont des obscurités, des incertitudes, des lacunes, qui ne sauraient être toutes imputées à l'orateur. Néanmoins, ce compte rendu est beaucoup plus complet que la plupart des autres travaux du même genre qui nous sont parvenus du Moyen âge. A le parcourir seulement, il saute tout de suite aux yeux qu'on est en présence, non plus d'un simple résumé, mais du discours même. On n'en voudrait pour preuve que l'espace occupé par chaque sermon : quelques-uns tiennent jusqu'à cinquante pages d'impression serrée ; la moyenne est de trente pages, notablement supérieure à la dimension des discours publiés par le Père de la Haye (1). Les sermons contenus dans les deux derniers tomes sont généralement plus étendus que ceux du premier : il n'est pas vraisemblable que le prédicateur ait allongé ses discours à

LUCIANO BANCHI. (Siena, 1880, 1884 et 1888.) J'ai déjà eu occasion de citer plusieurs fois cet ouvrage.

(1) Comparez, par exemple, deux discours sur la Nativité de la Vierge, l'un dans les *Prediche volgari*, t. II, p. 239 et sq.; l'autre dans les Œuvres latines, t. IV, p. 93. Tous deux sont à peu près conçus sur le même plan, avec les mêmes divisions et subdivisions. Le premier est au moins deux fois plus long que le second.

la fin de la station; ne doit-on pas supposer plutôt que le scribe était devenu, par l'usage même, plus habile et plus prompt à suivre la parole? Ce qui n'est pas moins probant que la longueur matérielle, c'est l'accent, le charme, la saveur tout originale de la langue. Il y a là quelque chose qu'un scribe n'invente pas. En Italie, de bons juges ont déclaré que ces *prediche volgari* étaient « des trésors de belle et pure langue familière siennoise, des modèles d'excellente prose narrative, descriptive, discursive et oratoire »; ils ne tarissent pas sur « la richesse, la fraîcheur, la variété merveilleuse » de ce style, et n'hésitent pas à classer l'auteur au premier rang des prosateurs du *Quattrocento* (1).

Certains détails permettent d'apprécier jusqu'à quel point notre Benedetto s'appliquait à tout reproduire. Non content de rapporter très soigneusement les développements de l'argumentation, il ne négligeait aucune des petites digressions qui venaient l'interrompre, digressions provoquées par des circonstances extérieures ou nées de la

(1) Cf. notamment une intéressante conférence du professeur Orazio Bacci, sur les *Prediche volgari di San Bernardino.* (*Conferenze della commissione senese di storia patria,* Siena, 1895.) Cf. aussi le *Manuale de letteratura italiana,* par MM. D'Ancona et Bacci.

fantaisie de l'orateur. Ainsi note-t-il, au passage, des interpellations à l'adresse des auditeurs inattentifs, distraits ou sommeillants, celle-ci par exemple : « Je vois dormir deux femmes côte à côte, l'une faisant oreiller à l'autre. Je ne peux le souffrir, parce que je suis de la race de ces avares qui, lorsqu'ils voient du vin se répandre, crient aussitôt : Hélas ! cela se perd ; car ce n'est pas de cela que boivent les poules (1) ! » Il s'arrête pour inviter ceux qui sont trop loin à se rapprocher (2), ou pour rappeler ceux qui font mine de s'en aller avant la fin du sermon : « Restez en place, mesdames, ne vous en allez pas ! Eh quoi, quoi donc ? Qu'aucun de vous ne s'en aille !... Oh! c'est là un mauvais signe, oui, un mauvais signe. Ainsi ma prédication a été interrompue l'autre jour. Je voudrais qu'il m'en coûtât

(1) *Le Prediche volgari,* t. I, p. 64. Cf. aussi t. I, p. 77, 187 ; t. II, p. 389 ; t. III, p. 56, 442. — Ces interpellations aux dormeurs étaient habituelles aux prédicateurs du Moyen âge. Le cardinal Jacques de Vitry raconte qu'il réveilla, un jour, l'attention de toute une multitude, par cette seule parole : « Celui qui dort là, dans un coin, ne connaîtra pas le secret que je vais vous confier. » Une autre fois, il disait : « Voulez-vous maintenant que je vous parle de la femme honnête? Je vais vous parler de cette vieille que j'aperçois endormie !... Pour Dieu! si quelqu'un a une épingle, qu'il la réveille : ceux qui dorment au sermon se gardent bien de dormir à table. » LECOY DE LA MARCHE, *La Chaire française au Moyen âge,* p. 214.
(2) *Le Prediche volgari,* t. I, p. 110.

trois livres de sang et que mon sermon ne fût pas interrompu. Je vais finir ; écoutez la conclusion (1). » C'est encore aux femmes qu'il reproche le bruit fait pendant la messe qu'il célébrait avant le sermon : « O femmes, quelle honte est la vôtre ! car, le matin, pendant que je dis la messe, vous faites un tel vacarme qu'il me semble entendre un tas d'os qui s'entre-choquent. Et quels cris ! L'une dit : Jeanne ! L'autre appelle : Catherine ! Une autre : Françoise ! Oh ! la belle dévotion que vous avez à entendre la messe !... Ne pensez-vous pas que, dans ce lieu, est célébré, pour votre salut, le sacrifice du corps glorieux du Christ, Fils de Dieu ; que vous devriez vous tenir tranquilles, sans qu'aucune de vous fît même *chut?* Vient madame « Pigara », elle veut s'asseoir devant madame « Sollicita ». Ne faites plus ainsi. Qui arrive la première se range la première. Comme vous arrivez, asseyez-vous et n'en laissez aucune passer par devant (2). » Il les détourne de venir, avant le jour, retenir leurs places, parce que, leur dit-il, « quand vous avez ainsi passé une mauvaise nuit, vous dormez au sermon ; l'espace est assez vaste pour qu'en venant à l'appel de la cloche, vous soyez sûres d'être bien

_______

(1) *Le Prediche volgari*, t. III, p. 388. Cf. aussi t. II, p. 135.
(2) *Ibid.*, t. II, p. 109, 110.

placées (1) ». Puis le voici qui apostrophe des enfants qui jouent à la balle (2), des gens qui font du bruit sur la place : « Oh! là-bas, près de la fontaine, vous qui êtes là-bas à faire votre marché, allez donc le faire plus loin! Vous n'entendez pas, vous, près de la fontaine (3) ? » Une autre fois, il invite à chasser un chien (4), ou bien il s'arrête pendant que sonne la cloche de l'horloge (5). Il entretient les auditeurs de sa santé qui se trouve très bien, assure-t-il, des consolations que ceux-ci lui donnent (6) ; il prétend « peser, après avoir prêché, une livre de plus qu'avant (7) » ; la simplicité naïve de ses confidences sur ce sujet serait pour faire sourire un auditoire moderne : « Hier, dit-il au début de son quatrième sermon, j'étais mort, et aujourd'hui je suis vivant; je ne croyais pas pouvoir prêcher à cause du grand mal qui me tenait ; c'est pourquoi j'ai pris une forte purgation (8). »

(1) *Le Prediche volgari*, t. I, p. 123.
(2) *Ibid.*, t. III, p. 136.
(3) *Ibid.*, t. II, p. 270. Cette fontaine sur la Piazza del Campo est la célèbre Fontegaia, sculptée par Giacomo della Quercia ; elle venait d'être achevée, quelques années auparavant, en 1419. Cf. aussi, t. II, p. 248, 271.
(4) *Ibid.*, t. III, p. 405.
(5) *Ibid.*, t. III, p. 305.
(6) *Ibid.*, t. II, p. 260.
(7) *Ibid.*, t. II, p. 326. Cf. aussi t. II, p. 389.
(8) *Ibid.*, t. I, p. 89. Le détail est d'une précision plus natura-

Ses auditeurs semblent-ils inquiets d'une menace de pluie, il les rassure : « Le nuage est passé », leur dit-il (1). D'autres fois, le sermon s'arrête brusquement, et l'on trouve dans le compte rendu quelque note de ce genre : « En ce moment, la pluie commence à tomber, et le prédicateur cesse de parler (2). » Tel jour, le temps lui paraît si agréable qu'il éprouve le besoin de s'en réjouir avec ses auditeurs : « O femmes, que vous semble de ce temps pour la prédication ? Quant à moi, je dis qu'il me paraît excellent, et que c'est un morceau friand enlevé au diable : il n'y a ni pluie, ni froid, ni chaleur, ni vent. C'est un plaisir à la barbe du diable (3). » Dans sa minutieuse et imperturbable fidélité, le rédacteur note jusqu'à l'hésitation voulue avec laquelle l'orateur répète ses mots en attendant que l'auditoire soit plus attentif (4), jusqu'à ses inflexions de voix, aux syllabes sur lesquelles il appuie plus fortement (5),

---

liste encore : « *Io ebbi una purgazione tanto grande. che io so' mosso XXIIII volte a qua.* » Un jour, saint Vincent Ferrier, étant enroué, tirait de son enrouement même tout le sujet de son discours.

(1) *Le Prediche volgari*, t. III, p. 220.
(2) *Ibid.*, t. I, p. 279; t. II, p. 20.
(3) *Ibid.*, t. II, p. 326.
(4) *Ibid.*, t. II, p. 270.
(5) *Ibid.*, t. II. p. 12, 228, 414; t. III, p. 150.

et, parfois, à travers le texte, on croit entrevoir ses gestes et sa mimique (1).

A un compte rendu qui reproduit si complètement les moindres détails du discours, l'écriture ordinaire n'a pu vraisemblablement suffire. On est amené à supposer que Benedetto usait d'un système tachygraphique quelconque. Ces procédés, moins parfaits sans doute que notre sténographie moderne, ont été pratiqués de tout temps, et notamment au Moyen âge (2). Les scribes y avaient recours, soit pour épargner le parchemin, soit pour gagner du temps : la rapidité avait un prix particulier quand il s'agissait de recueillir le cours d'un professeur ou le sermon d'un prédicateur. Certains auteurs se servaient, pour leurs propres manuscrits, de caractères abréviatifs, parfois malaisés à déchiffrer : c'est le cas, entre autres, de saint Thomas d'Aquin (3). Quel était le procédé de Benedetto ? On l'ignore : on sait seulement qu'il

(1) *Le Prediche volgari*, t. I, p. 154; t. II, p. 70; t. III, p. 365.

(2) Cf. sur ce sujet MAURICE PROU, *Manuel de paléographie latine et française, du sixième au dix-septième siècle, suivi d'un Dictionnaire des abréviations* (1890).

(3) Tel est le manuscrit évidemment autographe de la *Summa contra Gentiles*, éditée par UCELLI (*Romæ, Typographia polyglotta S. C. de Propagandâ fide*, 1878). En tête de cette édition, est le *fac-simile* d'une page de ce manuscrit.

se servait d'un stylet et de tablettes de cire (1).

Même avec le secours de la tachygraphie, il n'en demeure pas moins surprenant qu'un seul homme, un artisan, ait pu accomplir un tel travail, noter, le matin, toutes les phrases d'un discours qui durait plusieurs heures, les transcrire, dans l'après-midi, sur feuillets, et cela quarante-cinq jours de suite. Ajoutez que, pour ne pas se perdre au milieu de ces divisions et subdivisions d'une théologie parfois subtile, pour recueillir exactement tant de citations latines de l'Écriture sainte ou des docteurs, il fallait une instruction qu'on n'attend pas d'un tondeur de draps. Il est vrai que, dans les cités démocratiques de l'Italie de cette époque, certains artisans étaient parfois d'une culture et d'une naissance fort supérieures à celles de nos ouvriers modernes ; à Sienne, notamment, des nobles se faisaient inscrire au livre des métiers, par calcul politique et pour échapper aux proscriptions édictées contre les hautes classes ; divers indices ont fait supposer que Benedetto était peut-être dans ce

_______________

(1) Ces tablettes, fort employées dans l'antiquité, n'avaient pas complètement disparu au Moyen âge : on les trouve en usage, dans certains couvents français, jusqu'au dix-huitième siècle. Cf., sur ce sujet, l'opuscule, déjà cité, de l'abbé DE ANGELIS, *Osservazioni critiche sopra un codice cartaceo del secolo XV e sù l'Arte antichissima di scrivere in cera con pari prestezza del parlare.*

cas (1). Enfin, il n'est pas invraisemblable que le prédicateur l'ait un peu aidé : Bernardin savait que quelqu'un écrivait ses discours, et il s'intéressait à ce travail ; on le voit par divers incidents du compte rendu ; à plusieurs reprises, il interpelle « celui qui écrit », pour lui recommander de prendre avec soin tel passage difficile, par exemple l'indication de divisions compliquées, ou une parole des Livres saints (2) ; un jour, ayant à dire un texte particulièrement long, il le répète une seconde fois à l'intention de « celui qui écrit (3) ». Quoi qu'il en soit, le résultat obtenu est fort extraordinaire, et l'on comprend qu'à l'époque même où ce travail a été fait, le prologue de notre manuscrit l'ait signalé comme une chose prodigieuse, *cosa miracolosa*.

## VI

Que les sermons recueillis par Benedetto soient bien de Bernardin, c'est ce qui ne peut faire de doute. On y trouve, à plusieurs reprises, des allu-

(1) Cf. les *Osservazioni* précitées de l'abbé DE ANGELIS.
(2) *Le Prediche volgari*, t. I, p. 164 ; t. II, p. 35, 241, 275.
(3) *Ibid.*, t. III, p. 257.

sions aux circonstances connues de sa vie : par exemple, à ce fait qu'il est né, a pris l'habit et a prononcé ses vœux le jour de la Nativité de la Vierge (1); à ses diverses prédications, notamment aux jeux meurtriers dont il a obtenu la suppression à Pérouse (2); à son récent voyage à Rome et aux attaques dont il a été l'objet à propos de la dévotion au nom de Jésus (3); au refus qu'il a fait de l'évêché de Sienne (4). En outre, plusieurs de ces sermons, par le sujet, par la doctrine, par l'ordonnance, par les divisions, par les textes sacrés, par l'argumentation, ont une similitude marquée avec ceux que Bernardin a rédigés en latin : tels notamment certains sermons contre les discordes des partis, contre les vanités féminines, ou sur diverses fêtes de la Vierge (5). La similitude est plus probante encore, quand elle se

(1) *Le Prediche volgari*, t. II, p. 240.
(2) *Ibid.*, t. I, p. 97, 285, 349.
(3) *Ibid.*, t. I, p. 98.
(4) *Ibid.*, t. II, p. 69, 219.
(5) Comparez, par exemple, le premier sermon des *Prediche volgari* sur l'Assomption (t. I, p. 7 et sq.), avec le sermon *de Assumptione B. V. Mariæ* et celui *de Exaltatione B. Virginis in gloriâ* (*Sancti Bernardini Senensis Opera*, éd. de la Haye, t. IV, p. 125 et sq., p. 132 et sq.). Comparez de même le sermon des *Prediche volgari* sur la Nativité (t. II, p. 239 et sq.), et ceux sur l'Annonciation (t. II, p. 389 et sq., et p. 430 et sq.), avec les sermons sur les mêmes sujets, publiés par le Père de la Haye (t. IV, p. 93 et sq., et p. 98 et sq.; t. II, p. 316 et sq.).

manifeste par la répétition d'idées trop bizarres pour être venues simultanément à plusieurs esprits (1).

C'est donc bien sûrement le même homme qui a écrit les sermons latins et prononcé ceux en langue vulgaire ; ce qui ne veut pas dire que ce soient les mêmes sermons, ni le même genre de sermons. Ils diffèrent au contraire beaucoup. Sans doute, quand il prêche sur la place de Sienne, Bernardin ne se dégage pas de ces divisions, subdivisions et classifications scolastiques qu'il combinait si subtilement, la plume à la main, dans sa cellule ; il y voit même un point d'appui dont, au milieu des entraînements de l'improvisation, il s'astreint à ne jamais se séparer ; son exorde consiste souvent à indiquer et à numéroter les divisions, sa péroraison à les rappeler (2), et il y revient fidèlement à chaque transition. Mais, dans les compartiments ainsi formés, il se lance, s'anime, s'échauffe. Au lieu de l'argu-

(1) Telle est l'observation que le prédicateur prétendait avoir faite, et d'après laquelle l'eau dans laquelle une femme a lavé ses mains serait moins sale que celle qui a servi à un homme pour le même usage : elle se trouve dans l'une des *Prediche volgari* (t. II, p. 109) et dans l'un des *Sermones* publiés par le Père de la Haye (t. I, p. 243) ; seulement elle ne sert pas, dans les deux cas, à la même démonstration.

(2) Le scribe se dispensait parfois de prendre cette sorte de recollection et se bornait à l'indiquer. Cf., par exemple, *Le Prediche volgari*, t. I, p. 238, 306 ; t. II, p. 387.

mentation méthodique et souvent un peu sèche des discours écrits, c'est la libre et vivante parole, avec son aisance, sa variété d'allure, familière ou véhémente, satirique ou tendre, allègre ou pathétique, trahissant tantôt le sourire sur les lèvres de l'orateur, tantôt le tremblement ému de sa voix, mêlée d'interjections, d'apostrophes, de questions et de réponses, parfois presque de petits drames vivement mis en scène, toute de verve, *alla gagliardoza*, comme il aime à dire lui-même. Il va, revient, se répète, appuie sur les idées qu'il sent insuffisamment comprises, suit les pistes qui se présentent, obéit aux inspirations qui lui viennent des circonstances, s'interrompt pour donner un avis ; puis, quand il se voit ainsi entraîné trop loin de son sujet, il s'y rappelle lui-même : « *A casa*, dit-il, *torniamo a casa.* »

En tout cela, Bernardin n'obéit pas à sa fantaisie : il agit suivant les besoins de son public, tels qu'il les a discernés d'avance, tels aussi qu'il les constate sur le moment. On sent qu'il tient constamment ses auditeurs sous son regard, devinant, à leur attitude, s'ils sont distraits ou émus, convaincus ou résistants, et qu'il règle en conséquence son discours. « Je m'aperçois bien à certains signes, leur dit-il, quand vous ne m'écoutez pas de bon cœur; vous remuez la tête, vous y portez la main, vous vous retournez (1). » Pour les maintenir en haleine et se mettre plus directement en communication avez eux, il leur fait faire avec lui certains gestes (2), ou les invite à nouer soit un fil, soit quelque partie de leur vêtement, pour se rappeler, une fois chez eux, tel passage du sermon qui les regarde plus particulièrement (3). En un mot, quand Bernardin, dans sa cellule, seul en présence de son sujet, rédigeait son sermon, c'était un monologue. Quand il prêche sur la *Piazza*, au peuple assemblé, c'est un dialogue.

Pour être assuré d'être bien entendu, il a soin de parler à ses auditeurs le langage même dont ils se servent tous les jours. Aussi les *Prediche volgari* offrent-elles un spécimen, très intéressant pour les historiens de la langue, du vieux dialecte siennois (4). On conçoit que ce dialecte fût fami-

(1) *Le Prediche volgari*, t. I, p. 187.
(2) *Ibid.*, t. II, p. 278, 279.
(3) *Ibid.*, t. II, p. 2.
(4) Quelques expressions de ce dialecte ne sont pas faciles à comprendre, surtout pour un étranger. M. Milanesi avait ajouté aux dix *Prediche* publiées par lui un vocabulaire explicatif des mots et des façons de dire propres au dialecte siennois, qu'il avait rencontrés dans ces sermons. M. Banchi se proposait de refaire ce vocabulaire, et il l'avait annoncé dans sa préface de l'édition complète des *Prediche volgari*; la mort l'en a empêché.

lier à Bernardin, puisque Sienne était sa patrie. Mais il faisait de même dans les autres contrées de l'Italie. « Quand je vais prêchant de pays en pays, disait-il, et que j'arrive quelque part, je m'ingénie à parler le dialecte des habitants. J'ai appris ainsi et suis parvenu à parler à leur façon sur beaucoup de sujets (1). » Sous l'empire de cette même préoccupation, il donne à sa parole un tour qui puisse être goûté et facilement compris de la foule. Il recourt volontiers aux locutions populaires, aux dictons, aux proverbes. Pour exposer et raisonner ses enseignements moraux, il préfère, aux considérations abstraites, les images, les comparaisons tirées des objets familiers, à son auditoire, de la vie de chaque jour, du ménage, de la cuisine, des jeux d'enfants, des métiers, des choses de la nature, des plantes, des pierres, des animaux surtout. On trouve ces images, ces comparaisons, presque à chaque page des sermons, quelquefois indiquées en peu de mots, d'autres fois développées jusqu'à former de petits tableaux aux vives et fraîches couleurs, de courtes scènes piquantes et pittoresques (2). C'était là, du reste,

(1) *Le Prediche volgari*, t. II, p. 229.

(2) Ces images, ces comparaisons sont si fréquentes qu'on serait vraiment embarrassé d'en choisir des spécimens. Notons, au hasard, rien que dans le premier volume, l'accueil fait au chien

une habitude chez les prédicateurs du Moyen âge ;
ils exploitaient dans ce dessein une histoire naturelle, parfois très fantaisiste, dont les manuels du
temps, *Bestiaires, Volucraires, Lapidaires* ou autres,
leur fournissaient les éléments. « Autant, disait,
au douzième siècle, Hugues de Saint-Victor, il y
a de propriétés dans les objets visibles et corpo-
rels, autant on peut trouver d'applications pour la
vie intérieure de l'âme. » Au seizième siècle, saint
François de Sales usera encore de cette méthode,
l'on sait avec quelle grâce, dans ses livres de
spiritualité.

Toujours à l'adresse de son assistance populaire, Bernardin introduit, de temps à autre, dans
la trame de son discours, de courtes nouvelles ou
des apologues contenant une leçon morale (1). Le
lien qui les rattache au sujet traité est parfois un
peu lâche et artificiel ; il est visible que le dessein
de l'orateur est surtout de reposer et de récréer

étranger par les chiens en train de boire (p. 151), la mère qui
met un amer sur son sein pour sevrer son enfant (p. 198), la
mouche qui tombe dans la soupe du mari gourmand (p. 199),
l'armurier qui brunit son arme (p. 352), l'enfant tombé dans la
boue, que sa mère vient relever (p. 355), etc., etc. Voyez aussi
dans le t. III, p. 296, le semeur qui prétend éloigner les corbeaux
en dressant un mannequin avec une arbalète à la main.

(1) M. Zambrini a publié, en 1878, un recueil de trente-huit
*Novellette, Essempi morali e Apologhi*, extraits des discours de
Sienne.

ses auditeurs, ce qui n'était pas inutile avec des sermons de plusieurs heures. Aussi, voyez comme il annonce tout d'abord le récit qu'il va faire, de façon à bien réveiller l'attention engourdie ou distraite : « Je vais, dit-il, vous raconter un très bel exemple, *un bellissimo essemplo* (c'est le nom qu'on donnait alors à ces contes moralisés) ; écoutez bien ; cela vous plaira (1). » En ce point encore, Bernardin ne faisait qu'user d'une méthode fort répandue à son époque, et qui, à la vérité, était de tous les temps. Ne rapporte-t-on pas que déjà, à Athènes, Démosthène et Démade ressaisissaient l'esprit de leurs auditeurs, en leur contant la dispute sur l'ombre de l'âne ou le voyage de Cérès avec l'anguille et l'hirondelle? Mais c'est surtout au Moyen âge que les « exemples » ont été en faveur (2). Les éléments en étaient empruntés aux auteurs anciens, aux légendes des saints, aux chroniques, aux contes populaires, aux apologues en circulation. Avec le caractère d'universalité qui est

(1) Cf. *Le Prediche volgari*, t. I, p. 172, 234, 319 ; t. II, p. 29.

(2) « Le glaive affilé de l'argumentation, disait un sermonaire fameux de ce temps, Jacques de Vitry, n'a point de pouvoir sur les laïques ; à la science des Écritures, sans laquelle on ne peut faire un pas, il faut joindre des exemples encourageants, récréatifs et cependant édifiants. Ceux qui blâment ce mode de prédication ne soupçonnent pas les fruits qu'il peut produire. »

propre à cette époque, ils formaient une sorte de fonds commun à tous les pays de la chrétienté. Diverses compilations en avaient été faites à l'usage des prédicateurs (1).

Bernardin puise, lui aussi, à cette source banale les sujets de ses « exemples ». Quelques-uns se retrouveront plus tard chez les conteurs et les fabulistes modernes. Voici, par exemple, l'apologue du *Loup et du Renard* (2), presque identique à celui de La Fontaine, ou le moine, le moinillon et l'âne (3), qui est, avec quelques variantes, la fable du *Meunier, son fils et l'âne*. Voici le lion convoquant les animaux en chapitre, pour leur faire faire la coulpe à l'instar des moines : c'est à peu près la scène des *Animaux malades de la peste* : l'âne est roué de coups de bâton et honni comme voleur; la brebis est traitée d'hypocrite, avant même d'avoir ouvert la bouche, et jugée digne des plus grands châtiments, tandis que le renard et le loup sont déclarés excusables d'avoir suivi leur tempérament (4). Voici encore l'âne aux trois fermes :

(1) La *Société des anciens textes français* a publié, en 1889, un recueil de ce genre, *Les contes moralisés de Nicole Bozon*, Frère mineur vivant en Angleterre, au quatorzième siècle.

(2) *Le Prediche volgari*, t. I, p. 319.

(3) *Ibid.*, t. I, p. 172.

(4) *Ibid.*, t. II, p. 29.

trois fermiers sont convenus d'entretenir ensemble, dans une petite cabane, sur le chemin du moulin, un âne dont ils doivent se servir, à tour de rôle, pour porter leur grain. Le premier qui prend l'âne lui laisse pour toute nourriture brouter l'herbe autour du moulin, pendant la mouture du grain; l'herbe était rare, et l'âne l'a vite tondue. Le lendemain, le second fermier se sert de l'âne à son tour, et, comptant qu'il a mangé la veille, le ramène à la cabane sans lui donner aucune pitance. Le troisième vient le jour suivant et charge l'âne d'un sac plus lourd, se disant qu'un âne appartenant à plusieurs doit être fort; et, comme l'âne fléchit, il le roue de coups, sans lui donner non plus rien à manger. Le quatrième jour, la pauvre bête était morte (1). Une autre fois, l'orateur raconte l'histoire de la veuve ayant envie de se remarier, mais qui craint ce qu'on dira d'elle : pour éprouver l'opinion, elle imagine de faire écorcher un cheval, puis dit à un de ses domestiques de le promener par la ville et d'observer ce qu'on en dira; le domestique revient en racontant que chacun se pressait autour de lui et demandait : « Qu'est-ce que cette chose extraordinaire ? » Le jour suivant,

(1) *Le Prediche volgari*, t. III, p. 196.

même épreuve avec un autre cheval également écorché; l'étonnement est beaucoup moindre. Le troisième jour, personne ne se dérange plus de son chemin. Alors la veuve se dit : « Oh! je puis bien prendre un mari, car, après qu'on en aura jasé, on s'en lassera et, au bout de deux ou trois jours, on n'en parlera plus (1). » Faut-il mentionner encore l'histoire de l'ermite qui ne va pas entendre le sermon (2), celle du voleur qui se déguise en porc pour voler de la farine pendant la nuit (3), celle du fou qui se bat avec son ombre (4), etc., etc.? Quelques-uns de ces récits sont troussés lestement et brièvement; dans d'autres, l'orateur se complaît à mettre en scène ses personnages et à les faire dialoguer; dans tous, il fait preuve d'une bonhomie fine et gracieuse, d'un tour vif, et de cet art du conteur où excellaient alors les compatriotes de Boccace.

Ce mode de prédication populaire a été parfois déprécié par certains critiques qui s'étonnent que des moines du Moyen âge ne parlent pas, en pleine place publique, à une foule encore naïve et rude, sur le ton des évêques prêchant à la cour de

(1) *Le Prediche volgari*, t. I, p. 174.
(2) *Ibid.*, t. I, p. 110.
(3) *Ibid.*, t. I, p. 234.
(4) *Ibid.*, t. II, p. 216.

Louis XIV. Ce jugement témoigne de peu de largeur d'esprit. L'éloquence doit être appropriée aux circonstances, et la meilleure est celle qui agit le plus sur l'auditoire auquel elle s'adresse. Or jamais la parole religieuse n'a eu autant d'influence sur le peuple qu'à l'époque où elle employait les moyens dont on affecte d'être choqué. Sans doute, en cela, comme en toutes choses, il y a eu des abus : chez plusieurs des prêcheurs d'alors, la familiarité dégénérait en grossièreté, la bonhomie et la belle humeur en bouffonnerie et pasquinade; de là des scandales qui avaient plus d'une fois provoqué les protestations des contemporains et les réprimandes de l'autorité ecclésiastique (1). Mais depuis quand suffit-il qu'on ait abusé d'un procédé pour en condamner l'usage? Chez Bernardin, d'ailleurs, nul excès de ce genre. Jamais il n'est mû par le vulgaire désir d'amuser ceux qui l'écoutent; il ne cherche à récréer les esprits que

(1) Dès le treizième siècle, Dante se plaignait des « fables qu'on débitait en chaire », et il ajoutait : « Aujourd'hui, l'on s'en va prêchant avec des jeux de mots et des bouffonneries; pour peu qu'on ait fait rire l'auditoire, le capuchon se gonfle, et l'on n'en demande pas davantage. » (*Paradiso*, ch. XXIX, v. 103-120.) Au seizième siècle, le concile tenu à Sens, en 1528, renouvelait la défense de « provoquer les éclats de rire, à la manière des bouffons éhontés, par des contes ridicules et des histoires de vieille femme ».

pour convertir les âmes. Si l'on trouve chez lui, de loin en loin, quelques expressions, quelques images, dont le réalisme naïf étonne notre goût plus timoré (1), ce sont des taches rares. On est plutôt frappé de ce que cette parole, au moment même où elle se fait populaire, garde ordinairement de délicatesse, de grâce, de pureté ; on y voit transpirer, à chaque ligne, avec l'exquise candeur du saint, la distinction de l'homme bien né et la politesse d'un lettré qui n'est pas étranger au mouvement de la Renaissance.

Ces qualités font même à Bernardin une place à part entre les prédicateurs populaires de son temps. Pour s'en rendre compte, il suffit de rapprocher de lui un autre célèbre prêcheur qui devait le suivre de peu, également Mineur de l'Observance, le Français Olivier Maillard (2). Salué par ses contemporains comme « un nouveau Bernardin de Sienne », Maillard est, lui aussi, d'un zèle infatigable, toujours en route, attirant autour de sa chaire des foules immenses ; il traite les mêmes sujets, s'attaque aux mêmes vices que Bernardin ; comme lui, il apporte, dans le cadre d'une théologie toute

(1) Cf. par exemple *Le Prediche volgari*, t. I, p. 154 ; t. II, p. 15, 36, 138.

(2) Cf. le livre de l'abbé SAMOUILLAN, sur *Olivier Maillard, sa prédication et son temps*.

scolastique, une vie étonnante, moraliste ingénieux et piquant, conteur, dialogueur et metteur en scène plein de verve; mais sa verve est plus grossière, plus plébéienne; sa satire, d'une note plus violente; son rire, plus âpre. Dans sa bouche, le sermon a des trivialités, des audaces, des licences qui approchent de celles du Mystère et du Fabliau; plus d'un trait trahit le contemporain et le compatriote de Villon. Enfin, à l'entendre s'indigner des vices des puissants, l'apôtre paraît avoir quelque chose du tribun, sa libre parole a des accents presque révolutionnaires qui rappellent les prêcheurs du temps des Bourguignons et des Armagnacs, et qui font pressentir ceux de la Ligue. De Maillard à l'aimable et tendre Bernardin de Sienne, il y a, semble-t-il, la différence du rude climat du Nord au doux ciel de Toscane.

## VII

Dans les quarante-cinq sermons qui remplissent les trois volumes édités par M. Banchi, on ne discerne aucun ordre didactique. Les sujets se succèdent ou se mêlent, suivant les circonstances, les

besoins du peuple de Sienne, ou l'inspiration du prédicateur, qui est muni d'avance pour les traiter tous.
Sur quelques-uns qui lui tiennent plus à cœur, il
parle plusieurs jours de suite et revient à diverses
reprises. La variété lui paraît un moyen de tenir son
auditoire en haleine, et souvent, au milieu de son
discours, il s'interrompt pour annoncer les sujets
tout différents qu'il traitera les jours suivants (1).

Il prononce son premier sermon le 15 août, naturellement sur la fête du jour, l'Assomption. Il ne
comptait commencer que le dimanche suivant,
mais les Prieurs de la ville l'ont pressé de ne pas
faire attendre le peuple avide de sa parole (2).
D'ailleurs, prêcher à l'improviste sur Marie n'est
pas pour l'embarrasser ; nul sujet ne lui est plus
familier et plus doux ; on sait comment il avait fait
de la Vierge de la porte Camollia la fiancée de sa
jeunesse (3) ; ses biographes rapportent que, quand
il prêchait sur la Mère de Dieu, son visage s'illu-
minait d'une lueur séraphique, et qu'un jour, à
Aquila, devant le roi de Sicile, comme il célébrait
les douze étoiles de la couronne de Marie, l'une
de ces étoiles brilla au-dessus de sa tête.

(1) *Le Prediche volgari*, t. I, p. 236 ; t. II, p. 408, 409 ; t. III,
p. 326, 372.
(2) *Ibid.*, t. I, p. 28.
(3) Cf. plus haut p. 9 et suiv.

A ne considérer, dans ce premier sermon de la station de Sienne, que l'appareil des divisions et des énumérations, par exemple l'interprétation des cinq pierres de la couronne de la Vierge (1), on serait tout d'abord un peu rebuté. Mais on sent bien vite quelle tendre et chaude inspiration circule et déborde à travers ce cadre, transformant la dissertation scolastique en prière ardente, en contemplation mystique, en chant triomphal. Voyez, par exemple, comme l'orateur nous peint la Vierge répondant à l'invitation d'en haut : *Veni de Libano, sponsa mea.* Il nous la montre se mettant aussitôt en mouvement, de la terre s'élevant dans les nuages, traversant successivement le ciel de la Lune, celui de Mercure, de Vénus, du Soleil, de Mars, de Jupiter, de Saturne, ne s'y arrêtant pas, montant plus haut, atteignant le ciel des étoiles, puis le cristallin, puis l'empyrée, toute rayonnante de fête, de joie et de gloire :

Comme, au printemps, la terre est enceinte de fleurs et de parfums, ainsi Marie est entourée d'anges, d'apôtres, de martyrs, de confesseurs; tous se tiennent autour d'elle, l'enveloppant des chants et des odeurs les plus suaves. Il me semble que vous pouvez la voir,

(1) *Le Prediche volgari* t. I, p. 29 et sq.

par la pensée, s'élever à la gloire, invitée par tous les esprits bienheureux, avec tant d'allégresse, avec de si doux cantiques, avec une telle fête, que, rien qu'à en éveiller l'idée par ces brèves paroles, on est ravi... Tous, anges, archanges, chérubins, séraphins, apôtres, patriarches, prophètes, vierges, martyrs, l'environnent, jubilant, chantant, dansant, faisant des rondes, comme vous le voyez peint, ici près, au-dessus de la porte Camollia.

Marie ne s'arrête pas au milieu des saints; c'est Dieu même qui lui a fait appel :

Considérez Marie monter au Père éternel, ornée de toutes les vertus qui font l'âme belle. Elles sont là, autour de Marie, toutes les vertus qui peuvent se nommer, chacune plus ou moins haut suivant son rang, toutes désirant parvenir à la bonté suprême de Dieu, qui est la source d'où elles découlent en nous. Et Marie, ainsi entourée, montait, avec une telle fête, une telle volonté, tout enflammée du désir de s'unir à la divinité incréée du Père. Et pareillement le Père, avec les deux autres personnes divines, l'attendait avec une joie, une allégresse que la langue humaine ne peut exprimer. Le Cantique des cantiques donne un peu l'impression de la douceur des paroles du Père, quand il dit : *Veni in hortum meum, soror, sponsa; miscui myrram meam cum aromatibus meis : comedi favum cum melle meo; bibi vinum meum cum lacte meo.*

L'orateur contemple ensuite Dieu le Père invitant Marie à reconnaître « son doux Fils » (*dolce Figliuolo*) uni avec la Divinité :

Quelle plus grande joie que celle de Marie ! Elle jouit de Dieu, le voit, le considère, le possède ; elle se mire en lui uni au Père éternel. Elle voit dans son fils bien-aimé la propre chair qu'elle a nourrie de son lait, celle qu'elle a conçue et tenue dans son sein virginal. Elle voit cette même chair avec laquelle il a passé trente-trois années dans cette vie. Elle voit cette même chair qui a souffert de si âpres douleurs sur le bois de la Croix, pour le salut des âmes qui voudraient suivre sa doctrine évangélique. Et, de cette vue, Marie éprouve tant d'allégresse, tant de consolation, tant de joie triomphante que jamais elle ne se lasse de regarder son fils.

Et plus loin :

Toute cette fête qui se fait dans la gloire du ciel, quelle en est la cause ? Ce sont les noces qui s'y font, les noces de Marie, épouse de Dieu. Voilà pourquoi, depuis que celle-ci a été élevée au ciel, il n'y a plus que danses, réjouissances, chants suaves qui n'auront pas de fin. Et il est dit par Salomon à tous ceux qui se trouvent à ces noces : *Venite et comedite panem meum et bibite vinum, quod miscui vobis... Venite et comedite omnes et inebriamini.* Tous, nous sommes invités à ces noces. O femmes, plût à Dieu que je vous visse toutes enivrées, et moi avec vous, de ce vin de gloire de la vie éternelle (1) !

(1) *Le Prediche volgari*, t. I, p. **22** à **28**.

En dépit de l'impuissance de notre français moderne à rendre la grâce, la fraîcheur, la saveur originale de la vieille langue siennoise, ne dirait-on pas de quelqu'une de ces visions séraphiques que Fra Angelico commençait alors à peindre aux murailles des cloîtres et où il montrait, dans la splendeur d'une lumière toute céleste, dans le sourire d'une béatitude et d'une jeunesse éternelles, les saints et les anges, chantant, jouant des instruments, dansant sur les gazons fleuris du paradis, ou entourant, dans l'extase de l'adoration, une Vierge immaculée que couronne un Christ rayonnant de divine tendresse?

L'un des premiers sujets traités par Bernardin, après ce début, est la prédication elle-même (1). Ce lui est une occasion de marquer l'importance qu'il y attache. Il va jusqu'à dire qu'entre la messe et le sermon du dimanche, mieux vaudrait encore manquer la messe que le sermon (2). Que deviendrait la foi chrétienne, demande-t-il, si elle n'était prêchée? Et il déclare que le silence de la chaire sera l'un des signes de ce règne de l'Antéchrist dont il était alors tant question (3). Il se plaît à rap-

(1) 3ᵉ et 4ᵉ sermons.
(2) *Pred. volg.*, t. I, p. 66.
(3) *Ibid.*, t. I, p. 68.

peler, du reste, en d'autres endroits, que c'est pour remplir plus librement la mission du prédicateur, pour s'y vouer plus exclusivement, qu'il a refusé d'être évêque. « Voilà déjà plusieurs années, dit-il, que je supporte cette fatigue de la prédication, et je ne connais pas de meilleure fatigue. C'est pourquoi j'ai résolu de laisser toute autre œuvre. Je ne confesse ni homme ni femme et ne m'occupe que de semer la parole de Dieu. » Puis, faisant allusion à tous ceux qui viennent le presser de se charger de telle ou telle affaire, d'apaiser une inimitié, de faire payer une dette, de réconcilier un père avec son fils, un mari avec sa femme, de mettre le bon ordre dans une paroisse : « Ce n'est pas mon rôle, répond-il; mon rôle est seulement de prêcher (1). » Aussi, de quel accent presse-t-il le peuple de venir au sermon ! « O vous qui êtes froids et morts, s'écrie-t-il, allez à la fontaine de vie. O femme, quand, le matin, tu viens à cette fontaine de la vie et de la doctrine de Dieu, à la prédication, ne laisse pas ton mari dans son lit, ni ton enfant, ni ton frère, mais aie soin de les éveiller et qu'ils viennent aussi entendre ce

(1) *Pred. volg.*, t. II, p. 69 et 70, 367 à 370. — Rapprochez de ces passages ce qui est dit dans un des sermons latins des *Œuvres de saint Bernardin*, t. III, p. 379.

qui, s'ils sont morts, les rendra vivants (1). » Cependant, avec la sagesse et l'esprit de mesure qui se joignent toujours à son zèle, ce prédicateur, si convaincu de l'excellence du sermon, est le premier à détourner certaines gens d'y venir :

Tu as un malade chez toi? — Oui. — Ne reconnais-tu pas quel bien tu fais en le soignant? Ne l'abandonne pas, pour venir à la prédication. As-tu de jeunes enfants? — Oui. — Ne néglige rien de ce qui leur est nécessaire, pour venir à la prédication. As-tu un mari et des enfants pour lesquels il faut que tu conduises le ménage? — Oui. — Ne les quitte pas, pour assister à la prédication; si tu ne procurais pas à ta famille ce dont elle a besoin, je ne louerais pas ta venue, car il te faut mesurer la part faite à l'autel, *che ti conviene misurare l'altare* (2).

Il se plaît à donner des conseils pratiques sur la façon de bien entendre le sermon, de s'y tenir éveillé, attentif, de n'en perdre aucune partie, et il le fait avec une bonhomie vive, en s'aidant de comparaisons familières. Ainsi recommande-t-il à ses auditeurs de « ruminer », en s'en retournant à leur boutique ou à leur vigne, ce qu'a dit le prédicateur. « Imitez le bœuf, quand il a pâturé; il rumine, ru-

(1) *Pred. volg.*, t. I, p. 75.
(2) *Ibid.*, t. II, p. 42.

mine, et ce ruminement lui paraît meilleur que de
pâturer. Faites de même avec la parole de Dieu,
quand vous l'entendez : ruminez-la beaucoup, afin
qu'elle vous paraisse encore meilleure à ruminer
qu'à entendre (1). » A ses conseils, il mêle de petits
tableaux satiriques : telle l'histoire d'un moine gros
et stupide, « *tanto grosso, di quelli grossolani, che era
una confusione tanto era grosso* »; celui-ci s'exta-
siait sur le sermon d'un autre Frère qui, au contraire, « disait des choses si subtiles que c'était
merveille, plus subtiles que le fil de vos fillettes ».
A chaque question qu'on posait au gros moine, sur
la raison de son admiration, il savait seulement
répéter : « Le Frère a dit les choses les plus hautes
et les plus nobles que j'aie jamais entendues. »
Enfin, pressé davantage : « Il a été si élevé, répondit-il, que je n'y ai rien compris. » Bernardin en
concluait à la nécessité, pour le prédicateur, de
parler clair : *chiarozo, chiarozo,* répétait-il avec
insistance, *alla chiarozza,* de façon que l'auditeur
sorte content, illuminé, et non *imbarbagliato* (2).

Après ces diversions piquantes, Bernardin reprend le ton grave et ému; il donne rendez-vous
à ses auditeurs devant le souverain juge :

(1) *Pred. volg.,* t. I, p. 100 à 108.
(2) *Ibid.,* t. I, p. 59 à 61. Voir aussi t. III, p. 215.

Sachez que, le jour du jugement, je serai devant Dieu, disant : « Seigneur, je prêchai à ce peuple ta doctrine, et ils ont agi selon ce que j'ai prêché; c'est pourquoi, Seigneur mon Dieu, tu as dit par ton évangéliste : *Si quis sermonem meum servaverit, mortem non habebit in æternum;* quiconque gardera ma parole ne mourra pas éternellement. Donc, Seigneur, fais que ceux-ci soient sauvés... Et je serai aussi, devant Dieu, contre ceux qui ont résisté à mes prédications, et de même je dirai à Dieu : Seigneur, j'ai annoncé à ce peuple ce que tu m'as commandé; ils n'ont pas voulu m'entendre, ni suivre ma parole. Aussi, Seigneur, as-tu dit dans ton évangile : *Qui non est mecum contra me est;* quiconque n'est pas avec moi est contre moi. Or puisque ceux-ci ne voulurent pas être des tiens, Seigneur, que ta justice s'accomplisse (1)!

La médisance, qui est de tous les temps et de tous les pays, sévissait à Sienne, car Bernardin n'y consacre pas moins de quatre sermons de suite (2). En dépit de divisions bizarrement échafaudées sur la description du dragon dans l'Apocalypse, il s'y montre moraliste ingénieux, souple, à la fois pratique et élevé. Les divers méfaits de la langue méchante sont finement analysés, vivement flétris. Quand l'orateur raille, ce n'est pas vaine malice, mais toujours désir de déta-

(1) *Pred. volg.*, t. I, p. 87.
(2) 6e, 7e, 8e et 9e sermons.

cher les âmes du péché. Le ton est varié. Des peintures de mœurs, des historiettes viennent reposer des considérations abstraites. A des morceaux plaisants, succèdent des mouvements pathétiques : telle une véhémente malédiction portée contre cette langue du détracteur, semeuse de scandales, de mensonges, de discordes et de guerre, « première cause des Guelfes et des Gibelins (1) ». Mais s'il flétrit la médisance, Bernardin ne veut pas que celui qui en est victime s'en attriste ; ne lui est-il pas plus avantageux d'être diffamé que loué ? Et il ajoute :

Il n'est qu'une chose pour laquelle je voudrais avoir de l'argent. — Que voudrais-tu en faire? Le dépenser en aumône pour marier les jeunes filles ? — Non. — Pour le profit des églises? — Non. — Pour les prisonniers? — Non. — Oh! qu'en ferais-tu? — Je le donnerais tout à qui voudrait médire de moi... Eh! dis-moi, qui crois-tu qui soit plus utile à mon âme, ou quelqu'un qui me loue, ou quelqu'un qui me blâme? Rends-toi compte qu'il y a autant de différence entre l'un et l'autre, qu'entre celui qui m'entraînerait d'ici à terre, et l'autre qui me soutiendrait et m'empêcherait de tomber (2).

Le mal des factions guelfe et gibeline, la *par-*

(1) *Pred. volg.*, t. I, p. 159, 160.
(2) *Ibid.*, t. I, p. 205.

*zialita,* tient une grande place dans les sermons de Sienne, comme du reste dans toute la prédication de Bernardin. Il rappelle lui-même comment il avait déjà parlé de ce mal en Lombardie et en beaucoup d'autres lieux (1) ; il ajoute que si, en sortant de Rome, il est venu à Sienne, c'est qu'il a appris que les dissensions y avaient reparu (2). Trois sermons qui se suivent (3) ne lui suffisent pas à épuiser ce sujet ; il y revient à diverses reprises dans d'autres discours (4). Le ton sur lequel il en parle est particulièrement grave, ému, tragique ; plus de place aux diversions plaisantes ; tout est sombre peinture et condamnation sévère. L'exposé qu'il fait de ces divisions fournirait à l'historien des renseignements curieux sur l'état des mœurs ; il montre à quel point l'esprit de faction avait tout envahi, jusqu'aux actes les plus ordinaires de la vie ; il montre aussi à quelle étrange férocité on en était arrivé. Parlant devant ceux mêmes qui avaient été témoins des faits, l'orateur ne devait pas les exagérer ; or, voici le tableau qu'il trace des horreurs qui s'étaient produites à Sienne, depuis deux ans, c'est-à-dire depuis sa dernière prédication :

(1) *Pred. volg.*, t. I, p. 240, 253, 264.
(2) *Ibid.*, t. II, p. 69, 219.
(3) 10e, 11e et 12e sermons.
(4) 16e, 23e et 42e sermons.

Hélas! que s'est-il fait depuis deux ans? Combien de maux ont produits ces deux partis guelfe et gibelin! Combien de femmes ont été tuées, dans leur propre cité, dans leur maison! Combien ont été éventrées, de même combien d'enfants tués pour se venger de leur père! Combien tirés du sein de leur mère, foulés aux pieds, et pris, et jetés contre le mur pour leur briser la tête; la chair de l'ennemi vendue à la boucherie, comme une autre viande; son cœur arraché du corps, pour le manger cru! Combien ont été tués par le fer et puis ont été enfouis au milieu des excréments! Ceux-ci ont été rôtis et puis mangés, ceux-là ont été précipités en bas d'une tour, d'autres jetés dans l'eau par-dessus les ponts; ici la femme a été prise et violée devant le père et le mari, et eux tués devant elle; et nul n'a eu pitié d'autrui, qu'il ne l'ait vu mort. Que vous en semble, femmes? Bien plus, j'ai entendu dire qu'il y a eu des femmes si acharnées contre les partis adverses, qu'elles ont mis la lance à la main du tout petit enfant, pour que, par le meurtre, il assouvît sa vengeance. Je sais une femme si cruelle pour une autre femme du parti contraire, qu'elle dit à un serviteur : « Une telle fuit, elle est en croupe derrière un cavalier qui l'emmène. » Et ce serviteur les poursuivit, criant avec menace au cavalier : « Pose cette femme à terre, si tu ne veux pas la mort! » Le cavalier ayant obéi, l'une des femmes tua l'autre (1).

L'orateur ajoute qu'il est loin d'avoir tout dit.

(1) *Pred. volg.*, t. **I**, p. **252, 253**.

Aussi emprunte-t-il la parole de Jean dans l'Apocalypse, pour s'écrier : *Væ terræ et mari, quia descendit diabolus ad vos.* Le diable, c'est bien lui qu'il découvre et dénonce dans toutes les œuvres des partis. Il est indigné, comme d'un horrible sacrilège, quand il voit les insignes de ces partis, gravés ou peints dans les églises elles-mêmes. « Quelquefois, ajoute-t-il, je les ai vus jusque sur la tête du Crucifié. Alors, à ce spectacle, j'ai dit : O Seigneur Dieu, oh! tu as le diable au-dessus de toi (1)! » Après tout acte de parti qu'il dénonce, il déclare solennellement que c'est un « péché mortel », le « péché le plus grand, le plus corrupteur, le plus pestilentiel qui existe sous la calotte des cieux »; il ajoute que celui qui meurt en cet état est damné, qu'il va en enfer, « *a casa del diavolo* ». Avertissement redoutable qu'il ne se lasse pas de répéter, et qui retombe à chaque fois, comme un lourd marteau, sur la tête du *parziale* (2). A son avis, nulle messe ne peut-être dite, nulle prière ne doit être faite pour l'homme de parti mort sans

---

(1) L'émotion du prédicateur donne même à son langage une énergie et une audace que la délicatesse moderne ne me permet pas de traduire : « *O signore Dio, oh, tu hai il diavolo sopra di te, il quale si può dire che ti piscia in capo! — Basta, basta.* » (*Pred. volg.*, t. II, p. 15.)

(2) *Passim,* dans les sermons précités.

s’être repenti : ce serait pécher mortellement d’intercéder pour lui, parce que Dieu veut qu’il soit damné. « Il est aussi licite, dit-il, de prier pour son âme que de prier pour l’âme de Mahomet (1). » Et, afin de donner une forme plus saisissante, plus effrayante à son admonition, il va jusqu’à dire :

Mes concitoyens, et vous femmes, je veux que vous écoutiez une prière que je vais faire, ce matin, pour les âmes de mon père, de ma mère et de mes parents. « Seigneur Jésus-Christ, je te prie que, si mon père, ma mère ou quelqu’un de mes parents est mort tenant pour un des deux partis dont je parle, aucune messe ne vaille pour son âme, qu’aucune de mes prières ne lui soit utile. Et encore, je te prie, Seigneur, que si l’un d’eux a tenu pour un parti jusqu’à la mort, et ne s’en est pas confessé, mille démons aient son âme, et qu’il n’y ait jamais de rédemption pour lui (2). »

Autant la parole de Bernardin est terrible quand il maudit la discorde, autant elle a de douceur quand il prêche la paix (3). Il y emploie tout un des derniers discours de la station. Écoutez-le s’écrier, avec un accent qui rappelle saint François d’Assise et dont, après plus de quatre siècles, on

(1) *Pred. volg.*, t. II, p. 237, 238.
(2) *Ibid.*, t. II, p. 18.
(3) Cf., sur ce sujet, un passage déjà cité des sermons latins, plus haut, p. 180.

croit encore percevoir la tendresse émue : « Oh !
mes concitoyens, réconciliez-vous ! (Mot à mot :
réembrassez-vous, *rabracciatevi insieme.*) Que celui
qui a reçu des injures, pardonne, pour l'amour de
Dieu, et, en cela, il prouvera qu'il veut du bien à
sa cité. Vous avez l'exemple de la vie du Christ ; il
a toujours dit : Paix. Il n'est rien qu'il ait aussi
tendrement recommandé que la paix. » Un peu
plus loin : « Mes concitoyens, je vous prêche la
paix, je vous recommande la paix. O vous qui
avez bonne volonté, ne vous dérobez pas, observez
cette paix, pour l'amour de celui qui vous la recommande. » Puis il rappelle au chrétien que le
Christ, l'Église, sa conscience, les infidèles eux-
mêmes, tout lui crie : Paix. « C'est pourquoi, lui
répète-t-il encore, je te prie, je te conseille, je
t'ordonne, de la part de Dieu, de pardonner (1). »
Enfin, quand, à force d'instances, il croit avoir
touché le cœur de ses auditeurs, il leur demande
un signe visible de leur adhésion ; il invite femmes
et hommes à se rendre, en sortant du sermon, les
premières à l'église Saint-Martin, en suivant le
Porrione (2), les seconds à la cathédrale (3) ; par

(1) *Pred. volg.*, t. III, p. 377, 384.
(2) Nom ancien de la rue qui conduisait de la Piazza del Campo
à l'église Saint-Martin.
(3) Le texte porte *Vescovado*, mais l'éditeur pense que ce mot

cette démarche, les uns et les autres témoigneront solennellement qu'ils offrent la paix à tous et se réconcilient avec leurs ennemis (1). L'orateur termine par cette dernière adjuration :

Oh! mes frères et mes pères, aimez-vous les uns les autres, embrassez-vous de nouveau, et si quelque mal vous a été fait dans le passé, pour l'amour de Dieu, pardonnez les injures reçues; n'ayez plus de haine entre vous, afin que vous ne soyez pas haïs de Dieu. Aimez-vous et témoignez-le l'un à l'autre, avec **vos** paroles, avec votre cœur, avec vos actes, comme faisait le Christ envers ceux qui l'avaient offensé. Vous savez que, lorsqu'il était sur le bois de la croix, il montra combien, loin de les haïr, il les aimait... Qui **sera** assez inique et assez cruel pour refuser de pardonner pour l'amour de Dieu?... Citoyens et vous femmes, **je** vous prie, je vous exhorte, je vous ordonne autant que je peux, que vous ayez et que vous gardiez la paix. A vous femmes, je demande que vous m'aidiez pour l'amour de Dieu. A tous, hommes et femmes, je dis que vous m'aidiez dans la fatigue que j'ai portée, avec tant de sollicitude et d'amour, pour votre paix... Si vous êtes tous réconciliés ensemble, vous aurez la paix sur la terre et, de là, vous l'aurez dans la gloire que je prie Dieu de vous accorder par sa grâce et **sa** miséricorde, *in sæcula sæculorum. Amen.* Femmes, géné-

signifie, en cette circonstance, la cathédrale. Cf. *Pred. volg.*, t. II, p. 411.

(1) *Pred. volg.*, t. III, p. 385.

reusement par le Porrione, et vous, vaillants hommes,
à la cathédrale (1)!

Aux vanités féminines, aux excès du luxe, à
l'immodestie des vêtements, notre prédicateur consacre tout un sermon, où il passe en revue la toilette, de la tête aux pieds (2); le même sujet est
touché accessoirement dans plusieurs autres discours. A l'entendre, les Siennoises dépassent,
par le faste de leurs modes, ce qu'il a vu ailleurs (3); il leur oppose les dames romaines qui,
toutes, femmes de princes ou autres, n'ont pour
atour qu'une étoffe de laine blanche dont elles se
recouvrent les épaules et la tête (4). Les détails
dans lesquels entre le prédicateur permettraient
de reconstituer par le menu le costume d'une élé-
gante ou d'un damoiseau d'alors, n'est parfois
l'embarras de savoir à quel objet s'applique telle
ou telle expression (5). Ne va-t-il pas jusqu'à

(1) *Pred. volg.*, t. III, p. 389, 390.
(2) 37ᵉ sermon.
(3) *Pred. volg.*, t. II, p. 111.
(4) *Ibid.*, t. II, p. 90.
(5) On trouvait déjà des descriptions de ce genre dans les sermons latins rédigés par saint Bernardin et publiés dans l'édition
du Père de la Haye. Il nous y dépeint la femme portant sur la
tête des cheveux postiches, dorés et chargés d'une couronne d'or.
Au-dessus encore, s'élève, couverte de soie et de broderies, une
mitre que, dans son indignation, il appelle une vessie toute
gonflée. Des peignes, des joyaux de prix achèvent d'embellir la

fixer la dimension des talons de chaussures? « Ces femmes, dit-il, prétendent que je leur ai permis de porter des mules hautes de deux doigts; c'est vrai; mais quelques-unes disent avoir compris deux longueurs de doigt; je n'ai pas dit cela; j'ai dit deux largeurs de doigt (1). » Avec quelle piquante vivacité il met en scène tous les manèges de la coquetterie féminine! Ici, c'est le portrait finement détaillé de la veuve qui brûle de se remarier (2); là, le tableau de jeunes femmes flirtant avec les jeunes gens, au sortir de l'église (3). Écoutez encore ce court apologue :

As-tu jamais entendu parler d'une corneille qui s'habilla un jour avec des plumes de toutes sortes? Oh! qu'elle était belle avec des reflets de diverses couleurs! Sais-tu ce qui est arrivé? Tous les oiseaux s'assemblèrent autour d'elle, chacun enleva la plume que

tête, et les pierres retombent sur le front. Aux tempes, des cercles d'or : aux oreilles, de riches pendants. Le front trop étroit s'est agrandi, grâce aux épilatoires. Les sourcils décrivent une courbe gracieuse que fait mieux ressortir la teinte noire qu'on leur a donnée. Les dents tombées ont été remplacées par des dents d'ivoire; les dents gâtées ont été ramenées à leur blancheur primitive. Un verre léger a enlevé le duvet que ne pouvait atteindre le rasoir, et la peau s'est adoucie sous les cosmétiques. (T. I, sermon XLIV, *Contra mundanas vanitates et pompas,* et sermon XLII, *Contra fucatas et capillos adulterinos portantes.*)

(1) *Pred. volg.,* t. I, p. 356.
(2) *Ibid.,* t. II, p. 197 à 199.
(3) *Ibid.,* t. III, p. 212.

la corneille lui avait empruntée, et ainsi elle resta déplumée. O femme qui portes tant de choses qui ne sont pas tiennes, si la laine dont tu es vêtue retournait à la brebis, la soie au ver qui l'a filée, et les cheveux que tu portes aux morts dont ils étaient les propres cheveux, et si les crins que tu emploies retournaient aux chevaux, si toutes les choses que tu as enlevées pour les appliquer à ta parure, retournaient à leur principe, oh! tu resterais bien dépouillée, tu n'aurais pas tant d'ornements et de barbouillages que tu en as, et tu ne ferais pas autant de péchés (1).

Et au sujet de ces femmes qui ne sont pas chez elles ce qu'elles se montrent dans le monde :

N'as-tu pas entendu dire que l'aubergiste vend deux sortes de vin en même temps, l'un meilleur que l'autre? Le meilleur, il le donne aux amis et à ceux qui viennent souvent; et le plus mauvais, aux sots. Ainsi fait la femme vaine. Elle vend le meilleur vin sur la place de l'évêché, dans la cathédrale, à ceux qui l'admirent; et l'autre à son sot de mari. Quand elle va à l'église, elle y va ornée, peinte, enguirlandée, comme si elle était *Madonna Smiraldina*, et, à la maison, elle se tient comme une péronnelle. Certes, vous devriez en rougir... C'est dans votre chambre, avec votre mari, que vous devriez faire la meilleure figure, et non sur la place de l'évêché au milieu de

(1) *Pred. volg.*, t. III, p. 191.

tant de gens. Quelquefois, il semble que tu veuilles te montrer dehors un lion, et à la maison une pécore (1).

Contre l'extravagance des modes. la satire lui paraît de mise. Il se moque des femmes qui portent sur leurs têtes, « l'une des créneaux, l'autre une citadelle, la troisième une tour détachée comme celle que je vois là », dit-il en désignant du geste la grande tour du Palais public. « Ce sont ces créneaux, ajoute-t-il, où se dressent les étendards du diable. » Les auditeurs sont-ils tentés de rire, il les contient sévèrement : « Ne riez pas, leur dit-il, car vous avez sujet de pleurer (2). » Et un autre jour, comme il s'élevait contre « ces manches si vastes qu'on pourrait en faire deux manteaux » : « Holà, s'écrie-t-il, ne souriez pas, car le diable, lui aussi, aurait de quoi sourire. Si les séraphins de Dieu ont deux ailes, les séraphins du diable en ont aussi deux ; vous êtes vraiment, avec vos manches, les séraphins du diable (3). » Ce n'est pas, en effet, pour lui matière à plaisanterie : dans ces vanités, il dénonce, avec une rigueur qu'on serait tenté parfois de trouver excessive, des « péchés mor-

(1) *Pred. volg.*, t. III, p. 206.
(2) *Ibid.*, t. III, p. 306.
(3) *Ibid.*, t. III, p. 207, 208.

tels (1) ». Aussi sa raillerie tourne-t-elle vite en indignation. A la mère qui habille sa fille comme une courtisane, il crie : « N'as-tu pas honte?... Oh! si j'étais ton mari, je te donnerais une volée de coups de pied et de coups de poing dont tu te souviendrais... *O frate Mazica, frate Bastone* (2), venez punir le péché de celles qui veulent paraître courtisanes (3). » Il revient fréquemment sur cette assimilation :

A quoi reconnaît-on où se vend le vin? A l'enseigne. De même à quoi reconnaît-on une auberge? Aussi à l'enseigne. Tu vas à la taverne pour avoir du vin, parce que tu as vu l'enseigne, et tu dis au marchand : Donne-moi du vin. N'est-ce pas ainsi? Or, si quelqu'un allait à une femme qui, dans ses vêtements et sa coiffure, porte l'enseigne d'une prostituée et lui demandait... tu m'entends, ce qu'on demande à une prostituée, comme on demande du vin à l'aubergiste, que penses-tu qu'il en serait (4)?

Ce qui le révolte le plus dans ce luxe, c'est de voir, à côté, la misère non soulagée. A la femme qui empile dans ses coffres et dans ses armoires

---

(1) *Pred. volg.*, t. III, p. 186, 193, 204 et *passim*.

(2) Mot à mot : « Frère Gourdin, frère Bâton », expression habituelle à Bernardin pour personnifier les fléaux divers par lesquels Dieu punit les méchants.

(3) *Pred. volg.*, t. III, p. 176.

(4) *Ibid.*, t. III, p. 207. Cf. aussi p. 188 et 330.

tant de beaux vêtements, pendant que le pauvre meurt de froid, il demande : « Quel sera, crois-tu, devant Dieu, le cri de ce malheureux contre toi ? Oh ! si tu prêtais l'oreille, tu entendrais : Vengeance, vengeance ! De même, si tu écoutais le cri de tes coffres, de tes armoires si remplies, tu entendrais : *Miseremini mei, miseremini mei* (1). » D'ailleurs, toute cette richesse n'est-elle pas faite souvent de vol, d'usure, et, comme il dit énergiquement, « de la sueur des citoyens, du sang des veuves, de la moelle des pupilles et des orphelins » ? Et il ajoute : « Qui prendrait une de ces jupes, pour la presser et la tordre, en verrait sortir le sang de créatures humaines... Ne vois-tu pas que l'habit que tu portes sur les épaules est taché de sang (2) ? »

Devant un peuple aussi commerçant, Bernardin ne pouvait pas ne pas parler du négoce et des péchés qui s'y commettent (3) ; il en énumère jusqu'à dix-huit ; à ce propos, il met en scène, avec le tour vif qui lui est propre, les diverses pratiques dont usaient alors les marchands malhonnêtes : elles ressemblent fort à celles d'aujourd'hui.

(1) *Pred. volg.*, t. III, p. 195, 196. Nous avions vu quelque chose d'analogue dans les sermons latins. Cf. plus haut, p. 175.

(2) *Ibid.*, t. III, p. 193, 194.

(3) 38ᵉ sermon.

Voici maintenant une série de sermons sur la façon dont le mari doit aimer sa femme, et la femme son mari (1). Nul plus que cet homme de cloître ne prise la valeur et le charme d'une bonne épouse ; nul n'en parle avec plus de grâce et de chaleur :

Saurais-tu me dire quelle est la plus belle et la plus utile chose qui soit dans une maison? Est-ce d'avoir beaucoup de domestiques obéissants et bien habillés ? Ce n'est pas cela. Serait-ce d'avoir de l'argenterie, des tentures de drap ou de velours? Ce n'est pas cela. Serait-ce d'avoir des enfants obéissants, sages et aimables? Non pas cela. Quoi donc? Le sais-tu? le sais-tu? C'est d'avoir une femme belle, grande, bonne, sage, honnête, douce, et qu'elle donne à son mari de petits enfants. Certes, c'est là le plus bel ornement qui puisse être dans une maison. Sais-tu comment est cette femme? Elle est comme le soleil qui illumine le monde, et, sur la terre, rien de plus beau que le soleil. Qui le dit? L'Ecclésiastique au chap. xv. *Sicut sol ornamentum est in altissimis, ita mulier sapiens in domo viri* (2).

Il veut qu'on juge la femme, comme l'arbre, d'après ses fruits. Or, demande-t-il, peut-on voir un plus beau fruit qu'un petit enfant? N'est-ce pas le fruit de l'arbre planté dans le paradis terrestre

(1) 19e, 20e et 21e sermons.
(2) *Pred. volg.*, t. II, p. 106, 107.

et formé des mains de Dieu même? Aussi s'indigne-t-il contre ceux qui, ne sachant pas reconnaitre la beauté de ce fruit, n'ont pas égard à la femme qui le leur donne.

Il est des hommes qui sauront mieux supporter une poule, à cause de l'œuf frais qu'elle pond tous les jours, qu'ils ne supporteront leur propre femme. Si, par hasard, la poule brise un pot ou un gobelet, ils ne la battent pas, pour n'être pas privés de son fruit qui est l'œuf. O fous à enchaîner, vous ne savez pas supporter une parole de vos femmes qui vous font de si beaux fruits! car, si une femme dit une parole de plus qu'il ne convient à son mari, subitement celui-ci prend le bâton et commence à la battre ; et la poule qui glousse toute la journée sans aucun repos, tu la supportes patiemment pour avoir l'œuf qui peut-être se cassera... Des maris bourrus battent leurs femmes, quand ils ne la trouvent pas assez parée, tandis qu'ils supportent que la poule fasse ses crottes jusque sur la table... Considère donc, malheureux, considère le beau fruit de la femme, et sois patient : il ne faut pas la battre pour la moindre chose. Non!... (1).

La femme, pour notre prédicateur, est aussi celle qui gouverne la maison ; ce lui est une occasion de peindre, avec la précision réaliste d'un maître hollandais, deux petits tableaux d'intérieur : d'une

(1) *Pred. volg.*, t. II, p. 115, 116.

part, la bonne ménagère, tenant tout en ordre, rangeant son grenier, soignant l'huile, le vin et les salaisons, répartissant ce qui est à vendre et à garder, faisant filer et tisser la toile des draps, etc. ; en opposition, l'homme qui n'a pas de femme pour tenir son ménage, et chez lequel tout est sale et en désordre ; son huile se répand, et il se borne à jeter un peu de terre dessus ; son vin tourne au vinaigre :

Au lit, sais-tu comment il se couche? Il dort dans un fossé, et le drap qu'il a mis sur le lit, on ne l'enlève pas jusqu'à ce qu'il soit déchiré. De même, dans la salle où il mange, gisent par terre les cosses de melon, des os, des épluchures de salade, et toutes sortes de choses laissées sur le sol, sans être presque jamais balayées. La table, sais-tu comment elle est servie? On pose tout sur la nappe qu'on n'enlève que quand elle est pourrie. Le billot est un peu nettoyé, parce que le chien le lèche et le lave. Les pots sont tous brisés. Va, regarde. Sais-tu comment vit cet homme? Il vit comme un animal. Je t'assure qu'on ne peut jamais bien vivre en vivant seul. Femmes, saluez (1)!

Bernardin pénètre bien plus avant dans son sujet, si avant que je serais embarrassé de le suivre. Il aborde les cas de conscience les plus intimes et les plus délicats de la vie matrimo-

(1) *Pred. volg.*, t. II, p. 118, 119.

niale, avec une liberté qui effaroucherait fort aujourd'hui. Ce n'est certes pas, chez le saint et pur religieux, recherche indiscrète des questions scabreuses ; c'est uniquement sollicitude apostolique des âmes qu'il voit en péril. « Sur mille mariages, dit-il, je crois qu'il y en a neuf cent quatre-vingt-dix qui sont mariages du diable (1). » Aussi ne se lasse-t-il pas de répéter : Malheur au prédicateur qui n'instruirait pas les ignorants et n'avertirait pas les coupables ! A plusieurs reprises, il presse les mères d'amener à cette prédication leurs filles, non seulement celles qui sont mariées, mais celles qui sont à marier (2). Il voudrait aussi, en cette circonstance, avoir, au pied de sa chaire, tous les confesseurs de la ville, et il demande qu'on leur réserve un banc. Que plusieurs de ses auditeurs feignent d'être choqués et lui cherchent querelle à ce propos, il s'y attend, mais ne s'en trouble pas, sûr qu'il est de faire son devoir (3). « Sais-tu pourquoi, demande-t-il, je te parle de ces choses ? C'est pour ton bien. Tu dis peut-être : Oh ! tes paroles m'apportent une puanteur qui me pénètre jusqu'à la cervelle. — Je te ré-

(1) *Pred. volg.*, t. II, p. 95.
(2) *Ibid.*, t. II, p. 85, 95, 444.
(3) *Ibid.*, t. II, p. 101.

ponds qu'à moi cela ne me paraît pas une puanteur, mais la meilleure odeur du monde (1) . » Il prescrit donc à son auditoire de l'écouter avec confiance et sans se scandaliser, *senza scandalo e con fede* (2). Il promet d'ailleurs de parler avec discrétion. « Avez-vous jamais vu, dit-il, le coq, quand il entre dans la fiente ? Il y entre tout propre, en relevant ses ailes pour ne pas se salir et pour pouvoir s'envoler sur son perchoir. Ainsi ferai-je (3). »

Il est un autre sermon où cette hardiesse de langage apostolique étonnerait plus encore un auditoire moderne, c'est celui qui est consacré tout entier à combattre le vice infâme qui jadis avait attiré le feu divin sur Sodome (4). D'après les témoignages contemporains, l'Italie en était alors infestée (5) ; les magistrats étaient obligés d'édicter des mesures spéciales pour le réprimer, tandis qu'un écrivain, tristement fameux, en faveur auprès des princes et des humanistes, Beccadelli, dit le Panormita, en faisait l'apologie dans un de ses livres. Cela explique que Bernardin ait cru néces-

---

(1) *Pred. volg.*, t. II, p. 136.
(2) *Ibid.*, t. II, p. 132.
(3) *Ibid.*, t. II, p. 95.
(4) 39ᵉ sermon.
(5) Cf. les sources indiquées dans l'*Histoire des Papes*, de Pastor, trad. F. Raynaud, t. I, p. 32, 33.

saire de porter le fer rouge de sa parole dans cet
ulcère. Alors surtout, il désire un nombreux auditoire. « Je voudrais, dit-il en commençant ce sermon, qu'il m'en coûtât une demi-livre de sang et
que ce fût aujourd'hui dimanche, pour qu'il y eût
plus de monde à m'entendre (1). »

Parfois, c'est l'événement du jour qui détermine
le choix de son sujet. Des élections ou l'instal-
lation de nouveaux fonctionnaires le conduisent
à exposer les devoirs de la vie publique, ceux des
citoyens comme ceux des magistrats (2). La fête
de la Nativité lui est une occasion de reparler de la
Vierge (3). Avec quelle joie il la saisit ! « O vous
hommes, et vous aussi femmes, s'écrie-t-il, pre-
nons-en ce matin tout notre saoul, *pigliamone sta-
mane una corpacciata.* » Cela ne lui suffit pas ; au
cours de l'octave, il revient encore à Marie et célèbre son Annonciation : « O femmes, dit-il, apprê-
tez-vous à être attentives ; si les pierres pouvaient
et savaient, elles voudraient entendre. » Le lendemain, toujours à propos du même mystère, il
aborde ce qu'il appelle *una gentilissima materia* (4) ;
il expose comment la Vierge, au moment de la

(1) *Pred. volg.*, t. III, p. 253.
(2) 17ᶜ et 25ᶜ sermons.
(3) 24ᶜ sermon.
(4) *Pred. volg.*, t. II, p. 430.

salutation angélique, n'était pas seule, mais avait autour d'elle douze nobles demoiselles : ces demoiselles sont les personnifications des vertus de Marie (1). Le public du Moyen âge goûtait fort les allégories de ce genre ; certains prédicateurs en développaient souvent de moins gracieuses et d'une subtilité plus bizarre.

Ces sermons, de sujets si variés, sont tous comme échauffés par une même flamme. Cette flamme, c'est le zèle de l'apôtre, son amour ardent et inquiet des âmes. A-t-il quelque indice que ses exhortations sont entendues, il en est tout heureux ; son cœur et son corps même en sont revivifiés : « Je vous assure, dit-il un jour où il constatait les bonnes dispositions du peuple, que j'ai engraissé, depuis que je suis arrivé dans cette ville. » Sent-il, au contraire, des résistances, il en souffre et s'alarme des colères divines dont il voit la menace peser sur ses auditeurs. A chaque

(1) Bernardin aimait particulièrement cette allégorie des demoiselles, compagnes de la Vierge ; elle est reproduite, avec des variantes, dans plusieurs de ses discours latins (*Sancti Bernardini opera*, t. II, p. 319, et t. III, p. 288), et aussi dans le manuscrit inédit d'autres *Prediche volgari*, prononcées par lui à Florence et conservées dans la Bibliothèque de cette ville. Cette allégorie avait, du reste, cours dans la prédication du temps, et on la retrouve, plus ou moins modifiée, dans les sermons de Gerson et dans ceux de Maillard.

14

instant, il les avertit du péril et trouve, pour le faire, quelques-uns de ces accents de prophète par lesquels, un demi-siècle plus tard, Savonarole terrifiera Florence. Cueillons au hasard dans divers sermons :

Vous êtes en meilleure situation qu'aucune autre cité. Hélas! j'ai grand'peur que, sous tant de biens, il ne couve quelque chose qui m'épouvante. Vous avez beaucoup de richesses, vous avez la paix partout, vous avez l'abondance de toutes choses, vous êtes bien vus de chacun (1)!... Où peut-il être plus doux d'habiter qu'en Italie?... Prenez garde que Dieu ne dise : Je vous ai donné la paix, et vous n'avez pas su le reconnaître; aussi je vous donnerai la guerre. Je vous ai donné les richesses, et je vous donnerai le dénuement. Je vous ai donné la famille, et je vous donnerai la mortalité (2)... Si vous dites qu'il ne vous manque rien, je vous répondrai qu'il ne vous manque qu'une chose; savez-vous laquelle? Il ne vous manque que la colère de Dieu (3)... Prends garde, prends garde, cité de Sienne, qu'on ne dise de toi ce que Dieu a dit de Jérusalem : *Vidit civitatem a longè : flevit super illam et dixit : Si tu cognovisses tempus visitationis tuæ, etc...* O Sienne, tu es belle, oui; mais non autant que le fut Jérusalem! Tu as la paix, oui, mais non si pleine que l'avait Jéru-

---

(1) *Pred. volg.*, t. I, p. 132.
(2) *Ibid.*, t. I, p. 275, 276.
(3) *Ibid.*, t. III, p. 127.

salem ! Et je te dis : Prends garde, prends garde, car, comme le péché de ce peuple a ému la colère de Dieu, ainsi je te dis de prendre garde que tes péchés n'é-meuvent la colère de Dieu. Il observe, observe ; quand il aura observé et observé, tiens pour certain qu'il fera comme à Jérusalem, où il ne resta plus debout une pierre de ses édifices, et où tout fut exterminé (1).

Ailleurs, Bernardin parle de ce prédicateur qui, lui aussi, sait réunir à ses sermons des foules de trente et quarante mille personnes. « Savez-vous comment il s'appelle? demande-t-il. Il s'appelle *frate Bastone* (2). Oh! c'est là un très grand prédi-cateur. J'ai bien peur qu'il ne vienne vous prê-cher (3). » L'orateur compare encore l'ange des colères divines à un faucheur :

Sais-tu comment fait celui qui fauche le foin? Il prend la faux en main, et il la bat, la bat, la bat. Hélas! hélas! Sienne! Quand celui qui fauche aiguise sa faux, prends garde à toi, je te le dis. Car quand il a fauché un morceau de pré, il aiguise sa faux de nouveau, et regarde autour, de toutes parts, où il y a à faucher. Il regarde au levant, au couchant, au midi et au nord. Considère qu'il a déjà fauché partout,

(1) *Pred. volg.*, t. I, p. 131.

(2) J'ai déjà eu occasion de noter que Bernardin se plaisait à personnifier ainsi les fléaux par lesquels Dieu châtiait les hommes.

(3) *Pred. volg.*, t. III, p. 84, 85.

excepté ici. C'est pourquoi je te dis : Prends garde,
prends garde, prends bien garde, Sienne (1).

Plus loin, il reprend cette même métaphore :

Le faucheur pose la faux appuyée à terre, tient le
manche en main, et, pendant qu'il est ainsi, il se demande : Où dois-je d'abord mettre la faux? Et il reste
ainsi en suspens. Puis, après avoir délibéré en lui-
même, il élève la faux et lui fait faire un cercle. Ainsi
a fait l'ange. Il s'est arrêté à réfléchir : Où veux-je
moissonner? S'il met la main sur vous, Siennois, malheur, malheur, malheur à vous (2)!

Aussi adjure-t-il ses compatriotes de ne pas
attendre que cette terrible moisson ait commencé :
« O cité de Sienne, ô mes concitoyens, ô femmes,
ô mes petits enfants, n'attendez pas, n'attendez
pas! Convertissez-vous à Dieu... N'attendez pas
que la faux atteigne la terre (3)! » Ce cri de tendresse anxieuse se mêle à tous ses avertissements,
à toutes ses menaces; c'est vraiment la note propre
de Bernardin :

Je ne dois pas rester ici : je partirai, et quand je partirai, j'irai me lamentant, comme font les Allemands.
L'inquiétude que j'éprouve pour vous et l'amour que

(1) *Pred. volg.*, t. I, p. 317.
(2) *Ibid.*, t. I, p. 323.
(3) *Ibid.*, t. I, p. 331.

je vous porte me feront toujours tendre les oreilles quand j'entendrai parler de Sienne. Je m'en vais, le cœur tout gros de soupirs et de douleurs, par la peur qu'il ne vous arrive malheur (1).

Et encore :

Hélas! à qui est-ce que je parle? Je parle à mes Siennois. Oh! si vous pouvez voir mon cœur, je vous parle si tendrement et avec tant d'amour, qu'en le voyant vous me croirez (2)... Oh! mes concitoyens, je suis vraiment des vôtres et je vous parle avec grande affection. Hélas! j'ai peur de votre ruine (3).

Parfois, la menace se précise et prend une forme qui est caractéristique de ce temps : l'orateur désigne celui qu'il entrevoit comme l'instrument, peut-être prochain, des vengeances divines : c'est le *condottiere*. L'Italie était alors en proie à des bandes de soldats de toutes nations, dont les chefs, souvent habiles, toujours sans scrupules, se louaient au plus offrant, combattaient, un jour pour un État, le lendemain pour un autre, ou faisaient, pour leur propre compte, le brigandage en grand. Les tyrans avaient trouvé en eux des instruments appropriés à leur ambition sournoise, et il ne pouvait leur déplaire que leurs

(1) *Pred. volg.*, t. III, p. 84.
(2) *Ibid.*, t. I, p. 85.
(3) *Ibid.*, t. III, p. 94.

sujets amollis se déchargeassent sur des merce-
naires du métier des armes. Le condottiere ménageait quelquefois, par camaraderie, l'autre condottiere que son marché l'obligeait à combattre; il ne
ménageait jamais les populations, et, partout où
il passait, il ne laissait que dévastation et massacre. Sienne savait par expérience ce qu'il en
était, et naguère elle avait payé des sommes
considérables pour éloigner de son territoire ces
terribles visiteurs. Elle devait donc comprendre
de quel péril la menaçait Bernardin, quand il
s'écriait : « O cité de Sienne, prends garde à présent, je te le dis, parce que Dieu, lorsqu'il ne
voudra plus attendre ta conversion, dira à l'un des
exécuteurs de ses hautes œuvres : Capitaine
d'hommes d'armes, mets la main sur cette ville,
dépouille-la (1). » Il s'étendait en de longs développements où il comparait les soldats des condottieri aux sauterelles dont parle l'Apocalypse (2).
Il les montrait ravageant tout, mettant les villes à
sac, faisant boucherie des individus de tout sexe
et de tout âge, violant les femmes, incendiant les
maisons, dégradant les œuvres d'art, brisant les
métiers, coupant les vignes, emmenant les bes-

(1) *Pred. volg.*, t. III, p. 143.
(2) 33ᵉ, 34ᵉ et 36ᵉ sermons.

tiaux, brûlant le butin qu'ils ne peuvent emporter. Est-ce que, demandait-il, ces choses ne sont pas arrivées (1)? Il en appelait à ceux dont les souvenirs remontaient à vingt ou quarante ans en arrière (2). « N'avez-vous donc jamais entendu parler de messer Giovanni Acuto et de ses Anglais? N'est-il personne qui s'en souvienne? Ils savaient châtier, ceux-là, eh (3)? » Cet Acuto, de son vrai nom John Hawkwood, Anglais de naissance, avait été, à la fin du siècle précédent, l'un des plus fameux et des plus farouches condottieri de l'Italie. A la prise d'une ville, deux de ses officiers se disputant une religieuse : « Prenez-en une moitié chacun », leur disait-il, et, de sa main, il la coupait en deux. Comme des Frères mineurs le saluaient, suivant leur habitude, par ces mots : « Monseigneur, Dieu vous donne la paix! » il leur répondait : « Dieu vous enlève vos aumônes! Voulez-vous que Dieu me fasse mourir de faim? Je vis de la guerre, comme vous vivez d'aumônes. » Le portrait de ce condottiere est peint à cheval dans la cathédrale de Florence.

Ce n'est pas toutefois sur ces sombres prophé-

(1) *Pred. volg.*, t. III, p. 65, 66, 104.
(2) *Ibid.*, t. III, p. 181.
(3) *Ibid.*, t. III. p. 166.

ties que Bernardin termine sa station et se sépare des Siennois. Dans son dernier sermon le ton se radoucit : c'est l'adieu attendri d'un père à ses enfants. « Peut-être, leur dit-il, est-ce la dernière fois que je vous prêche, et ne vous reverrai-je jamais. » A ceux qu'il appelle « *dilettissimi figliuoli* », il adresse ses recommandations suprêmes : les unes regardent Dieu, les autres le prochain, et les dernières lui-même. La simplicité de l'accent révèle, mieux que toutes les phrases, la vérité de l'émotion. Finissant par ce qui le regarde, il confesse humblement sa faiblesse, ses défauts, mais confirme avec autorité l'enseignement qu'il a donné au nom de Dieu. « Si quelqu'un, déclare-t-il, venait, derrière moi, me contredire, sachez qu'il aurait le diable sur son dos et égarerait ceux qui le croiraient. » Il remercie les magistrats et les citoyens de lui avoir témoigné plus d'affection qu'il n'en méritait. Les reverra-t-il jamais? Il en doute, car il pense partir pour de lointains pays. A tous, il demande de prier pour lui, afin qu'il fasse la volonté du Père céleste et qu'il continue d'enseigner les peuples à la plus grande gloire de Dieu. Puis, donnant sa bénédiction à la foule qui se presse plus nombreuse que jamais sur la *Piazza del Campo* : « Je vous laisse, dit-il, avec la paix de Notre-Seigneur, et priez Dieu pour moi! »

N'est-il pas vrai qu'après avoir ainsi feuilleté ces *Prediche volgari*, on a de la prédication de Bernardin une idée que n'en donnaient pas les sermons latins, publiés par le Père de la Haye? Sans doute, une sténographie, si habile qu'elle soit, ne peut pas être une résurrection de la parole de l'orateur. Il y a dans cette parole quelque chose qui ne lui survit pas. C'est le secret de la déception que cause trop souvent la lecture d'un discours. Ainsi en doit-il être surtout d'une parole populaire, tout appliquée à l'effet du moment, s'inspirant des circonstances, en communion avec l'auditoire. Là, que de choses qui agissaient peut-être plus encore que les idées exprimées : l'accent, le geste, la mimique, le cadre, l'émotion de l'orateur et celle du public, le souffle qui passait de l'un à l'autre, sans compter — ce que notre prédicateur possédait au plus haut degré — le prestige et le rayonnement de la sainteté! Mais si la reconstitution complète de l'éloquence de Bernardin est impossible, l'étonnant travail du pauvre tondeur de drap de Sienne n'en est pas moins une véritable révélation; il nous permet de mieux comprendre, et l'effet que cette éloquence a produit, et l'éloge qu'en faisaient tous les contemporains.

Bien plus, il jette une vive lumière sur toute la prédication du Moyen âge, et apporte ainsi une précieuse contribution à l'un des plus importants chapitres de l'histoire de la chaire chrétienne et de la société médiévale (1).

(1) L'intérêt des *Prediche volgari* de Sienne conduit à se demander s'il n'y aurait pas encore plus à faire, dans cet ordre d'idées. J'ai déjà dit que les bibliothèques d'Italie possèdent d'autres manuscrits de sermons de saint Bernardin, recueillis en langue vulgaire, par des auditeurs. Plusieurs ne sont que des résumés incomplets et secs qui peuvent être négligés. Mais n'y en a-t-il aucun qui se rapproche du manuscrit de Benedetto? Le plus curieux, à ce point de vue, parait être un manuscrit contenant des sermons prononcés dans l'église Santa Croce, à Florence, en 1424, et écrits, nous assure-t-on, *dalla viva voce*, par un Florentin. Ce manuscrit est à la Bibliothèque de Florence; on en trouve également un, sur le même sujet, aux archives de Sienne. Quelques courts extraits du manuscrit de Florence, qui ont le tour et la grâce des sermons de Sienne, ont été publiés, en 1871, sous ce titre : *Del Torre Moglie, Massime di San Bernardino da Siena, Ricordo di Nozze.* Le professeur Orazio Bacci avait songé, croyons-nous, à publier ce manuscrit en entier; jusqu'à présent, il n'a pas donné suite à son projet. — Des recherches analogues pourraient être faites, avec intérêt, pour les autres prédicateurs italiens du temps qui s'étaient tous proposé Bernardin pour modèle. On n'a généralement publié de leurs sermons que des résumés latins plus ou moins desséchés. Il y aurait lieu d'exhumer des bibliothèques d'Italie les comptes rendus en langue vulgaire, faits par les auditeurs. Ces comptes rendus existent. Ainsi le Frère Marcellino da Civezza, auteur de la *Storia universale delle Missioni francescane*, a trouvé, dans la Bibliothèque de Florence, un manuscrit contenant six sermons dont il a publié cinq, un du Bienheureux Bernardin de Feltre, les quatre autres de Michele da Milano, sous ce titre : *Cinque prediche a Monache, in lingua volgare, di due celebri Francescani del secolo XV.* Prato, 1881. Ces discours ne sont pas sans quelque analogie avec ceux de Bernardin.

# CHAPITRE V

## LA STRICTE OBSERVANCE.

I. Bernardin s'est toujours beaucoup occupé de l'Observance. Du vivant de saint François, des divergences s'étaient produites sur l'interprétation de sa règle, particulièrement en ce qui touche la pauvreté. Ces divergences s'aggravent par la suite. Les Conventuels et les Spirituels. — II. Humbles débuts de l'Observance. Ses progrès facilités, en Italie et en France, par le grand schisme. La réforme chez les Dominicains. — III. État de l'Observance au moment où y entre Bernardin. Il travaille à la propager. Il veille au maintien de la règle. Martin V et Eugène IV favorisent les Observants. — IV. L'Observance et les Humanistes. Attaques de Poggio. Bernardin et les lettres. Motifs de l'hostilité des Humanistes. Poggio est embarrassé du scandale qu'il produit. — V. Comment concilier l'existence de l'Observance avec l'unité de l'Ordre des Mineurs? Système des vicaires. Échec des tentatives faites pour supprimer ou atténuer la différence des règles. Bernardin est nommé vicaire général pour l'Observance. — VI. Zèle et sagesse de Bernardin dans l'exercice de ses fonctions. Il obtient, en 1442, d'en être déchargé. Grands progrès réalisés par l'Observance. — VII. L'Observance après la mort de Bernardin. Ses disciples. Saint Jean de Capistran. Les Observants sont devenus les plus nombreux. Leur séparation d'avec les Conventuels. Leur situation actuelle.

## I

Après avoir consacré environ trois ans, dans sa cellule de la Capriola, à rédiger ses sermons, Bernardin reprit, en 1436, avec une ardeur que l'âge ni la fatigue ne pouvaient refroidir, sa vie errante de missionnaire. Il avait hâte de répondre aux appels qui, durant sa retraite temporaire, lui étaient parvenus de plusieurs contrées de l'Italie. Mais à peine eut-il employé deux années à des courses apostoliques, dont il serait difficile de préciser l'itinéraire, que, bien malgré lui, il s'en vit de nouveau distrait. En 1438, il était investi, avec le titre de vicaire général, du gouvernement de tous les couvents de la stricte Observance, en Italie.

Bernardin avait eu, de tout temps et au milieu même de son apostolat, une grande sollicitude pour ce qui touchait à l'intégrité et à la propagation de cette réforme monastique. Pendant les années de son vicariat, cette sollicitude va être plus absorbante et plus exclusive ; elle occupera à peu près tout son temps et toute son activité. Le moment est donc venu de rechercher ce qu'était cette Observance, qui a tenu tant de place dans la vie de notre saint. Pour s'en bien rendre compte, pour comprendre les raisons de l'intérêt qu'il y portait, pour mesurer la part qu'il a prise à son développement, il convient de revenir en arrière sur l'histoire, quelquefois imparfaitement connue, de l'Ordre des Frères mineurs.

Depuis deux siècles qu'il existait, cet Ordre
avait eu une vie à la fois très intense et très tour-
mentée : d'une part, un élan sublime d'amour et
d'enthousiasme, une fécondité prodigieuse, une
armée de près de deux cent mille moines, beaucoup de saints, de martyrs, de docteurs ; de l'autre, des contradictions passionnées entre Frères,
des menaces de schisme, des accusations récipro-
ques d'infidélité ou d'hérésie. Peut-être le caractère même du génie de saint François est-il pour
quelque chose dans ce phénomène. C'était l'un des
plus puissants séducteurs et excitateurs d'âmes
que le monde ait connus ; nul homme n'a à ce
point soulevé, enflammé les cœurs et les imagi-
nations ; nul n'a semé et récolté, en si peu de
temps, une telle moisson de sainteté, d'héroïsme
et de poésie ; son impulsion a remué profondément et transformé l'Église, la société et jusqu'au
monde des lettres et des arts. Mais peut-être
n'avait-il pas au même degré les qualités de l'or-
ganisateur et du législateur ; après avoir fait sortir
de terre une armée immense, on eût dit qu'il était
un peu embarrassé de la constituer et de la disci-
pliner. Aussi bien, au début, semblable en cela à
tous les autres fondateurs d'Ordres, ne se dou-
tait-il pas qu'il créait une grande institution. Il

n'avait cru d'abord former, avec ses premiers compagnons, qu'une troupe de pénitents, sans couvent, sans église à eux, errant par les villages de l'Ombrie à la façon des mendiants, insouciants de toutes les choses humaines, chantant l'amour divin qui les brûlait, prèchant là où l'on voulait bien d'eux, rendant grâces quand on les maltraitait, tout enveloppés de ce charme tendre et naïf qui inspirait encore, un siècle plus tard, le petit livre des *Fioretti*. Pas d'autre règle, d'autre gouvernement que la parole du saint, son regard, sa divination surnaturelle, l'attrait de sa grâce et de sa bonté, la lumière qui émanait de lui. Mais cette délicieuse et pieuse idylle ne pouvait se prolonger indéfiniment, pas plus que l'Église n'eût pu toujours se contenter de l'organisation embryonnaire à laquelle elle était réduite, aux jours où les Apôtres, ses premiers évèques, suivaient Jésus à travers les campagnes de la Galilée. A mesure que l'Ordre se développait — et sa croissance fut d'une rapidité prodigieuse — il était manifeste que l'action personnelle du fondateur ne suffisait plus. Celui-ci ne pouvait être partout et ne devait pas durer toujours. D'ailleurs, dans la foule des moines nouveaux, se glissaient des éléments plus mélangés. « Il y a trop de Mineurs ! » entendait-on dire parfois à François. Une règle précise, une constitution fortement agencée devenaient indispensables. Conscient de ce qui lui manquait pour une telle œuvre, le saint accepta, avec une humilité confiante, l'assistance d'un prélat, tout nourri de l'esprit d'organisation et de gouvernement, traditionnel à Rome, le cardinal Hugolin. Sous son influence, le *Poverello* rédigea successivement deux règles un peu étendues. Toutefois, même dans ces conditions, sa pensée avait peine à se fixer en articles impératifs ; elle avait tendance à tourner en exhortations, en effusions, en aspirations : forme touchante sans doute, mais qui prêtait plus qu'une simple règle aux interprétations divergentes.

Ces divergences commencèrent à se manifester du vivant même du fondateur, principalement au sujet de la pauvreté. Pour saint François, la pauvreté n'était pas seulement une vertu abstraite qu'il invitait à pratiquer ; elle prenait corps et vie à ses yeux ; c'était une noble dame injustement déchue dont il se constituait le chevalier, une fiancée qu'il embrassait avec amour, la veuve même du Christ, délaissée depuis douze siècles (1), qu'il épousait à

---

(1) Ainsi chantait Dante (*Paradis*, ch. XI) :
*Questa privata del primo marito,*
*Mille e cent' anni e più dispetta e scura.*
*Fino a costui si stette senza invito.*

son tour. Aussi entendait-il se donner à elle, sans réserve et sans mesure. Non content d'obliger les Frères personnellement au dénuement absolu, il interdisait à l'Ordre de rien posséder, pas même le couvent où habitent ses membres, l'église où ils prient. Une telle défense heurtait les idées régnantes, non seulement dans le clergé séculier, alors partie intégrante de la hiérarchie féodale, mais dans le clergé régulier, représenté, à cette époque, par les opulentes abbayes bénédictines. Ceux-là mêmes qui étaient heureux de voir réagir contre la trop grande richesse de l'Église, se demandaient si cette interdiction de **toute** propriété n'était pas une impossibilité **pratique**, et s'il convenait de prendre absolument à la lettre ce qui paraissait une aspiration plus généreuse que sage. Ces doutes, ces inquiétudes pénétraient chez les Mineurs et y jetaient le trouble. Ils étaient d'ailleurs plus ou moins ouvertement propagés par l'un des compagnons de François, choisi de sa main pour gouverner l'Ordre en qualité de vicaire général, le célèbre Frère Élie, esprit supérieur, mais dont l'idéal religieux différait de celui du *Poverello*. Ces indices d'opposition n'échappaient pas au saint et furent la grande tristesse, la poignante angoisse de ses dernières années. Plus d'une fois, il laissa échapper, à ce sujet, de douloureux pronostics ; plus d'une fois, et notamment dans les paroles suprèmes de son testament, il éleva une protestation émue contre ceux qui menaçaient d'altérer son œuvre.

Le fondateur mort, les partisans de la mitigation levèrent la tète plus hardiment encore et se multiplièrent. Le succès même de l'Ordre, les grands couvents, les magnifiques églises que construisait pour lui la libéralité des peuples, les hautes dignités que la confiance des Papes ou des princes accordait à plusieurs de ses membres, semblaient peu compatibles avec la rigueur de pauvreté et d'humilité rêvée par saint François. Bientôt, ce ne fut plus seulement la mitigation, ce fut le relâchement. Dès le milieu du treizième siècle, saint Bonaventure le dénonçait, et, quelques années après, Dante, faisant parler ce même Bonaventure au Paradis, mettait dans sa bouche une plainte amère sur cette famille franciscaine qui, après avoir marché d'abord fidèlement sur les traces de son père, lui tournait le dos, littéralement : « posait maintenant la pointe du pied où il avait mis les talons (1) ». En face de la mitigation, de jour en

(1)     *La sua famiglia, che si mosse dritta*
        *Co' piedi alle su' orme, è tanto volta*
        *Che quel dinanzi a quel dirietro gitta.*
                        (*Paradis*, ch. XII.)

jour plus répandue et plus puissante, l'Observance rigoureuse n'avait pas cependant disparu. Maintenue avec une ferveur jalouse dans d'humbles couvents, entretenue et comme réchauffée par les récits de ceux qui se donnaient pour les vrais dépositaires de la tradition d'Assise, elle résistait avec une fermeté tantôt douce, tantôt farouche, aux exemples comme aux pressions, et inspirait contre ce qu'elle jugeait être une infidélité et une trahison, des protestations dont l'accent remuait le monde chrétien.

Avec le régime non centralisé des anciens monastères bénédictins la solution eût été simple : les Franciscains se fussent divisés en deux branches, quelque chose comme Cluny et Cîteaux. Mais une autre idée avait présidé à la fondation des deux grands Ordres mendiants du treizième siècle, l'idée de l'unité sous un seul chef. Dès lors chaque parti devait chercher à imposer à l'autre sa manière de voir. Il fut bientôt visible que les mitigés, appelés « Frères de la Communauté » ou « Conventuels », étaient beaucoup plus nombreux que les *Zelanti* ou « Spirituels ». A peu d'exceptions près, les premiers occupaient tous les postes de supérieurs généraux ou provinciaux. Ils n'usaient pas tous de même de leur autorité : les uns, modérés, conciliants, cherchaient à jouer un rôle d'arbitres et de pacificateurs ; les autres se montraient ardents à réprimer ce qui leur paraissait une révolte et ne reculaient pas devant de véritables mesures de persécution.

Les Spirituels supportèrent sans faiblir cette persécution, qui leur donnait, par moments, l'exaltation et l'auréole du martyre. Mais leur fermeté finit par tourner en obstination, leur résistance en rébellion. Ils se croyaient encouragés, par des paroles de saint François, à rejeter l'autorité des supérieurs, quand ils la jugaient en désaccord avec la règle. La conscience qu'ils avaient de leur plus grande austérité éveillait chez eux des tentations d'orgueil et de mépris des autres. Ce mépris, ils l'étendaient à l'Église entière qui leur paraissait envahie, elle aussi, par le relâchement et destinée à une prochaine rénovation. Infidèles, à leur tour, à ce que leur fondateur, au milieu de ses aspirations les plus mystiques, avait toujours gardé de clair et sain bon sens, de discipline d'esprit, de docilité envers l'autorité religieuse, de scrupuleuse orthodoxie, ils se laissaient gagner à l'illuminisme apocalyptique qui avait germé, à la fin du douzième siècle, dans l'imagination d'un Cistercien de Calabre, Joachim de Flore. A la suite de ce nuageux prophète, les docteurs, les historiens et les poètes des Spirituels, Jean de Parme, Pierre-Jean Olive, Ubertin de Casal, Angelo Clareno, Jacopone de Todi, rêvaient plus ou moins d'une troisième révélation qui devait transformer le monde religieux : la première, celle du Père, avait été le règne de la Loi ; la deuxième, celle du Fils, était le règne de la Grâce ; la troisième serait le règne du libre Amour, dans lequel les moines, les contemplatifs devaient remplacer l'Église séculière et temporelle. Égarés par leur dévotion envers saint François, ils divinisaient son image, grandissaient outre mesure son rôle, exagéraient ce que l'un d'eux appelait ses « conformités » avec Jésus, recevaient sa doctrine comme un second Évangile, faisaient de lui un nouveau Messie, le Messie de la révélation annoncée par Joachim, et considéraient l'Ordre des Mineurs comme destiné à absorber l'Église universelle et à donner à l'humanité sa forme dernière.

Les Papes furent conduits à intervenir fréquemment pour tâcher de rétablir la paix et l'unité dans la famille franciscaine. En général, sauf Célestin V, ils tinrent plus ou moins en suspicion les Spirituels, surtout à cause de leur joachimisme. Mais, s'ils appuyaient d'ordinaire les mitigés, ils les mettaient en garde contre le relâchement. Plusieurs des Spirituels, notamment Ubertin de Casal, au commencement du quatorzième siècle, refusèrent de se soumettre aux décisions du Saint-Siège ; ils lui déniaient le pouvoir de modifier une règle révélée de Dieu. Sur ce terrain, la résistance était téméraire : les Spirituels s'y brisèrent.

C'était finir en sectaires une entreprise inspirée à l'origine par une pensée haute et pure, et où avait été dépensé beaucoup de vertu. Aussi l'impression qu'elle laisse est-elle mélangée et incertaine. On admire cette fidélité à garder et ce courage à défendre l'idéal franciscain ; on s'alarme d'y voir mêler des doctrines suspectes et un esprit d'indiscipline. On ne sait trop si l'on a affaire à des saints ou à des hérétiques, à des martyrs ou à des révoltés. Cette hésitation paraît avoir été partagée quelque peu par l'autorité ecclésiastique elle-même, qui poursuivait, de leur vivant, un Jean de Parme ou un Jacopone de Todi, et qui les béatifiait après leur mort (1).

(1) La controverse qui s'éleva, dans la première moitié du quatorzième siècle, sur la pauvreté du Christ et des Apôtres, et qui agita si étrangement la chrétienté, en paraissant diviser les Papes eux-mêmes, a été souvent rattachée, par erreur, à la question des Spirituels. Elle ne divisa pas les Mineurs entre eux ; elle les mit aux prises avec d'autres Ordres, notamment avec les Dominicains. Seulement, on y voit à quel point le monde franciscain

## II

Vers le milieu du quatorzième siècle, il semblait donc que la cause de la règle stricte eût succombé avec les Spirituels, et qu'elle fût irrémédiablement compromise par leur indocile témérité. D'ailleurs, au lendemain de la grande peste et à la veille du grand schisme, le vent n'était pas, dans les cloîtres, à la ferveur et à l'austérité. C'est pourtant à cette époque que commence, obscurément et sans bruit, le mouvement qui, sous le nom d'Observance, devait finir plus tard par ramener à l'austérité primitive la presque totalité des Frères mineurs. Il naît avec Jean de Valle, au pauvre petit couvent de Brogliano, entre Camerino et Foligno, non loin d'Assise, dans une contrée montagneuse plus particulièrement pénétrée de la pure tradi-

était alors troublé : un chapitre entra en conflit avec le Pape ; le ministre général et les personnages les plus considérables de l'Ordre prirent parti contre le Saint-Siège, pour Louis de Bavière et pour son antipape qui était lui-même un Mineur. Mais on y voit aussi à quel point l'Ordre avait l'instinct de fidélité catholique ; la masse ne suivit pas les chefs révoltés, s'en dégagea, et finit par les amener eux-mêmes à résipiscence.

tion franciscaine, et qui avait été, depuis plus d'un siècle, comme la citadelle des *Zelanti* (1).

Les compagnons de Jean de Valle n'étaient pas sans lien avec les Spirituels, dont ils avaient accueilli l'un des survivants, Angelo Clareno ; comme eux, ils étaient amants fervents de la pauvreté et se tenaient à la règle stricte ; mais, plus prudents, plus modestes, plus dociles, ils se dégageaient du joachimisme, ne parlaient plus de transformer l'Église ni de faire schisme dans leur Ordre, et demandaient seulement aux supérieurs qu'on les laissât, dans leur humble petit coin, observer la règle à leur manière.

Les autorités franciscaines se montrèrent d'abord tolérantes et même bienveillantes. La vertu des dissidents inspirait sympathie et respect ; leur petit nombre et leur obscurité rassuraient. Parfois cependant, la méfiance renaissait, et des velléités de répression se manifestaient : un moment, Gentile de Spolète, qui avait remplacé Jean de Valle, fut jeté en prison et ses communautés dispersées. En dépit de ces alternatives, le petit groupe continuait à subsister, et même, dans une faible mesure, à se développer. Avec le Bienheureux

(1) Sur ces origines de l'Observance, cf. Otto Huttebrauker, *Der Minoritenorden zur Zeit des grossen Schismas*. (Berlin, 1893.)

Paoluccio de Trinci, successeur de Gentile, en 1363, le progrès fut même un peu plus marqué. Par un phénomène singulier, le désordre du grand schisme, qui éclata en 1378, se trouva servir la cause de l'Observance. Dans l'Ordre, divisé comme l'Église en deux obédiences, les supérieurs s'abstenaient d'exigences qui eussent pu rejeter les dissidents dans l'obédience opposée. Paoluccio obtint ainsi le droit de recevoir des novices, de fonder et de s'affilier des maisons nouvelles. Les Observants ne prétendaient pas, sans doute, se séparer de l'Ordre des Mineurs ni se soustraire au gouvernement du ministre général ; mais ils vivaient à part, selon leurs règles, indépendants des provinciaux, et dirigés par leur supérieur particulier. En 1390, quand à Paoluccio, mort en odeur de sainteté, succéda Jean Stronconio, l'Observance était sortie du recoin montagneux où elle avait été d'abord confinée, et elle faisait son apparition en divers points de l'Italie. Si peu que ce fût, le mouvement d'expansion était commencé ; il ne devait plus s'arrêter.

A cette même époque, sans qu'on puisse saisir de communications avec les Observants d'Italie, des symptômes de retour à la règle stricte se manifestaient chez quelques Mineurs d'Espagne ou de

Portugal, et, avec plus de force, chez les Mineurs de France. Dans ce dernier pays, cette réforme allait même recevoir, au début du quinzième siècle, une vive impulsion de la main d'une femme, extraordinaire entre toutes, sainte Colette (1). Cette fille d'un charpentier picard surgit soudainement, comme Jeanne d'Arc sa contemporaine, dans la France déchirée et envahie, étonne le monde par ses austérités et ses miracles, ne se borne pas à réformer les religieuses Clarisses dont elle est, mais suscite et dirige, avec une efficacité et une autorité toutes surnaturelles, la réforme des Frères mineurs qui prennent le nom de Colettins.

C'est d'ailleurs dans tous les cloîtres que se manifeste alors une réaction contre le relâchement. On la constate, dès la fin du quatorzième siècle, dans l'autre grand Ordre mendiant, chez les fils de Saint-Dominique. Le souvenir des exhortations de sainte Catherine de Sienne, l'exemple de la Bienheureuse Claire de Gambacorta, réformatrice des Dominicaines, déterminent les Bienheureux Raymond de Capoue, Jean Dominici et Laurent de Ripafratta, à commencer, dans les couvents des Frères prêcheurs, une réforme, qu'au quinzième

_______________

(1) Née en 1381, morte en 1447.

siècle saint Antonin devait continuer en Italie et que d'autres devaient propager dans le reste de la chrétienté (1).


## III


Quand, en 1402, Bernardin prit, à Sienne, l'habit de Frère mineur, l'Observance avait conquis, en Italie, son droit à l'existence. Les supérieurs pouvaient hésiter sur le plus ou moins d'autonomie à lui concéder, mais il n'était plus question de la supprimer. Et surtout elle avait bon renom et s'était dégagée des suspicions qui pesaient naguère sur les Spirituels. Si elle ne comptait guère dans la Péninsule que vingt-cinq petits couvents, peu en vue, habités seulement par environ cent trente Frères, elle avait en outre pour alliés un certain nombre de Mineurs qui, tout en résidant dans les

(1) Sur cette réforme dominicaine à la fin du quatorzième siècle et au commencement du quinzième siècle, et particulièrement sur la part qu'y a prise ce Dominici que saint Antonin a appelé : *primus suscitator observantiæ regularis in Italiâ*, voyez P. AUGUSTIN ROSSLER, *Cardinal Johannes Dominici, ein Reformatorenbild aus der Zeit des grossen Schisma.* (Freiburg, 1893.) Cf. aussi le P. CHAPOTIN, *Études historiques sur la province dominicaine de France.* Cf. enfin les Bollandistes, *passim.*

maisons conventuelles, étaient de cœur avec elle, aspiraient à vivre selon ses règles, ou, s'ils n'en avaient pas le courage, reconnaissaient sa supériorité morale. Des rapports ainsi existant entre certains Conventuels et les Observants, on peut se faire une idée par les débuts mêmes de Bernardin. Entré d'abord dans le couvent mitigé de Saint-François à Sienne, n'avait-il pas été, presque aussitôt après, autorisé, encouragé par le gardien de ce couvent, à chercher une règle plus stricte dans le monastère de Colombaio (1) ?

A peine affilié à l'Observance, le jeune Bernardin travailla à la propager dans le cercle encore restreint où s'exerça d'abord son action, et l'on sait comment un de ses premiers actes fut de fonder, en 1405, le couvent de la Capriola, à la porte de Sienne. Hors de son rayon, d'ailleurs, le progrès persistait, lent, mais continu. En 1415, les réformés entraient en possession du plus ancien couvent de l'Ordre, celui de Sainte-Marie des Anges, au pied d'Assise. On évaluait, vers cette date, à environ trente-quatre le nombre des couvents italiens où la règle stricte était appliquée.

La croissance de l'Observance prit une allure

. (1) Voir plus haut, p. 20.

bien autrement rapide, dès que Bernardin fut
devenu célèbre par ses prédications en Lombardie
et dans le reste de l'Italie. Partout, à la parole
de l'apôtre, naquirent non plus de petites maisons
cachées dans des lieux déserts, mais de grands
monastères établis aux portes des villes importantes. Le signal fut donné, en 1419, par les
Milanais qui fondèrent, sous le vocable de Sainte-
Marie des Anges, un couvent considérable, aussitôt rempli de jeunes gens dont quelques-uns
appartenaient aux meilleures familles de la ville.
L'exemple fut suivi, dans les années suivantes,
à Pavie, Bergame, Brescia, Florence, Pise, etc.
Ailleurs, c'étaient les anciens couvents qui se trans-
formaient. Dans toutes ces maisons, on se récla-
mait de Bernardin, on se guidait d'après ses avis.
Les moines, doués pour la parole, se faisaient, à sa
suite, prédicateurs populaires, quelques-uns avec
beaucoup de succès. Lui-même parlait, un jour,
aux Siennois, des « merveilles » opérées par les sermons de certains de ses compagnons, notamment
de Mathieu de Sicile et de Jean de Pouille (1).
Pour se faire bien accueillir, un prédicateur avait
intérêt à se dire disciple de Frère Bernardin :

_________

(1) *Le Prediche volgari, edite da* **Luciano Banchi,** t. I, p. **72, 73.**

si bien que ce dernier mettait les populations en garde contre ceux qui prenaient ce titre sans y avoir droit. « Ne les croyez pas, disait-il, si vous n'avez pas une preuve écrite de ma main (1). » Ce n'était pas seulement le talent oratoire de Bernardin, c'étaient ses vertus, que les Frères de l'Observance tàchaient d'imiter. Dans ces cloîtres, la sainteté florissait, comme il n'arrive d'ordinaire qu'à l'aurore des grandes fondations monastiques. On y trouvait, dès cette époque, pour ne nommer que les plus illustres, saint Jean de Capistran, saint Jacques de la Marche et le Bienheureux Albert de Sarziano, qui, tous trois, avaient pris l'habit entre 1415 et 1417.

Ne pouvait-il pas être à craindre que, dans cette faveur nouvelle du public, l'Observance ne fût plus aussi humble, aussi austère, aussi fidèle à la stricte pauvreté, que dans ses jours d'épreuve et d'obscurité? Bernardin y veillait. Il n'admettait pas qu'un Mineur acceptât de l'or, même pour de pieux motifs. On a vu sa résistance aux libéralités perfides de Visconti (2). Lui léguait-on des sommes importantes pour bâtir des monastères, il les refusait, ne voulant, dit son biographe, ni regarder, ni toucher,

(1) *Pred. volg.*, t. I, p. 72, 73; t. III, p. 372.
(2) **Cf**. plus haut, p. 129.

ni conserver aucun argent (1). Cette question de l'argent était la pierre de touche à laquelle il entendait qu'on distinguât ceux de ses frères qui étaient bons. A ce propos, il rappelait, dans un de ses discours aux Siennois, que beaucoup de Mineurs s'en allaient quêtant de l'argent, ramassant des fragments de métaux précieux et des anneaux brisés, afin, disaient-ils, d'en faire des croix et des calices pour les églises. « Si quelqu'un d'entre eux vous tombe sous la main, dit-il, et qu'il prétende être de ceux qui vont avec Frère Bernardin, ne le croyez pas. De même que l'orfèvre a des signes auxquels il reconnaît le métal sans alliage, de même, à la question d'argent, *al fatto del denaiuolo*, vous reconnaîtrez ceux qui sont miens ou qui ne le sont pas (2). »

Édifié du zèle des religieux de la stricte Observance, rassuré sur leur orthodoxie, le Saint-Siège, loin de les traiter avec la méfiance qu'il avait longtemps gardée à l'endroit des Spirituels, les considérait d'un œil favorable et se plaisait à les encourager. Martin V intervint, par de nombreuses bulles, pour autoriser l'institution des nouveaux couvents

(1) « *Pecuniam ejusmodi nec aspicere, nec contrectare, nec conservare volebat.* »
(2) *Le Prediche volgari*, t. I, p. 71, 72.

ou pour transférer aux Observants quelques-uns
des anciens (1). Ainsi les mit-il, à la grande mortification des Conventuels, en possession de la Verna,
la montagne sacrée où saint François avait reçu
les stigmates. Un moment, en 1427, ce crédit fut
mis en péril par l'accusation dirigée contre Bernardin, à propos de la dévotion au nom de Jésus (2);
mais ce ne fut que pour peu de temps.

Le successeur de Martin V, Eugène IV, moine
lui-même, comptait principalement sur les moines
pour défendre le catholicisme contre les dangers
qui le menaçaient; par suite, il attachait beaucoup
de prix à leur ferveur; s'il ne jugeait pas possible
de poursuivre la réforme générale de l'Église, il
voulait du moins seconder celle des cloîtres. Très
attaché aux Dominicains, chez lesquels il demeura
pendant son long séjour à Florence, il ne témoignait pas moins de bienveillance aux Franciscains,
particulièrement à ceux de l'Observance. Il avait
pour Jean de Capistran une amitié particulière, et
l'on sait comment un de ses premiers actes fut de
venger Bernardin des accusations qui avaient été
de nouveau portées contre lui. Vers la même épo-

(1) WADDING, *Annales Minorum*, t. X, *passim*, mentionne ou
cite plusieurs de ces bulles de Martin V.
(2) Voir plus haut, chap. III.

que, il invita les Observants à choisir parmi eux six hommes, « graves, instruits et habiles », qui devaient être mis à sa disposition et employés plus particulièrement à l'exécution de ses desseins. Jean de Capistran, Jacques de la Marche, Albert de Sarziano furent au nombre des religieux ainsi désignés. On peut s'étonner de ne pas trouver dans cette liste le nom de Bernardin, que tous les Observants regardaient comme leur maître. Peut-être ne voulait-on pas le distraire de son apostolat. Quoi qu'il en soit, Eugène IV chargea Jean de Capistran d'affaires épineuses en Italie, délégua Jacques de la Marche en Bosnie et en Pannonie où l'hérésie sévissait, et enfin envoya Albert de Sarziano, avec plusieurs Frères, en Orient, pour y préparer la grande œuvre du retour des églises schismatiques à l'unité : ce retour paraissait alors facilité par le péril extrême que les progrès des Turcs faisaient courir à l'empire de Byzance, et par le besoin que celui-ci sentait de s'appuyer sur les chrétiens d'Occident. En même temps, le Pontife encourageait, comme l'avait fait son prédécesseur, l'extension croissante d'une famille religieuse qui lui fournissait d'aussi précieux agents ; comme lui, il tendait à déposséder les Conventuels au profit des Observants ;

ainsi, en 1434, transférait-il à ces derniers les sanctuaires de Terre Sainte.

## IV

Il ne faudrait pas croire cependant que les Observants rencontrassent partout faveur et bienveillance. Ils avaient encouru la disgrâce d'une puissance qui passait alors pour redoutable, je veux parler des humanistes. L'un des plus célèbres, sinon des plus estimables, d'entre ces humanistes, Poggio, ne manque pas une occasion d'exciter au mépris des *Frati*, principalement de ceux qui se disent Observantins. Il ne tarit pas contre « ces vagabonds, *hos circulatores*, qu'on voit partout, sordides et la tête penchée », contre ces « fâcheux aboyeurs, *hos molestos latratores* ». A l'entendre, ce sont des bouffons grossiers, ignorants, dont le succès n'est dû qu'à une mimique de singe et à des poumons infatigables ; ce sont des hypocrites, avides de gain, qui poursuivent non la conversion des pécheurs, mais la faveur de la populace. Il les accuse de semer les scandales, et de former moins « une congrégation de reli-

gieux qu'une officine de crimes »; sa pudeur —
et. par ses autres écrits, on sait ce qu'elle est —
l'empêche de raconter plus explicitement leurs
actes déshonnêtes. Il ne craint pas d'impliquer
nominalement Bernardin dans ces attaques; sans
pouvoir contester son éloquence et le succès de
ses prédications, il lui reproche d'avoir plus souci
de sa propre louange que du bien des âmes (1).

D'où venait cette animosité? Si parmi les *Frati*
il en était quelques-uns dont la rudesse un peu
inculte et grossière pouvait choquer les beaux
esprits, ce n'était pas le cas de Bernardin et de
ses principaux compagnons. Dans sa jeunesse,
notre saint avait étudié avec succès les belles-
lettres; à en croire un contemporain, il se serait,
un moment, adonné à la recherche des anciens
manuscrits (2). Pour avoir été, depuis, attiré et
absorbé par les sciences sacrées, il ne traitait
pas en ennemie la culture profane. On ne trouve
même pas trace, chez lui, de l'inquiétude qu'éveillait alors, chez d'autres religieux, l'importance
donnée aux auteurs païens dans la formation des
esprits. Rien, dans ses sermons, des avertisse-

____

(1) Poggius, *Historia convivialis de Avaritiâ; Dialogus adversus
hypocrisim: Dialogus de Miseriâ humanæ conditionis.* Cf. aussi
*Epistolæ,* éd. Tonellis, *passim.*
(2) Mehus, *Vita Ambrosii Traversarii.*

ments que ce danger avait suggérés, peu auparavant, à Jean Dominici (1), ni des anathèmes qu'il devait plus tard faire sortir de la bouche de Savonarole. Bernardin entretenait, du reste, des relations amicales avec plusieurs humanistes célèbres, Ambrogio Traversari, Leonardo Giustiniani, Francesco Barbaro, Guarino de Vérone. Deux autres humanistes, Bernabæus de Sienne et Maphæus Vegius, devaient être ses biographes. L'un de ses disciples préférés, qu'il recommandait aux Siennois comme le plus cher de ses fils (2), et qui devait être l'un des chefs de l'Observance, Albert de Sarziano, était un brillant élève de Guarino; devenu moine et prédicateur, il continuait à étudier le grec avec son maître. Quand il rencontrait de tels lettrés parmi les Frères, Bernardin se préoccupait sans doute de les former à l'humilité monastique; dans ce dessein, il les mettait sous la direction de religieux qui n'étaient savants que dans les choses de Dieu et de la vie intérieure; mais il se gardait de les détourner d'une culture qui, bien dirigée, lui paraissait devoir aider à leur apostolat.

Au nom des lettres, Poggio ne pouvait donc

(1) Voir, entre autres, un écrit de Dominici, intitulé : *Lucula noctis.*

(2) *Le Prediche volgari*, t. III, p. 372.

arguer d'aucun grief contre Bernardin et ses compagnons. Son antipathie avait une autre cause.
Des libertins de mœurs et d'esprit, des épicuriens
et des sceptiques, rêvant plus ou moins de ramener
le monde au paganisme, devaient nécessairement
voir des ennemis dans ceux qui étaient, par leur
vie, par leur doctrine, par leur parole, par leur
seul aspect, la personnification la plus en vue, on
dirait presque la plus provocante, de l'ascétisme
et de la pénitence. Des incidents venaient parfois
aviver une opposition qui tenait au fond des choses.
Ainsi Poggio, en 1429, reprochait-il particulièrement à Bernardin de s'occuper à fonder un couvent, près de Florence, en un lieu charmant où le
rhéteur avait souvenir d'avoir eu d'agréables réu-
nions avec d'autres beaux esprits. Qu'un tel endroit
fût désormais le séjour de misérables *Frati*, il s'en
indignait comme d'une profanation, faisait des pieds
et des mains, à Rome, pour obtenir une interdiction, et invectivait avec colère ces moines coupables de choisir, pour s'installer, des lieux aussi
délicieux, « *loca amœna, voluptuosa, omni referta
jucunditate* (1) ».

Si grand que fût alors le crédit d'un Poggio, ses

_______________

(1) *Poggii Epistolæ*. Voir notamment une lettre du 16 décem-
bre 1429, liv. IV, ép. III.

attaques paraissent s'être brisées contre le bon renom de Bernardin et de ses compagnons; elles nuisaient plutôt à leur auteur. Celui-ci ne laissait pas que d'être parfois embarrassé du scandale qu'il avait ainsi causé; il cherchait alors à s'en excuser, et en arrivait à rendre à la vertu, à la science, à l'éloquence de Bernardin ou d'Albert de Sarziano un témoignage auquel son hostilité donnait une valeur particulière (1). Filelfo, autre humaniste, alors en guerre de plume avec Poggio, ne manquait pas, dans ses satires, de dénoncer à l'indignation générale l'homme capable d'avoir mal parlé de si saintes gens (2). Ce qui n'empêcha pas, il est vrai, ce même Filelfo, qui au fond ne valait pas mieux, de chercher plus tard, lui aussi, à mordre Bernardin et les Frères mineurs; la chose ne lui réussit pas mieux qu'à Poggio (3).


## V


Plus les monastères de l'Observance se multipliaient et prenaient d'importance, plus se posait,

(1) *Poggii Epistolæ*, lib. III, ep. XXXV; lib. IV, ep. III.
(2) *Satyræ Philelfi*, satire IJ, 3, et satire VI, 5.
(3) Joannes Jovianus Pontanus, *De Sermone*, lib. V, cap. i.

urgent et difficile, le problème de concilier leur
existence avec l'unité de l'Ordre franciscain. Les
soumettre purement et simplement à la hiérarchie
commune, toute aux mains des Conventuels,
c'était les exposer à être entravés, persécutés. Les
soustraire à cette hiérarchie, c'était entrer dans
une voie qui semblait devoir conduire à la séparation. La question, depuis longtemps pendante,
avait donné lieu à beaucoup de tâtonnements, de
contradictions, sans avoir reçu de solution définitive. Aux heures où prévalait l'esprit de concilia-
tion, on instituait, entre les maisons de l'Observance et les autorités supérieures de l'Ordre, des
vicaires, appartenant à la réforme, mais choisis
par le ministre général et dépendant uniquement
de lui ; l'étendue de leurs pouvoirs était très variable ; au commencement du siècle, Stronconio avait
été vicaire général pour tous les Observants
d'Italie ; en 1421, Bernardin apparaissait, un moment, comme exerçant les fonctions de vicaire
seulement pour les provinces de Toscane et de
Saint-François. En France, à la suite de conflits
assez aigus, les Observants avaient obtenu, en
1415, du concile de Constance, une indépendance mieux garantie : les vicaires qu'ils choisis-
saient eux-mêmes ne pouvaient être refusés par

les autorités conventuelles ; cette règle ne s'étendit pas en Italie, où l'institution des vicaires demeura à la discrétion du ministre général.

Tant que l'Observance n'avait compris qu'une petite poignée de moines obscurs, les Conventuels avaient jugé qu'il était sans conséquence de lui concéder une certaine autonomie. Il n'en était plus de même depuis qu'elle s'était tant développée. Alors, il paraissait beaucoup plus à craindre que l'autonomie de fait ne fût un acheminement à la scission de droit. Martin V, bien que personnellement favorable aux réformés, était préoccupé de ce danger. Ainsi fut-il amené à se demander s'il n'y aurait pas moyen de faire accepter par les Observants le gouvernement direct des Conventuels, à condition d'obtenir de ceux-ci une plus exacte application de la règle. Il se sentait d'autant plus encouragé à chercher dans cette direction la solution du problème, que l'un des principaux disciples de Bernardin, Jean de Capistran, s'y montrait favorable. Il convoqua donc, en 1430, à Assise, un chapitre de l'Ordre : le ministre général, Antoine de Massa, suspect de favoriser le relâchement, fut déposé et remplacé par Guillaume de Casal, homme pieux qui passait pour aimer les Observants ; ceux-ci renoncèrent alors à leurs vicaires particuliers. Dans des conférences où Jean de Capistran paraît avoir eu une action prépondérante, des statuts furent rédigés, appelés *Statuta Martiniana,* qui avaient surtout pour objet de réprimer les abus des monastères conventuels ; sans ramener ceux-ci à la règle stricte, ils les en rapprochaient ; quant aux Observants, ils demeuraient libres de vivre à leur façon et étaient recommandés à la bienveillance des supérieurs ; ces statuts, soumis au chapitre, furent approuvés par acclamation, et Jean de Capistran fut établi *socius* du ministre général, pour veiller à leur exécution.

L'illusion de ce touchant accord ne devait pas durer longtemps. Quelques semaines ne s'étaient pas écoulées, que beaucoup de Conventuels trouvaient le fardeau trop lourd, regrettaient l'engagement pris en une heure d'enthousiasme et sollicitaient des dispenses. Le ministre général, bien que de cœur avec les fervents, craignait d'attrister et de rebuter les tièdes : dans son embarras, il ne tenait pas la main à l'exécution des statuts. De là, plaintes des Observants qui voyaient ainsi leur échapper ce qui était la compensation de leur sacrifice et qui demandèrent le retour à l'organisation antérieure des vicariats. Entre les deux partis, la contradiction renaissait plus vive que jamais.

C'est sur ces entrefaites qu'Eugène IV succéda à Martin V, en 1431. Il prêta l'oreille aux réclamations des Observants ; tout en essayant d'imposer aux Conventuels l'exécution des *Statuta Martiniana*, il permit aux Observants de se réunir en un chapitre à part et leur accorda, en principe, le rétablissement de leurs vicaires, tels qu'ils existaient avant le chapitre d'Assise. Il ne paraît pas cependant que ce rétablissement ait eu lieu tout de suite, probablement à cause des résistances des Conventuels. Ce fut seulement en juillet 1438 que le ministre général, Guillaume de Casal, tombé malade à Sienne, se décida enfin à donner satisfaction aux Observants ; il nomma un vicaire général, avec pleins pouvoirs pour gouverner à sa place toute l'Observance italienne, et confia cette mission au religieux que les partisans de la règle stricte eussent choisi eux-mêmes, à Bernardin. Le Pape, qui désirait depuis longtemps cette mesure, se hâta de l'approuver.

16.

## VI

Bernardin eût préféré décliner une charge qui gênait son humilité et interrompait sa prédication. Mais il ne pouvait résister à l'ordre de ses supérieurs et au vœu unanime de ses frères. La tâche acceptée, il s'y donne avec son zèle accoutumé. De la Capriola, où il réside le plus habituellement, il a l'œil à tout, se porte là où sa présence est nécessaire pour fonder ou réformer un couvent, résoudre une difficulté, réprimer un désordre. Ainsi le voit-on, quelques mois après sa nomination, à Aquila, dans le royaume de Naples, où il sévit contre un ancien supérieur, devenu fauteur de trouble. Sous son impulsion, l'Observance fait de nouveaux progrès. Il s'attache surtout à ce qu'elle conserve son véritable esprit de pauvreté et d'humilité. Comme Albert de Sarziano revenait, avec un de ses compagnons, de la périlleuse mission qu'il avait, sur l'ordre d'Eugène IV, remplie dans le Levant, en Égypte et en Abyssinie, le Pape avait envoyé au-devant de lui un brillant cortège ; les deux moines se trouvaient donc faire leur entrée dans une ville, sur des chevaux richement harnachés, entourés d'une foule qui les acclamait et baisait leurs vêtements ; parmi les assistants, était Bernardin, monté sur l'âne dont ses infirmités l'obligeaient à se servir. En voyant les honneurs rendus à son cher disciple, il s'émeut et craint pour lui une tentation d'orgueil. « Mon frère Albert, lui crie-t-il, regardez à vos pieds, souvenez-vous de la mort et prenez garde que les hommes ne vous élèvent plus qu'il ne convient. » A cette voix, Albert saute à terre, court à Bernardin, le presse dans ses bras et le prie de lui laisser l'âne et de prendre le cheval. « Non, dit le saint, il convient que nous marchions d'une façon différente ; mais ayez soin que la vaine gloire ne se glisse pas furtivement dans votre cœur et ne vous ravisse pas le prix d'un si grand travail. — Rassurez-vous, mon père, répond Albert ; au milieu des honneurs, je n'ai cessé d'adresser à Dieu cette prière : « Ne nous « donnez pas la gloire, Seigneur, ne nous donnez « pas la gloire ; mais donnez-la à votre nom. »

Les Conventuels ne voyaient pas sans ombrages les pouvoirs conférés au vicaire général et les progrès qu'il faisait faire à la réforme ; Bernardin s'attache à dissiper ces ombrages, à force de pru-

dence et de charité. Le zèle, chez lui, n'exclut pas
la discrétion. Pendant une de ses absences, en
1439, les Frères de la Capriola ont admis clandes-
tinement un tout jeune homme et, pour le soustraire aux recherches des siens, l'ont envoyé dans
un autre couvent. Sur les plaintes de la famille,
les magistrats de Sienne s'adressent à Bernardin.
Celui-ci répond en déplorant un fait qu'il n'eût pas
toléré s'il eût été présent (1); il ajoute qu'il a
aussitôt donné l'ordre de faire revenir le jeune
homme et de le présenter devant les magistrats (2). S'il tient, sur tous les points essentiels, à
la stricte observation de la règle, il est, avec son
bon sens accoutumé, ennemi des exagérations,
des minuties, et met en garde les esprits simples
contre les scrupules que ferait naître une conception trop étroite et trop craintive de cette règle;
dans ce dessein, il adresse à ses moines, le 31 juillet
1440, une lettre encyclique qui interprète les points
douteux : cette interprétation, qu'il dit avoir été
délibérée avec Jean de Capistran et plusieurs

(1) « *Quia taliter fieri in scandalum non consensissem* », écrivait
Bernardin.

(2) Cette correspondance se trouve dans les manuscrits de la
Bibliothèque de Sienne. La réponse de Bernardin a été imprimée
dans une brochure intitulée : *Dieci lettere di Senesi illustri, publi-
cate per le nozze del cav.* LUCIANO BANCHI.

Frères, donne presque toujours la solution large et modérée (1).

La même largeur d'esprit se manifeste dans toutes les décisions du vicaire général. Les premiers Observants, dans leurs pauvres couvents de l'Apennin, tout entiers à l'oraison et à la mortification, rustiques, incultes, un peu sauvages, ne se piquaient nullement de travailler les lettres sacrées. Ceux-là seuls possédaient quelque science, qui l'avaient acquise avant d'entrer en religion. L'étude paraissait être un danger d'orgueil, une méconnaissance de la simplicité abaissée qui devait être le propre du Mineur. On croyait trouver dans saint François, du moins dans le saint François un peu idyllique de la première période, un encouragement à cette humble ignorance. On oubliait que, plus tard, le *Poverello*, instruit par l'expérience, avait reconnu, quoiqu'à regret, la nécessité des écoles. Bernardin s'attache à redresser ces idées; il estime la science nécessaire à qui peut avoir charge d'enseigner du haut de la chaire ou de diriger des consciences. Aussi prescrit-il l'ouverture d'écoles où les Observants puissent étudier la théologie et le droit canon.

(1) Voir le texte de cette lettre dans WADDING, *Annales Minorum,* t. XI, p. 102 et sq.

Peu après, en 1444, Jean de Capistran s'autorise de Bernardin pour combattre, lui aussi, la thèse, non encore complètement vaincue, de l'humilité ignorante. et il publie un traité *De promovendo studio inter Minores*.

Tout en remplissant son office avec cette bienfaisante activité, Bernardin aspirait à en être déchargé. Dès 1440, il fait une première démarche, en ce sens, auprès du Pape. Celui-ci lui répond qu'il est très heureux de voir l'accroissement continu de l'Observance, mais que cet accroissement rend nécessaire d'en maintenir le gouvernement entre ses mains. Il lui permet seulement de prendre un coadjuteur (1). En vertu de cette autorisation, Bernardin s'adjoint, quelques mois après, Jean de Capistran comme visiteur et commissaire des provinces de Gênes, Milan et Bologne.

Deux ans plus tard, en 1442, la mort de Guillaume de Casal, le ministre général de l'Ordre des mineurs, est, pour Bernardin, l'occasion de revenir à la charge auprès d'Eugène IV. Il invoque avec tant d'insistance le poids de son âge, sa mort prochaine et son désir de reprendre ses prédications, que le Pontife, cette fois, lui permet de se démettre.

(1) Voir le texte de cette lettre dans WADDING, *Annales Minorum*, t. XI, p. 100, 101.

On ne nomma pas tout de suite un nouveau
vicaire pour l'Observance. Peu auparavant, les
Mineurs de la province de Padoue ayant à élire
un provincial, le choix unanime des Conventuels
comme des Observants s'était porté sur l'un de ces
derniers, Albert de Sarziano. Ce fait, si nouveau,
avait paru au Pape l'indice d'un retour possible de
toute la famille franciscaine à l'Observance. Pour
aider à une évolution qu'il désirait vivement, il
chargea ce même Albert, aussitôt après la mort du
ministre général et en attendant la nomination
régulière du successeur qui devait avoir lieu un an
plus tard, de gouverner provisoirement l'Ordre
entier avec le titre de vicaire général. C'était le
désigner aux suffrages des Mineurs pour l'élection
définitive. Le chapitre qui se réunit l'année suivante ne réalisa pas l'espérance d'Eugène IV.
Devant l'opposition qui se manifesta chez les mitigés, Bernardin et Albert de Sarziano se décla-
rèrent prêts à accepter un ministre général conventuel; ils proposèrent et firent nommer Antonio
Rusconi, qui, sans appartenir aux réformés, leur
témoignait de la bienveillance. On revint alors au
système des vicaires spéciaux pour l'Observance;
Jean de Capistran et Jean Maubert furent insti-
tués, avec des pouvoirs étendus, l'un pour l'Ita-

lie, l'autre pour les pays au delà des monts.

Quelque parti, du reste, que prissent les Conventuels, ils ne pouvaient arrêter le progrès croissant de l'Observance. En 1443, celle-ci entrait en possession, par la volonté du Pape, du monastère de l'*Araceli*, résidence habituelle du ministre général à Rome depuis saint Bonaventure. Si l'on se reporte au jour où Bernardin est entré dans l'humble maison de Colombaio, quel changement! Au lieu des cent trente adhérents que comptait alors la réforme en Italie, elle en a maintenant plus de quatre mille. Bernardin a été pour beaucoup dans ce résultat, et son biographe n'évalue pas à moins de trois cents le nombre des couvents qu'il a fondés (1).

## VII

Un si merveilleux progrès ne devait pas être arrêté par la mort de Bernardin. Celui-ci laisse derrière lui des disciples qui maintiendront le prestige de l'Observance. Le Bienheureux Albert de Sarziano ne survit que peu d'années à son maître. Mais

(1) Ce chiffre est donné par Bernabœus Senensis.

sàint Jacques de la Marche ne meurt qu'en 1476, et il prêche ou remplit des missions presque jusqu'à son dernier jour. L'apostolat de saint Jean de Capistran a plus d'éclat encore. Son zèle déborde hors de l'Italie. Pieds nus et ensanglantés par la marche, en haillons, mendiant son pain, petit, sec, épuisé, n'ayant que la peau, les nerfs et les os, gardant, dans la plus extrême fatigue, un courage que rien n'effraye et aussi cette gaieté qui est la marque d'un vrai disciple de Bernardin (1), il parcourt sans cesse, souvent en qualité de légat du Pape, la France, l'Espagne, peut-être l'Angleterre, surtout l'Allemagne, l'Autriche, la Hongrie, la Pologne. Le bruit de sa renommée le précède. Les peuples viennent au-devant de lui, en processions immenses, au son des cloches, au chant des hymnes, par les routes jonchées de feuillages et ornées de fleurs ; c'est à qui touchera son vêtement. Pour les multitudes qui se pressent autour de sa chaire, la place publique est trop étroite ; il faut la rase campagne. Et pourtant, dans plus d'un pays, en Allemagne notamment, l'ignorance où il est de l'idiome local l'oblige à parler en latin et à avoir auprès de

(1) Æneas Sylvius, qui l'a vu en Allemagne, le dépeint en ces termes : « *Pusillum corpore, siccum, aridum, exhaustum, solâ cute nervisque et ossibus compactum, lœtum tamen et in labore fortem.* »

17

lui un interprète qui traduit son discours. Ceux
même qui ne comprennent pas son langage sont
touchés et convertis par son accent et son geste (1).
A ceux qui sont trop loin pour rien entendre, il
suffit de le contempler. Les miracles qu'il opère
attirent les malades en foule : on en voit trois,
quatre et même cinq mille, rangés le long des
chemins, sur son passage, criant miséricorde, tandis que le saint, ému de leur détresse, verse des
larmes si abondantes que lui-même semble à demi
mort. « Jamais, depuis le temps des apôtres, ajoute
le spectateur auquel j'emprunte ces divers traits,
on n'a entendu parler d'une telle secousse imprimée aux peuples (2). » L'Observance profite naturellement d'un si grand succès. « A la parole de
Jean, rapporte un témoin illustre, Æneas Sylvius (3), les couvents de l'Observance semblaient
sortir de terre, tandis que les monastères mitigés
semblaient s'écrouler et disparaître. » Une mort

---

(1) JOANNES COCHLÆUS, qui écrivait, au seizième siècle, une histoire des Hussites, dit de ces sermons latins de saint Jean de
Capistran : « *Talis erat pronunciatio ut etiam non intelligentes ad
lacrymas et vitæ emendationem provocaret.* »

(2) Lettre écrite, le 24 juillet 1451, aux supérieurs de Toscane,
par Nicolas de Fara, compagnon de Jean de Capistran, pendant
sa mission d'Allemagne; cette lettre est publiée par WADDING,
*Annales Minorum*, t. XII, ad ann. 1451.

(3) Cité par les Bollandistes.

héroïque ajoute encore à l'éclat de cette vie extraordinaire. Quand, en 1456, Mahomet II, à la tête de
deux cent mille Turcs, presse Belgrade, menace de
pénétrer au cœur même de l'Europe, et que, seul,
dans la chrétienté désunie, insouciante, aveuglée,
Hunyade fait face à l'ennemi, le vieux Jean de
Capistran, alors âgé de soixante-dix ans, est à
côté du soldat de la Croix. C'est lui qui, par sa
parole, lui a suscité une armée ; c'est lui qui, sur le
champ de bataille, le crucifix en main, allume au
cœur des combattants l'enthousiasme qui les fait
vaincre. Comme Hunyade et quelques semaines
après lui, il meurt en plein triomphe, victime de
l'épidémie causée par l'accumulation des cadavres
ennemis.

Parmi les Observants de ce temps, j'en pourrais nommer plusieurs autres, justement célèbres
aussi, par exemple le Bienheureux Bernardin de
Feltre (1), dont notre Bernardin avait prévu et
annoncé le glorieux apostolat, et qui, pour sauver
le peuple de l'usure, se fait, dans la seconde moitié
du quinzième siècle, le propagateur des monts-
de-piété. Le trait commun de ces moines est
qu'ils considèrent tous saint Bernardin de Sienne

_________

(1) Né vers 1437, mort en 1494.

comme leur maître et leur père. C'est en son nom
que saint Jacques de la Marche opère des miracles.
C'est avec ses reliques que saint Jean de Capistran
guérit les malades; c'est son image qu'il fait peindre sur l'étendard des croisés d'Hunyade. C'est
aussi de lui que se réclament, toujours à la même
époque, d'autres Mineurs de l'Observance qui
se font un nom dans la prédication populaire,
notamment Robert de Lecce (1), salué par les
humanistes comme le plus disert des orateurs (2),
en même temps que sa verve et sa mimique toute
napolitaine obtiennent auprès du peuple un succès
extraordinaire : Robert proclame très haut que
tous ces prédicateurs et lui-même se proposent
Bernardin comme modèle (3).

Tandis que l'Observance continue à grandir en
renommée et en nombre, les Conventuels, naguère
si puissants, déchoient de plus en plus. A la fin

(1) Voir sur Robert de Lecce un article de M. F. Torraca,
*Arch. Stor. Napolit.*, 7e année, fasc. 1.

(2) L'humaniste Pontanus écrivait : « *Nemo post Paulum Tar-
sensem melius Roberto Licensi divina tractavit eloquia.* » (Cité par
Wadding.) Il avait coutume de dire : « *Morto Roberto, morira
l'arte di lo predicar.* » (Cité par Torraca.) Filelfo fait aussi un éloge
enthousiaste de Frère Robert, dans une lettre d'avril 1457.
*(Francisci Philelfi Epistolarum familiarum libri XXXVII.)*

(3) Voir un panégyrique de saint Bernardin qui se trouve à la
fin d'un des volumes de sermons de Robert de Lecce, intitulé :
*Sermones Roberti de Licio, de laudibus sanctorum.*

du quinzième siècle, la proportion entre les deux groupes est renversée. Les Observants sont devenus de beaucoup les plus nombreux. Exemple unique, ce me semble, d'un Ordre qui, loin de se relâcher avec le temps, revient, après deux siècles, par son propre effort, à la rigidité qu'il avait commencé par estimer impraticable.

L'Observance ne pouvait plus, dès lors, être subordonnée aux Conventuels. En 1517, Léon X, après avoir tenté, une dernière fois, d'unifier la règle et le gouvernement des Frères mineurs, décide qu'il y aura désormais comme deux Ordres indépendants l'un de l'autre, différents par le nom, le costume, la manière de vivre : d'une part, les *Frères mineurs conventuels*, usant des dispenses, portant des chaussures, pouvant posséder en commun; de l'autre, les *Frères mineurs de l'Observance régulière*, chez lesquels la règle est complètement appliquée. Chacun des deux Ordres a son supérieur, mais le Pape décrète que, seul, celui des Observants portera le titre de *Ministre général de tout l'Ordre des Frères mineurs, successeur de saint François*, et aura l'usage du sceau traditionnel de la famille séraphique.

Depuis lors, la fécondité de l'Observance ne s'est pas démentie. Des branches nouvelles ont jailli de son tronc, sans s'en détacher, *Déchaussés* en Espagne, *Réformés* en Italie, *Récollets* en France. Au seizième siècle, à côté d'elle et pour réagir contre un certain relâchement, naissent les Capucins, qui ont leur organisation à part. Aujourd'hui encore, la famille franciscaine se compose de ces trois groupes. Le chiffre total a diminué, mais la proportion marque de plus en plus la prépondérance des réformés. Les Observants sont, à l'heure actuelle, environ 15,000, les Capucins 7,700, soit près de 23,000 réformés, tandis que les Conventuels ne sont plus que 1,345. En constatant ce triomphe définitif de la règle stricte, ne convient-il pas de rappeler, une fois de plus, que l'évolution qui y a conduit, date de notre saint Bernardin, que c'est lui qui a donné l'impulsion devenue si complètement victorieuse?

# CHAPITRE VI



## LES DERNIÈRES ANNÉES

### (1442-1444)

I. Bernardin, déchargé, en 1442, du vicariat de l'Observance, reprend ses prédications. Il prêche, à Padoue, le carême *Seraphin*. Vénération croissante dont l'entourent les peuples. — II. Séjour à la Capriola, où il complète la rédaction de ses sermons. Sa lamentation sur la mort du Frère Vincent. — III. Prédications à Massa et à Sienne. Bien que sentant sa fin prochaine, il se met en route pour aller évangéliser le royaume de Naples. Incidents de son voyage. Son dernier sermon à Citta-ducale. Il arrive à Aquila et y meurt, le 20 mai 1444. — IV. Manifestations et miracles qui se produisent après sa mort. Un cri général s'élève, demandant sa canonisation. Elle est prononcée, le 24 mai 1450. Honneurs rendus à saint Bernardin.

## I

Pendant les quatre années de son vicariat, de 1438 à 1442, Bernardin, absorbé par le gouvernement de l'Observance, avait dû renoncer à toute prédication suivie. A peine, de temps à autre, prononçait-il quelque sermon isolé. En 1439, il avait prêché, en grec, devant les Pères du Concile de Florence qui paraissait alors devoir mettre fin au schisme d'Orient. En 1440, c'est encore à Florence qu'il avait été amené, par une circonstance extraordinaire, à prendre la parole : cette ville, alliée du Pape, était menacée par les redoutables bandes de Piccinino, condottiere au service du duc de Milan; les habitants effarés, démoralisés, divisés, s'agitant, dit un vieux chroniqueur, « comme des poissons dans une mer empoisonnée », semblaient sans défense contre les assaillants. Tout apôtre de paix qu'il fût d'ordinaire, Bernardin comprenait les devoirs d'une guerre légitime. Du haut de la chaire, il excita les Florentins à implorer l'aide de Dieu et à s'aider eux-mêmes, combattit les divisions, ranima les courages, rehaussa les cœurs et contribua ainsi, avec quelques bons citoyens tels que Gino Capponi, à l'éclatante et inespérée victoire remportée, le 29 juin, sur l'armée de Piccinino.

Bernardin, toutefois, souffrait d'être réduit à ces discours de circonstance. Quand, en 1442, il demanda au Pape la permission de déposer ses fonctions de vicaire de l'Observance, il argua, entre autres motifs, de la liberté qui lui était nécessaire pour la prédication (1). Aussi, cette liberté re-

(1) « *Causas exponens gravis senectutis, liberæ predicationis et mortis propinquæ.* »

trouvée, ne perdit-il pas un instant pour en user ;
il reprit aussitôt cette vie errante de missionnaire,
qu'il avait menée presque constamment, de 1417 à
1438, et qu'il ne devait plus interrompre jusqu'à sa
mort. Ni son âge, ni sa fatigue, ni les infirmités
pénibles dont il était affligé (1) ne lui paraissaient
une raison de repos. Il était plus que jamais convaincu que la prédication était sa principale et
même son unique vocation. « Autrefois, disait-il
peu après aux habitants de Padoue, j'avais choisi
l'office de confesseur, et j'entendais les hommes
et les femmes ; ensuite, j'ai été chargé de gouverner mes Frères ; plus tard, j'ai laissé cette charge
et l'office de confesseur. Je vois que ce n'est pas
encore assez. Le temps viendra où nul homme ne
conversera avec moi... Ma conscience me dit qu'il
faut abandonner les affaires particulières et m'attacher à la prédication pour le plus grand bien de
tous (2). »

Cette fois encore, c'est par Milan que Bernardin
commence ses prédications. Il y est à l'automne
de 1442 et y combat l'hérésie d'un certain Amédée,

_______

(1) « *Arenulis diu vexatus est, podagrâ aliquando ; hemorrhoi-
darum fluxum gravem quatuordecim annis continuè passus est, sed
eâ æquanimitate, ut ab annuntiando verbo Dei nunquam ob id
tamen cessaverit.* » (MAPHÆUS VEGIUS.)

(2) *Sancti Bernardini Opera*, t. III, p. 379. — Cf. plus haut, p. 218.

professeur de mathématiques. De là, il parcourt les
villes de la Lombardie. Les appels lui viennent de
tous côtés. Réclamé à la fois par le duc de Milan
et le marquis de Ferrare, pour le carême de 1443,
il est obligé de leur répondre par un refus; il a
promis de prêcher cette station à Padoue (1).

Le compte rendu des soixante sermons prononcés à Padoue, en cette circonstance, fait partie
des OEuvres de notre saint, publiées par le Père
de la Haye (2). Ils sont présentés comme ayant été
recueillis par un auditeur. On sait, par d'autres témoignages, que cet auditeur était un jurisconsulte
de la ville, nommé Daniel de Porcilia. Son compte
rendu, écrit en latin, n'a rien de comparable à celui du tondeur de drap de Sienne; il est loin d'être
aussi complet et aussi vivant; c'est un résumé un
peu sec, inégal, en certaines parties visiblement
écourté (3), mais qui doit reproduire assez exacte-

(1) Voir les lettres qu'Albert de Sarziano, alors vicaire général
de l'Ordre des Frères mineurs, écrivit, en cette occasion, aux
deux princes. (*Alberti Sarth. Litteræ*, litt. 75 et 76.)

(2) *Sancti Bernardini Opera*, t. III, p. 168 à 394. On trouve là
non seulement les sermons formant le carême, mais un certain
nombre de sermons qualifiés d'*extraordinarii*. En effet, Bernardin
prolongea son séjour à Padoue, après le carême, à cause du chapitre réuni pour l'élection du ministre général des Frères mineurs;
il en profita pour reprendre plusieurs fois la parole.

(3) Voir, par exemple, la fin du sermon XXXII, celle du sermon XXXIII, la seconde partie du sermon XXXVI.

ment la substance des discours. Le scribe a, du reste, fait de son mieux ; il a imploré le secours d'en haut et demande modestement au lecteur de s'en prendre à lui, et non à l' « homme de Dieu », des erreurs qui pourraient être relevées dans sa rédaction (1).

*Seraphin quadragesimale*, tel est le titre un peu bizarre de ce carême. L'orateur prétend étudier l'amour dans tous ses caractères et ses effets ; par une allégorie qui est dans le goût du temps, il le considère sous la figure d'un séraphin ayant deux diadèmes et six ailes : chaque pierre des diadèmes, chaque plume des ailes représente un attribut particulier de l'amour et forme le sujet d'un sermon. En réalité, sous ces étiquettes subtiles et artificielles, le prédicateur fait rentrer les divers sujets qu'il a l'habitude de traiter et dont plusieurs ne se rattachent pas particulièrement à l'amour, par exemple le commerce, l'usure, les vanités féminines, le mariage, les vices infâmes, la dévotion au nom de Jésus, etc. Dans une ville d'université, il devait parler de l'étude : il se plaint que les hommes des hautes classes ne s'occupent plus, comme autrefois, de science et d'arts libéraux, et

(1) *Sancti Bernardini Opera*, t. III, p. 394.

fait un tableau satirique de ces jeunes hommes qu'on voit oisifs sur la place publique, raillant les gens de bien, ou perdant leur temps à jouer, à monter à cheval, à chasser; il les presse d'étudier quelque science, de ne pas se confondre avec « ces idiots, qui s'imaginent devenir nobles parce qu'ils ne font rien, et négligent d'étudier parce qu'ils ont des maisons et des domaines »; il montre de quel avantage un écolier, devenu un homme instruit, est pour sa patrie. « Vous êtes appelés, ajoute-t-il, à vous gouverner vous-mêmes, à gouverner votre famille, à aider la république de vos conseils. Une vie ennoblie par la science et la vertu est une vie délectable, une vie utile à tout le monde (1). »

Ces enseignements étaient bien accueillis et compris par les habitants de Padoue. L'orateur lui-même le constatait et s'en félicitait :

Jamais, en aucune ville, je n'ai traité des sujets aussi délicats ni exposé autant de vérités que dans la vôtre; je ne l'eusse pas osé ailleurs. J'ai agi ainsi, parce que j'ai vu venir à mes discours, non seulement des hommes d'une vie très intègre, mais d'éloquents et de saints docteurs de toutes les facultés. Ailleurs, je n'eusse pas été ainsi compris; on se fût moqué de moi; on m'au-

_______________

(1) *S. Bern. Op.*, t. III, p. 379 et sq.

rait accusé d'avoir dit beaucoup d'hérésies et de me poser en savant, alors que je ne savais rien. Je crois que c'est votre protecteur saint Antoine qui a obtenu de Dieu que je vinsse à vous. Ce que j'ai dit n'est pas de moi, mais de Dieu; c'est pourquoi, si quelqu'un vient contredire mes discours, ne l'écoutez pas : car ce sera proprement œuvre du démon (1).

Vint le jour où Bernardin devait parler pour la dernière fois. La foule était plus nombreuse, plus émue que jamais. L'orateur résuma ce qu'il avait dit sur l'amour, puis il fit ses adieux à l'auditoire :

Je rends tout d'abord grâces à Dieu et à notre Père séraphique de tant de grâces qu'il nous a faites, de ce que nous avons toujours eu un temps propice, sans pluie, excepté le seul jour où nous avons parlé de la luxure, et où il y a eu de la pluie, sans doute pour conformer le temps au sujet. Je rends grâces aussi à Dieu pour les fruits recueillis par les âmes, car nulle part je n'ai souvenir d'en avoir vu d'aussi abondants. Je rends grâces encore de votre patience; vous ne vous êtes jamais lassés; tout au contraire, vous êtes venus de jour en jour plus nombreux, plus fervents, plus avides d'entendre, avec une grande charité, la parole divine. Que les louanges, que d'infinies actions de grâces éclatent donc devant la majesté de Celui d'où viennent tout bien et toute perfection, qui a

(1) S. *Bern. Op.*, t. III, p. 340.

donné à moi la grâce de parler, à vous la grâce
d'écouter... Grâces infinies soient aussi rendues, pour
tous ces bienfaits, à la Vierge glorieuse, objet de ma
dévotion, à saint Antoine qui a voulu que son culte
fût renouvelé. J'ai aussi à rendre grâces aux Recteurs
et Officiers de votre auguste cité, à ses éminents docteurs, aux honorables citoyens, aux étudiants, qui
ont bien voulu m'écouter avec persévérance, et auxquels je demeurerai à jamais obligé dans le Christ
Jésus, et aux autres gens de bien, aux femmes qui
ont prié pour moi. Maintenant je veux agir à la façon
d'un bon père qui va se séparer de ses fils ; je veux
vous laisser mon testament. Je vous laisse d'abord la
chose la plus précieuse que je puisse vous laisser,
c'est-à-dire le très dévot nom de Jésus, qui est le nom
au-dessus de tout nom...

Le prédicateur continuait en recommandant de
pieuses pratiques, puis il terminait ainsi :

Je vous laisse aussi la charité que je vous ai prêchée envers Dieu, envers le prochain, envers vous-
mêmes. Je vous prie ensuite de vous souvenir de moi
dans vos prières. Enfin je vous prie que nous soyons
liés, moi avec vous, vous avec moi, par la chaîne
d'une charité sincère en Jésus-Christ, de telle sorte
que nous nous retrouvions en paradis, auquel daigne
nous conduire, par sa miséricorde, le Dieu qui est la
vie des vivants dans les siècles des siècles. Amen (1).

(1) *S. Bern. Op.*, t. III, p. 393.

Les Padouans ne se faisaient pas à la pensée de voir l'homme de Dieu les quitter ; ils le supplièrent avec larmes de retarder son départ, au moins de quelques jours. Bernardin refusa ; il se sentait appelé à évangéliser d'autres contrées, et il avait décidé, après s'être éclairé par la prière, de se rendre à Vicence. Pour échapper aux démonstrations, il laissa croire qu'il allait à Venise, et, pendant que la foule l'attendait sur la route de cette ville, il prit le chemin de Vicence. Il ne put cependant sortir si secrètement qu'il ne fût accompagné de plus de cinq cents personnes qui avaient aussitôt laissé leurs occupations. Parvenu à quelque distance de la ville, il les pria de ne pas aller plus loin et leur donna une bénédiction paternelle.

« Tous, rapporte Daniel de Porcilia, accouraient pour lui baiser les mains : je le vis à ce point pressé, qu'il pouvait à peine avancer. A la pensée que notre père spirituel nous abandonnait, les cœurs se fondaient, et tous pleuraient. Je vis un illustre docteur en l'un et l'autre droit, Prosdocimo Conti, avoir peine à lâcher sa main qu'il avait saisie et ne pouvoir retenir ses larmes. Beaucoup d'autres en firent autant, savants docteurs, étudiants, citoyens notables. Bien peu se décidèrent à s'en retourner ; plusieurs prirent les devants pour l'attendre au pont de la Brentella ; beaucoup le suivirent, ne pouvant s'éloigner de son ombre. Deux de ses frères, voyant que le saint homme était chagriné de ces manifestations, hâtèrent le pas et allèrent prier le maître du pont de le relever aussitôt que Bernardin serait passé. Quelques-uns seulement traversèrent donc avec lui la rivière, et tous les autres durent s'en retourner tristement à Padoue. Arrivé à Relesega, avec le petit nombre de ceux qui avaient pu le suivre, Bernardin prit un peu de repos. Les paysans, avertis de sa présence, accoururent en foule, apportant du pain, du vin, de la viande (1). »

Reçu avec grand honneur à Vicence, Bernardin y apaisa les discordes. De là, et comme pour parcourir une dernière fois toutes les contrées témoins de ses premiers apostolats, il se fit entendre successivement à Vérone, à Venise, à Ferrare, à Bologne, à Florence. A cette même époque, une bulle d'Eugène IV, datée de Sienne, le 26 mai 1443, le chargea de prêcher les indulgences pour la croisade contre les Turcs (2), mais on ne voit pas qu'il y ait été donné suite. Partout les popula-

---

(1) *S. Bern. Op.*, t. III, p. 393.
(2) *Bulletino Senese di Storia Patria*, anno II, fasc. I-II, p. 130 et sq.

tions l'accueillaient avec une vénération, une dévotion croissante : de plus en plus, il était aux yeux de tous, non pas seulement le prédicateur fameux, mais le saint.

## II

A la fin de 1443 et au commencement de 1444, Bernardin paraît avoir séjourné quelques mois à la Capriola, pour compléter et reviser une dernière fois la rédaction des sermons qu'il publiait en latin. C'est probablement en cette occasion qu'il écrivit la série des discours sur les Béatitudes, qui fait partie de l'Avent *De christianâ vitâ* (1); il y parle en effet de la mort de frère Vincent, le fidèle compagnon de ses courses apostoliques : or on sait que cette mort était survenue peu auparavant. Depuis plus de vingt-deux ans, Vincent n'avait pas quitté Bernardin, veillant à tous ses besoins, associé à toutes ses œuvres, à ses pensées les plus intimes et les plus secrètes ; il avait même reçu de lui confidence de certaines grâces insignes dont Dieu

(1) *Sancti Bernardini Opera*, t. III.

l'avait comblé, mais avec interdiction d'en rien divulguer. Aussi, sur son lit de mort, disait-il tristement à quelques-uns de ses frères : « Je ne crains pas la mort, mais je gémis d'ensevelir avec moi les vertus de Bernardin et les faveurs divines qu'il avait reçues avec une telle abondance. Si j'avais survécu tant soit peu à cet homme de Dieu, libéré du serment par lequel il m'a lié, j'eusse publié des faits tels que le monde entier en eût été dans l'admiration et la stupeur (1). »

La perte d'un tel ami déchira le cœur tendre de Bernardin. Comme, en rédigeant ses sermons sur les Béatitudes, il était arrivé au *Beati qui lugent*, il interrompit le développement logique de son sujet, pour crier sa propre douleur qu'il ne pouvait plus contenir, et, au milieu de la dissertation théologique, on rencontre un long chapitre, intitulé : *Pia deploratio pro morte fratris Vincentii, fidelissimi ac dilectissimi socii mei* (2). Ainsi, trois siècles auparavant, saint Bernard s'était arrêté au milieu de ses sermons sur le Cantique des cantiques, pour déplorer la mort de son jeune frère Gérard (3).

(1) Wadding, *Annales Minorum*, t. XI, p. 169.

(2) « Pieuse lamentation sur la mort du Frère Vincent, mon très fidèle et très cher compagnon. » (*Sancti Bernardini Opera*, t. III, p. 37 et sq.)

(3) *Sancti Bernardini Opera. Cant. cant.*, serm. 26.

Même inspiration, même accent dans les deux lamentations. On me saura gré de faire de celle de Bernardin une citation de quelque étendue :

Chaque fois que je médite attentivement ce que disent les Écritures de la sympathie et de la tendresse fraternelles, le glaive de douleur, qui transperce mon âme, se fait plus vivement sentir, et c'est en vain qu'en écrivant, j'essaye de contenir mes larmes... Celui grâce auquel je pouvais, en tous lieux, m'adonner au Seigneur, celui-là m'a été ravi, et mon cœur s'en est allé... Je m'efforce de maîtriser mon émotion..., mais j'avoue ma défaite. Il faut que j'exhale le chagrin qui me ronge. Il faut que je dise ma peine, afin que des cœurs compatissants y apportent du moins quelque adoucissement.

Vous savez, ô mes frères bien-aimés, combien juste est ma plainte et combien pitoyable ma blessure. Vous savez combien fidèle était le compagnon qui m'a délaissé dans la voie de mon pèlerinage, combien vigilant il était dans ses soins, combien empressé au travail, combien doux de caractère. Il m'était étroitement uni et m'aimait de toute son âme. Par la religion, il était pour moi un frère aimé, et par la charité il était un autre moi-même. Plaignez-moi, je vous en supplie, et considérez mon sort. Débile de corps, souvent j'ai été malade. Alors il me soutenait, alors il me conduisait. Faible de cœur, il m'encourageait. J'étais indolent, négligent dans la voie de Dieu, et il m'excitait. J'étais imprévoyant, oublieux, et il m'avertissait.

Comment m'as-tu été enlevé, ô Vincent? Comment m'as-tu été ravi, toi qui ne faisais qu'un avec moi, toi qui étais selon mon cœur?... Quel est celui qui n'aurait pas été attendri à la vue du lien si doux qui nous unissait en un même amour? En dehors de la mort, ennemie de tout bonheur, est-il quelqu'un qui ne nous eût pas épargnés?...

Pourquoi, je le demande, nous sommes-nous aimés, ou pourquoi alors nous sommes-nous quittés? Dure extrémité, non pour toi, mais pour moi. Car, ô mon frère, si tu as quitté de chers amis, tu en as, comme je le crois, trouvé de plus chers encore... Au lieu de moi, pauvre et chétif, tu jouis de la présence du Christ, et, mêlé au chœur des Anges, tu n'éprouves aucun chagrin de mon absence. Mais moi, à ta place que trouvé-je? Que je serais heureux de savoir si maintenant tu penses à moi, ton ami fidèle, aujourd'hui chancelant au milieu des épreuves et sevré de ton appui, bâton de ma faiblesse! Je serais heureux de le savoir, si toutefois il t'est permis, au sein d'un abîme de lumière et plongé dans l'éternelle félicité, de songer encore aux misères de ce monde. Ton amour, je le sais, n'a point diminué. Il n'a fait que changer, car la vue de Dieu ne peut t'avoir rendu insouciant à notre égard. Dieu lui-même, en effet, prend soin de nous. Ce qui est entaché de faiblesse, tu l'as rejeté; mais jamais la charité n'a rien anéanti de ce qui est saint. Ah! ne m'oublie pas à jamais, ne te sépare pas de moi. Tu sais où je rampe, en quel lieu je gis, et tu te souviens de l'endroit où tu m'as laissé.

Il n'est plus personne pour me tendre la main. Au cours de la vie, ainsi que j'en avais l'habitude, je tourne les yeux vers mon frère Vincent, et il n'est plus. Dans ma misère, je gémis comme un homme dénué de secours. Qui consulterai-je dans mes doutes? A qui, dans l'adversité, donnerai-je ma confiance? Qui m'aidera à porter mon fardeau? Qui éloignera de moi le danger? En tous lieux, les regards de Vincent n'avaient-ils pas coutume de précéder mes pas? Vous qui l'avez connu, vous savez combien vraies sont mes paroles. Ton cœur, ô Vincent, n'était-il pas plus au courant de mes soucis que je ne l'étais moi-même? Ne souffrait-il pas plus de mes chagrins et ne ressentait-il pas plus vivement mes peines? De ta parole aimable et pleine de modestie, ne corrigeais-tu pas souvent l'âpreté de mes sermons, et, dans ton amitié, n'en tempérais-tu pas le feu? Le Seigneur lui avait donné un langage si riche de pensées, qu'il était capable de prêcher sans préparation. Il émerveillait par la sagesse de ses avis et la grâce de ses conseils, tant sur les affaires domestiques que sur les autres. Il accourait au-devant des visiteurs pour les empêcher de troubler mon repos. A ceux qu'il pensait pouvoir satisfaire, il permettait mon accès, et il renvoyait les autres... Jamais il ne s'inquiétait de ses affaires, lui qui entrait dans mes moindres soucis et s'occupait de tout ce qui me regardait, afin de me donner plus de loisirs. Il pensait, dans sa modestie, que mes loisirs portaient des fruits plus abondants que les siens n'en auraient produit. Plus il travaillait pour les autres, moins il en recevait. Lui qui gérait les affaires des autres, il manquait du nécessaire, de nourriture, de vêtement et d'un endroit pour se reposer. Je te remercie du fond de mon cœur, ô doux ami, des fruits de mes prédications et de mes travaux, durant le cours de mes voyages en Italie. Si j'ai été utile en quelque chose, si mes enseignements ont été salutaires, c'est à toi que je le dois. Tandis que tu vaquais aux soins domestiques, je me reposais, grâce à toi, ou bien je prononçais mes sermons. Pourquoi n'aurais-je pas été en toute sécurité, alors que je te savais à ma place, toi, ma main droite, la prunelle de mes yeux, mon cœur et ma langue tout à la fois?... Combien de fautes j'eusse commises dans mes prédications, si sa droite intelligence, son esprit éclairé et son grand discernement ne m'eussent formé avec autant de zèle et de sollicitude! Dans mon Ordre, je l'avoue, je n'eus aucun autre maître pour m'apprendre à prêcher la parole de Dieu... Si quelque qualité est en moi, c'est de toi que je la tiens...

Sortez, mes larmes; que de mon front misérable elles s'échappent en torrents, qu'elles se répandent comme d'une source abondante; peut-être suffiront-elles à laver la souillure de mes crimes, de ces crimes qui ont allumé contre moi la fureur divine... Beaucoup de ceux qui étaient présents aux funérailles de mon frère aimé s'étonnaient de voir les larmes jaillir de mes yeux, larmes sorties du fond de mon cœur. En vain je m'efforçais de dissimuler mon chagrin. Contenu, le feu, qui consumait mon cœur, s'avivait et ravageait.

mon âme. Il s'insinuait avec d'autant plus de souplesse, mordait d'autant plus cruellement et réussissait, en fin de compte, à épancher mes pleurs. Dans mes plaintes, je ne déplore rien de ce que le monde regrette. Je pleure un conseiller salutaire, un auxiliaire fidèle dans les choses de Dieu, je pleure Vincent, Vincent mon fidèle compagnon, durant vingt-deux années et plus, dans la prédication de l'Évangile... Combien je suis malheureux! Amputé de la meilleure partie de moi-même, je rampe dans la fange, et on me demande si je pleure! J'ai les entrailles arrachées, et on me demande si je ressens quelque douleur! Je pleure, et j'ai du chagrin, parce que ma force n'est pas celle du rocher et parce que ma chair n'est pas d'airain. Je souffre et je me plains, « et toujours ma douleur est présente à mon esprit ». Je ne puis avoir l'insensibilité de ceux dont parle Jérémie : « Tu les as frappés, et ils n'ont laissé échapper aucune plainte. »

Si longue que soit cette citation, j'y ai fait de nombreuses coupures. On dirait que Bernardin ne pouvait pas plus retenir ses plaintes que ses larmes : il s'y abandonne, comme vaincu par sa douleur, sans s'inquiéter s'il se répète. Rien de plus sincère, de plus profond, qui sente moins le rhéteur. On aime à le voir dans cette faiblesse et à constater ce que, dans une vertu surhumaine, son cœur avait gardé, jusqu'en ses vieux jours, d'humaine tendresse. Le saint n'en est pas diminué; l'homme en est plus touchant et plus aimable.


## III


Par ses infirmités croissantes, peut-être aussi par d'intimes révélations, Bernardin sentait qu'il n'avait plus que peu de temps à vivre. Est-ce pour cela qu'il voulut prêcher son dernier carême, celui de 1444, dans la petite ville qui l'avait vu naître, à Massa? Il y parla cinquante jours de suite, sans tenir aucun compte de sa fatigue, prêchant avec fruit cette paix qui lui avait toujours tenu tant à cœur. L'éclatante guérison d'un lépreux, délivré subitement de ses plaies en chaussant les sandales du saint, ne fut pas sans aider encore à l'effet de sa parole. De Massa, il revint à Sienne, où son cœur de patriote avait aussi des adieux à faire; son dernier sermon, prononcé sur la place du Dôme, entre le porche de la cathédrale et l'hôpital de la Scala, traita, avec une ferveur remarquée, — *ferventer,* dit le biographe, — de la justice et du bon gouvernement de la république.

De la perspective d'une mort prochaine, Bernardin ne concluait pas à se reposer. Bien au contraire, il semblait que, dans un corps plus vieux, son âme fût devenue plus jeune, plus vaillante, plus ardente à se dépenser pour le bien des autres (1). Il se crut appelé à étendre son apostolat à une contrée nouvelle, et décida d'aller évangéliser le royaume de Naples ; il ne voulait pas qu'il y eût une partie de l'Italie où sa parole n'eût pas pénétré (2). Vainement ses parents et ses amis, effrayés d'un dessein qui paraissait au-dessus de ses forces, le conjuraient-ils d'y renoncer et de passer dans sa patrie les dernières années de sa vieillesse : « Je n'ignore pas, leur répondait-il, que je suis vieux et peu propre à supporter la fatigue ; mais l'amour qui me presse m'oblige, aussi longtemps que je pourrai remuer la langue, à ne jamais cesser d'annoncer la parole de Dieu, d'exhorter les peuples, et d'entreprendre, pour cette œuvre, des voyages, fût-ce en lointain pays. » Comme ses chers frères de la Capriola, tout en larmes, le serraient dans leurs bras pour le retenir, il les consolait par

(1) « *Magno caritatis incendio, sensit in senili corpore animum excitari juvenilem ingensque desiderium proximis benefaciendi.* »

(2) Il n'avait, jusqu'alors, franchi qu'une fois la frontière du royaume de Naples. En 1438, appelé à Aquila par les affaires de l'Observance, il avait prononcé un sermon sur la Vierge, devant le roi de Naples. C'est en cette occasion que, au dire des biographes, une étoile aurait brillé sur sa tête.

de douces paroles, mais leur ordonnait de laisser la tristesse, de peur de contrarier ainsi la volonté divine. « Priez plutôt, leur disait-il, le Seigneur de la moisson qui m'envoie, moi indigne, pour travailler à cette moisson, qu'il daigne, pour la gloire de son nom, diriger mes pieds dans le droit chemin, et donner à ma voix la voix de la vertu, afin que je puisse dignement annoncer aux peuples ses merveilles. » Ainsi Vincent Ferrier, vieux et malade, s'était-il, lui aussi, senti pressé de porter la parole de Dieu en de plus lointaines contrées, et s'était-il mis en route pour la Bretagne où il devait mourir.

Dans la nuit du 30 avril 1444, Bernardin quitte secrètement Sienne, pour éviter les démonstrations par lesquelles ses compatriotes voulaient honorer son départ. Il est monté sur un âne, car sa faiblesse ne lui permet pas de marcher. Quatre religieux l'accompagnent. Le premier soir, il couche au monastère conventuel d'Asciano, dont il gagne le gardien à l'Observance. La seconde étape est au couvent de l'île du lac Trasimène, lieu sanctifié par François d'Assise ; il y rencontre un de ses plus illustres disciples, Jacques de la Marche, passe trois jours avec lui en pieux colloques et lui fait ses dernières recommandations (1) ; le dimanche, il prêche aux populations environnantes, puis se met en route pour Pérouse.

Cette ville, l'une de celles où sa prédication a autrefois porté le plus de fruits, désirait vivement le posséder de nouveau. Dans cette pensée, elle a fait élever, devant la cathédrale, une chaire de marbre dont nul ne devait se servir avant Bernardin. Celui-ci consent à y monter. A la vue de cette foule empressée à lui témoigner son affection, le bon Père sourit, dit le vieux biographe, « *ascendit et risit pariter bonus pater, tantam videns diligentissimorum hominum erga se affectionem* ». Mais il ne consent pas à prendre la parole. Était-ce, comme le dit un des narrateurs, qu'il craignait qu'un tel concours de peuple ne causât des accidents ? N'était-ce pas plutôt qu'il se sentait trop faible pour se faire entendre d'un si nombreux auditoire ? Il descend donc aussitôt de la chaire, se bornant à dire du ton plaisant qui lui était habituel : « Le jour qui me l'a donnée, me l'a aussi enlevée. »

De Pérouse, il se rend à Assise, et demeure quelques jours au couvent de l'Observance, à Sainte-Marie des Anges, exhortant les moines et consolé par leur ferveur. Il poursuit sa route par Foligno

_______

(1) D'après quelques historiens, Jean de Capistran aurait pris part également à cette conférence. Le fait ne me paraît pas établi.

et Spolète, où il prêche et accomplit des guérisons miraculeuses. Plus il avance, plus, en tous lieux, peuple, magistrats, clergé témoignent de leur vénération émue. C'est que de la personne de ce pauvre vieux moine, si humble, si misérable d'aspect, si ruiné de corps, la sainteté rayonne, de jour en jour plus visible et plus sensible.

Il quitte Spolète le 11 mai. Il a peine à sortir de la ville, tant la foule le presse. La dysenterie dont il est atteint, aggravée par la fatigue, lui rend le voyage de plus en plus pénible ; toutefois, il ne veut pas s'arrêter. Le lendemain, il trouve encore la force de parler au bourg de Pedelugo, et arrive de nuit à Rieti, en pays sabin. Le peuple et les magistrats, venus au-devant de lui avec des torches, le conduisent au couvent de Saint-François, où un banquet a été préparé. Entre tant de mets, il n'accepte guère qu'un peu de pain trempé dans l'eau froide ; du moins cause-t-il avec une si aimable gaieté que ses hôtes charmés ont déclaré depuis n'avoir jamais fait, même chez les princes, de repas plus agréable. Le jour suivant, pour ne pas contrister un peuple qui lui témoigne tant d'amitié et qui autrefois avait bien écouté sa parole, il consent à prêcher : il n'a pas la force de développer de savantes pensées, mais, usant de paroles simples, il reprend les péchés où beaucoup se laissent entraîner. « Il y a dix-huit ans, dit-il en terminant, lorsque je me séparai de vous, je vous appelai mes enfants. Après tant d'années, je retrouve non seulement les enfants que j'ai laissés, mais aussi les enfants de ces enfants. Eh bien, en ce jour, qu'il n'y ait aucune distinction : je vous adopte tous pour mes enfants ; vous porterez tous ce nom, et toujours je vous conserverai mon amour. » La guérison soudaine d'une petite fille atteinte de plaies ajoute encore à l'émotion universelle.

De Rieti, Bernardin gagne la petite ville de Citta-ducale, sur la frontière du royaume de Naples. Accueilli avec les mêmes marques de vénération, il ne peut refuser, malgré sa faiblesse, de parler sur la place publique. Jamais son éloquence n'a été plus touchante, plus pénétrante. Il fait, à la fin, un retour sur lui-même, et invite le peuple à demander pour lui la mort des justes et le pardon de ses fautes. En descendant de cette chaire improvisée, Bernardin savait qu'il ne remonterait dans aucune ; il se sentait arrivé au bout de cet apostolat populaire auquel il avait voué sa vie. Du moins pouvait-il se rendre cette justice qu'il l'avait prolongé jusqu'à son dernier souffle et qu'il avait fait tout le bien en son pouvoir. Ce bien était considérable, et d'autant plus extraordinaire qu'il était l'œuvre propre d'un seul homme qui a eu des disciples, mais qui n'avait pas eu de maître. Non, sans doute, qu'il pût se flatter d'avoir à tout jamais transformé les peuples que ses sermons avaient remués. Ne sait-on pas, hélas! ce que devait être, à la fin du siècle, l'Italie des Borgia? Il n'est pas, du reste, dans la destinée de l'Église militante que, même sous l'action des plus grands saints, les sociétés se convertissent de telle façon qu'elles soient garanties contre toute rechute. C'est beaucoup déjà de produire une amélioration temporaire, de faire reculer le mal pour quelques années, de sauver sur le moment un certain nombre d'âmes. Plus que personne, Bernardin l'a fait, à lui seul et en un temps où tous les souffles régnants étaient contraires. Aussi, au terme de sa persévérante et bienfaisante prédication, répéterai-je volontiers l'éloge que faisait de lui un de ses contemporains : « *Non satis possum mirari et magnificare unum hominem tot populis saluti fuisse* (1). »

Le sermon de Citta-ducale a épuisé ce qui restait de forces à Bernardin. Le soir, la dysenterie augmente, avec accompagnement de fièvre et de défail-

----

(1) « Je ne puis assez admirer et glorifier un homme d'avoir été à lui seul le salut de tant de peuples. » MAPHÆUS VEGIUS.

lance. Malgré tout, le lendemain, il veut continuer son voyage et arrive péniblement au bourg d'Antrodoco : toujours gai, il plaisante aimablement avec ses compagnons sur sa façon de chevaucher à âne. Le jour suivant, il a encore plus de peine à avancer : plusieurs fois, l'excès de la souffrance l'oblige à s'arrêter et à se coucher à terre. Ses compagnons, émus du contraste des populations enthousiastes qui se pressent, tout le long de la route, pour rendre hommage à leur père, et de la maladie qui, chaque jour, s'empare davantage de ce pauvre corps, se rappelaient de combien peu les hosannas des Rameaux avaient précédé la passion. Bernardin est contraint de s'arrêter au village de Saint-Silvestre, à sept milles d'Aquila. La nuit est mauvaise. Le lendemain, il est si faible qu'il ne peut presque plus se remuer ; ses compagnons le décident à se laisser mettre sur une litière, et ils le portent ainsi, « tristes et gémissant », dit la vieille chronique, jusqu'à Aquila. C'était le dimanche avant l'Ascension.

Voilà donc enfin Bernardin dans ce royaume de Naples vers lequel l'avait poussé sa charité. Mais en quel état ! Ses frères l'ont déposé dans le grand monastère des Conventuels, où il paraissait pouvoir être mieux soigné que dans le couvent plus éloigné et plus dénué de l'Observance ; on a eu d'ailleurs l'attention de le mettre dans la cellule qu'avait coutume d'occuper son ami Jean de Capistran, quand il venait à Aquila pour les affaires de l'Ordre ; il était d'usage que les maisons conventuelles, plus considérables et mieux pourvues, exerçassent ainsi l'hospitalité à l'égard de leurs frères de l'Observance. Les magistrats envoient aussitôt les plus habiles médecins de la ville. Notables et gens du peuple attendent les nouvelles avec anxiété. Mais les remèdes sont impuissants sur ce corps qui, au rapport d'un contemporain, « se liquéfiait comme la cire auprès du feu ». Le mercredi, le malade demande les derniers sacrements. Un peu plus tard, sentant l'heure venue et ne pouvant plus parler, il fait signe à ses frères qu'il désire être déposé sur le pavé de la cellule (1). Les bras croisés, les yeux levés au ciel, la figure joyeuse, dit son biographe, comme de quelqu'un qui vient de remporter une victoire sur l'ennemi, semblable à un homme qui rit, « *ridenti similis* »,

(1) D'après un autre récit fait par un témoin, Bernardin aurait, malgré les Frères qui cherchèrent à deux reprises à l'en empêcher, sorti de lui-même ses jambes du lit pour les mettre sur le pavé de la chambre. (Lettre écrite par Fra Giuliano, Mineur alors à Aquila, et publiée, d'après un manuscrit de la Bibliothèque de Florence, par M. DONATI, *Bulletino Senese di Storia Patria*, anno I, fasc. I-II, 1894.)

il rend sa très sainte âme à Dieu. C'était le 20 mai 1444, veille de l'Ascension, à l'heure des vêpres, pendant que les Frères chantaient, au chœur, l'antienne du *Magnificat : « Pater, manifestari nomen tuum hominibus quos dedisti mihi : nunc autem pro eis rogo, non pro mundo, quia ad te venio. Alleluia* (1). » Bernardin avait soixante-quatre ans, dont quarante-deux de vie monastique et au moins vingt de prédication.


## IV


Aussitôt la mort connue, la population accourut au monastère et en força les portes pour vénérer les restes du saint. Les compagnons de Bernardin eussent désiré rapporter son corps à la Capriola, et, dans ce dessein, ils avaient commencé sans bruit certains préparatifs. Mais la ville d'Aquila n'entendait pas laisser échapper une si précieuse relique ; ses magistrats prirent, sans tarder, des mesures pour s'en emparer. Par leurs soins, les

(1) « Mon Père, j'ai fait connaître ton nom aux hommes que tu m'as donnés ; et maintenant je prie pour eux, non pour le monde, car je viens à toi. Alleluia. »

obsèques furent célébrées avec un éclat tel, dit un
témoin, que jamais roi ou reine n'en eut de pareil-
les (1). Ce qui frappa plus encore les esprits, ce
furent les miracles qui éclatèrent coup sur coup, autour du cercueil (2). Pendant vingt jours, celui-ci
demeura déposé à l'entrée de l'église des Franciscains. Les habitants de la ville et des contrées voisines, qui venaient en foule le visiter, formaient
comme une procession ininterrompue; parmi eux,
beaucoup de malades et d'infirmes, dont plusieurs
sortaient guéris. La population, témoin de ces merveilles, était dans un état extraordinaire d'exaltation; les cloches étaient presque constamment en
branle; ouvriers et paysans avaient suspendu leur
travail. Un moment, le réveil de récentes discordes entre les nobles et le peuple menaça de
troubler ce deuil transformé en fête : on allait
en venir aux armes, quand, sur l'appel d'un enfant, tous courent au cercueil; ils le trouvent
rougi du sang qui s'échappe des narines du
mort; effrayés et attendris par ce qui leur paraît
une protestation d'outre-tombe contre leurs haines,
ils se réconcilient aussitôt. Ainsi, Bernardin mort

(1) Lettre précitée de Fra Giuliano, *Bulletino Senese di Storia
Patria*, anno I, fasc. I-II, p. 70.
(2) Les biographies contemporaines sont remplies de l'énumé-
ration détaillée de ces miracles.

prêchait encore cette paix pour laquelle il avait tant fait pendant sa vie.

Cependant la nouvelle s'était répandue en Italie. Les moines, témoins de la mort et des prodiges qui l'ont suivie, en avaient adressé à leurs frères des relations détaillées qui avaient aussitôt circulé (1). Dans toutes les villes où avait prêché Bernardin, l'émotion fut extrême; on y célébra des services solennels auxquels assistèrent les magistrats, le clergé, la population entière. A Sienne, l'affluence fut telle qu'il fallut officier sur la *Piazza del Campo*. Un poète de cette ville, Giovanni di Ser Francesco, se fit, dans une sorte de complainte (2), l'interprète de la douleur et de la dévotion de ses com-

(1) Telle est la lettre déjà citée de Fra Giuliano. (*Bull. Sen. de Storia Patria.*) L'auteur, qui est probablement de Milan, adresse sa relation à un couvent de cette ville. Écrite au courant de la plume, avec un certain désordre de composition, cette lettre trahit bien l'émotion du moment. Giuliano énumère plusieurs des miracles accomplis, en citant les noms. Dans la naïveté passionnée de ses sentiments, il se réjouit non seulement de la consolation qui en résultera pour les amis du saint, mais aussi de la confusion qu'en ressentiront ses adversaires; après avoir invité ses correspondants à ne pas garder pour eux les faits qu'il leur rapporte, il ajoute : « *Fatene a sapere per tutto Milano se none vi farò schuminicare da Frate Lodovicho e dalli compagni. E anche sarà buono a trovare quello porco Bufaccio cholla setta, e lavargli il capo sanza sapone, e così a tutti quanti n'ano detto male : se none fate questo, dirò male di voi.* »

(2) *Bulletino Senese di Storia Patria*, anno I, fasc. I-II, p. 66, 67.

patriotes. A Milan, le duc Philippe-Marie Visconti, si peu chrétien qu'il fût, demanda qu'on lui envoyât les lunettes du mort, dans l'espérance de guérir ainsi un mal d'yeux dont il souffrait.

On ne se borna pas à ces démonstrations. De toutes parts, un cri s'éleva, réclamant la canonisation immédiate. Jean de Capistran accourut du fond du royaume de Naples, pour prendre cette cause en main, aussi ardent à poursuivre la glorification de son maître mort, qu'il l'avait été à le défendre vivant contre ses accusateurs. Il retrouva à Aquila Jacques de la Marche, venu dans le même dessein. Ce dernier prêchait sur la place de Todi, à l'heure même où expirait Bernardin ; tout à coup, il s'arrête au milieu de son discours, demeure quelques minutes immobile, puis reprend : « Oh ! mon cher peuple, pleurons ! A cet instant, vient de disparaître une grande colonne de la sainte Église ; l'étoile la plus brillante de l'Italie s'est éteinte. » Les Siennois, qui prenaient plus à cœur que tous autres l'exaltation de leur compatriote, firent recueillir sur place, à Aquila, les preuves des miracles accomplis (1). Les habitants d'Aquila

(1) Sur toutes les démarches faites par la république de Sienne en vue de la canonisation de Bernardin, la Bibliothèque communale et les Archives de cette ville renferment beaucoup de documents. Plusieurs sont mentionnés dans la notice déjà

entreprirent, de leur côté, une enquête analogue. Dès le mois de juillet, la république de Sienne était en mesure d'envoyer à Eugène IV une ambassade ayant mission de demander officiellement la canonisation. Le roi de Naples, Alphonse d'Aragon, écrivit dans le même sens au Pape. Celui-ci manifesta les dispositions les plus favorables ; il s'estimait, dit-il, « très heureux qu'un tel homme eût été envoyé de son vivant par Dieu, et qu'il fût mort à temps pour être canonisé par lui ».

Toutefois, il n'était pas dans les habitudes du Saint-Siège de rien faire avec précipitation. Des commissions furent chargées de recueillir et de contrôler les miracles allégués. Le changement, la mort, la négligence des commissaires amenèrent des retards. Les anciens adversaires de Bernardin tentèrent d'en profiter pour remettre en question son orthodoxie ; le Pape se chargea lui-même de les confondre. Néanmoins, l'affaire traînait en longueur. Sur ces entrefaites, Eugène IV mourut, en 1447, et fut remplacé par Nicolas V. Celui-ci parut un moment troublé par certaines oppositions plus ou moins sourdes ; mais, de beaucoup de côtés,

citée de M. DONATI, *Bulletino Senese di Storia Patria*, anno I, fasc. I-II, ou dans les notes de l'*Histoire des Papes*, de PASTOR, trad. F. Raynaud, t. II, p. 72 et sq. — Voir aussi *Spoglio delle deliberazioni del consiglio della Campana, passim.*

lui arrivaient des suppliques qui témoignaient de l'impatience avec laquelle l'Italie attendait la canonisation : Sienne notamment se plaignait par ses ambassadeurs. Jean de Capistran, pour dissiper tout doute dans l'esprit du Pape, lui offrit, avec sa fougue habituelle, de subir l'épreuve du feu ; qu'on allumât un bûcher où l'on jetterait le corps de Bernardin et où il entrerait lui-même ; si la flamme les respectait, la sainteté du mort serait prouvée ; il demandait seulement qu'au cas où il périrait, le fait fût imputé à ses propres péchés et laissât intact le renom de son maître. Nicolas V refusa de permettre l'épreuve, mais, ému de cet excès d'amour fraternel, il pressa plus vivement l'instruction de la cause.

Le 26 février 1450, moins de six ans après la mort de Bernardin, le Souverain Pontife, jugeant enfin que pleine lumière était faite, annonça aux ambassadeurs de Sienne que la canonisation aurait lieu à la Pentecôte. Tout concourait alors à rendre plus éclatante la glorification de l'humble Mineur. Les causes qu'il avait entrepris de servir quand elles étaient en péril semblaient, pour le moment, avoir triomphé. Une paix relative régnait en Italie. La prodigieuse affluence des pèlerins attirés à Rome par le jubilé rappelait la ferveur des siècles plus chrétiens. L'unité de l'Église était raffermie par l'échec définitif du synode de Bâle, et l'on se flattait même que le concile de Florence avait fait rentrer les Grecs dans cette unité. Le grand renom littéraire du pape Nicolas V, son goût éclairé des arts grandissaient encore le prestige de la papauté. Rarement l'Église avait autant paru présider à la marche du monde. Entre les humiliations récentes du grand schisme et le scandale prochain d'Alexandre VI, le moment était unique pour le catholicisme.

Au jour fixé pour la canonisation, le 24 mai 1450, on vit partir du couvent de l'Araceli, pour se diriger vers Saint-Pierre, une longue procession de près de quatre mille Mineurs de l'Observance, parmi lesquels trois devaient être aussi élevés sur les autels (1). La cérémonie fut célébrée, avec grand appareil, dans la basilique pontificale, et le Pape prit la parole pour louer magnifiquement les vertus et les services du nouveau saint.

L'exaltation de Bernardin fut saluée, en Italie, par de pieuses et joyeuses manifestations. A Sienne, les fêtes durèrent deux jours; l'évêque chanta la messe sur la place où le saint avait prê-

____

(1) Jean de Capistran, Jacques de la Marche et Diego d'Alcala.

ché ; « toute la ville était en liesse, disait un vieux chroniqueur, et chacun donnait à boire et à manger à qui voulait (1) ». Dans beaucoup de villes, des églises et des couvents furent dédiés à saint Bernardin. Peintres, sculpteurs, médailleurs, orfèvres reproduisirent à l'envi son image. Les écrivains célébrèrent ses vertus et son éloquence. Dans la seconde moitié du quinzième siècle, nul saint n'était, en Italie, plus populaire et plus honoré. Son culte, propagé par ses disciples, s'étendit au delà des Alpes. Depuis lors, la poussière apportée et accumulée par le temps a voilé cette figure. C'est la raison de l'effort que j'ai tenté pour lui rendre un peu de son éclat et de sa fraîcheur primitive. J'ai cru que les qualités aimables et généreuses de ce pauvre moine, sa vertu sans aucune ombre, son amour des âmes, sa soif de paix et de justice étaient de nature à lui attirer, de notre temps, quelque chose des sympathies et des admirations qu'il avait conquises au quinzième siècle.

(1) On trouve des renseignements détaillés sur ces fêtes dans la *Storia Senese*, de DATI, et dans le *Diario Senese*, d'ALLEGRETTI.

FIN.

# TABLE DES MATIÈRES

## CHAPITRE III

### L'ÉPREUVE.

### (1427-1433)



## CHAPITRE IV

### LES SERMONS.

I. Bernardin se retire à la Capriola pour écrire ses sermons.

## CHAPITRE V

### LA STRICTE OBSERVANCE.

## CHAPITRE VI

### LES DERNIÈRES ANNÉES.
### (1442-1444)

# A LA MÊME LIBRAIRIE :

**Jésus Christ.** par le R. P. Didon, de l'Ordre des Frères Prêcheurs, 44ᵉ mille. Un vol. in-16 double écu, avec cartes et plans. Prix, broché. . . . . . . . . . . . . . . . . . . . . . . . . . . . . . . 5 fr.

**Saint François d'Assise (1182-1226).** Un vol. in-8°, orné de gravures sur bois. Prix, broché. . . . . . . . . . . . . . . . 4 fr.

**Sainte Marguerite de Cortone** (1247-1297), par le R. P. Léopold de Chérancé, de l'Ordre des Frères Mineurs capucins. Un beau vol. in-8°, illustré de deux eaux-fortes de MM. Paul Le Rat et Maurice Deville, six héliogravures de Dujardin, d'après les bas-reliefs de Jean de Pise, composition de Hervier, dessins et gravures sur bois, 25 frontispices de chapitres en couleurs. Prix, broché. . . . . . . . . . . . . . . . . . . . . . . . . . . 10 fr.

**La Vie de saint Ignace de Loyola,** d'après Pierre Ribadeneira, son premier historien, par le P. Charles Clair, S. J. Un vol. grand in-8° colombier, renfermant 15 planches en taille-douce hors texte, eaux-fortes et héliogravures, et de nombreux dessins dans le texte et hors texte. Prix, broché. . . . 20 fr.

**Sainte Jeanne-Françoise Frémyot de Chantal, sa Vie et ses Œuvres.** Huit vol. in-8°. Prix. . . . . . . . . . . 64 fr.
Prix de chaque vol. . . . . . . . . . . . . . . . . . . . . . . 8 fr.

**Saint Joseph.** Étude historique sur son culte, par l'abbé Lucot, chanoine archiprêtre de la cathédrale de Châlons. In-18.   3 fr.

**Histoire de Sainte-Geneviève, Vierge, Patronne de Paris, et de son Culte,** précédée d'une Introduction sur l'apostolat des vierges chrétiennes dans l'Église catholique, par un serviteur de Marie. Un vol. in-8°. Prix. . . . . . . . . 7 fr.

**Saint Louis,** prince royal, évêque de Toulouse, et la famille d'Anjou au treizième siècle, d'après des documents inédits, par l'abbé V. Verlaque, docteur en théologie. In-18. . . 2 fr. 50

**Saint Vincent de Paul et les Gondi,** d'après de nouveaux documents, par R. Chantelauze. Un vol. in-8°. Prix.  7 fr. 50

**Saint Maurice et la Légion Thébéenne,** par J. Bernard de Montmélian, chanoine honoraire de Saint-Maurice, avocat de Saint-Pierre de Rome, membre agrégé de l'Académie de Savoie. Deux vol. in-8°. Prix. . . . . . . . . . . . . . . . 16 fr.
*(Ouvrage honoré d'un Bref apostolique*
*adressé à l'auteur par Sa Sainteté Léon XIII.)*

**Le Bienheureux Pierre Fourier,** par la vicomtesse de Flavigny. Ouvrage précédé d'une lettre de Mgr l'évêque d'Orléans. Un vol. in-8°, enrichi d'un portrait gravé sur acier. Prix.  7 fr.

PARIS. TYP. DE E. PLON, NOURRIT ET Cⁱᵉ, 8, RUE GARANCIÈRE. — 1144.

www.ingramcontent.com/pod-product-compliance
Lightning Source LLC
LaVergne TN
LVHW011906180726
843502LV00003B/605